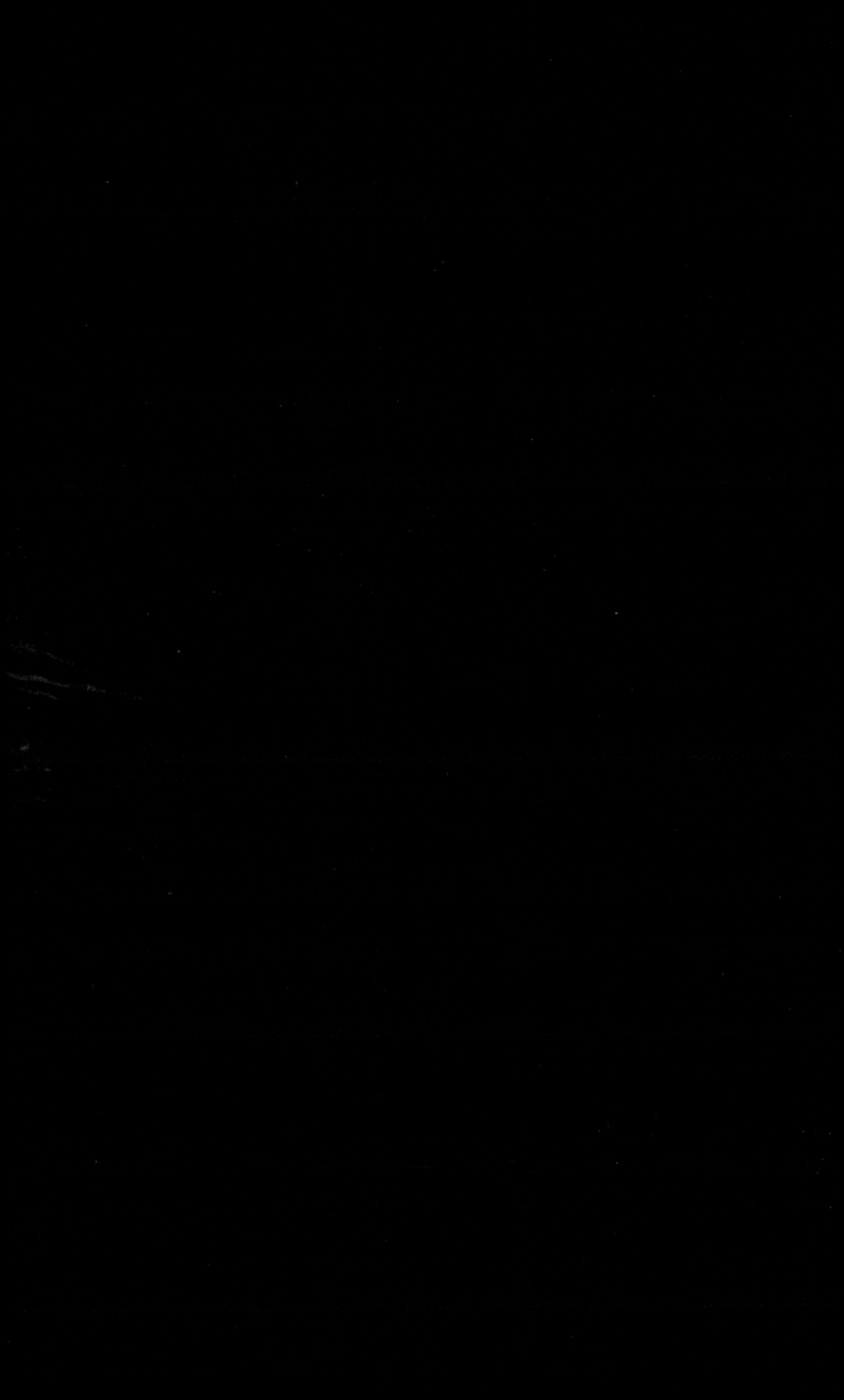

Einbandmotiv »MATRJOSCHKA«

Sie gehört zu den beliebtesten Souveniren aus Russland: Die Matrjoschka, eine traditionell mit filigranem Frauengesicht bemalte Steckpuppe aus Linden- oder Birkenholz. Öffnet man die hohle Puppe, kommen immer kleiner werdende Figuren zum Vorschein. Matrjoschka ist übrigens die Verniedlichung von Matrjona, einem in Russland recht verbreiteten Frauennamen. Zugleich lässt sich die Bezeichnung auch vom Wortstammt Mater (»Mutter«) ableiten und symbolisiert Fruchtbarkeit. Im Westen kennt man die kinderreiche Holzdame auch als »Babuschka«, wörtlich »Großmutter«.

Das Steckpüppchen entstand im ausgehenden 19. Jahrhundert in Anlehnung an die japanischen Fukurokuju-Puppen. 1890 sollen der Maler Sergej Maljutin und Drechsler Wassili Swjosdotschkin das erste Spielzeug dieser Art geschaffen haben. Rote Backen und traditionelle Tracht gehören unbedingt dazu. Mittlerweile gibt es aber längt Konkurrenz und die russischen Präsidenten oder gar die Harlem Globetrotters finden sich als Abbild auf den eiförmigen Püppchen wieder.

1. Auflage
© 2010 Conbook Medien GmbH, Meerbusch
Alle Rechte vorbehalten.

www.conbook-verlag.de

Einbandgestaltung: David Janik, Linda Kahrl
unter Verwendung des Bildmotivs © istockphoto.com/JohannesRousseau
Satz: David Janik
Druck und Verarbeitung: Ebner & Spiegel GmbH, Ulm

Printed in Germany

ISBN 978-3-934918-48-1

Dieses Buch ist auch als eBook erhältlich
unter der ISBN-Nummern 978-3-934918-67-2.
Weitere Informationen unter www.conbook-verlag.de/ebooks

RUSSLAND
Was sucht der Hering unterm Pelzmantel?

Veronika Wengert

Was mag das nur für ein Volk sein, das einerseits mit dem Filzhut in der Sauna schwitzt, andererseits jedoch nur mit Badehose bekleidet in ein Eisloch springt? Und ohne mit der Wimper zu zucken das Wohnzimmerfenster aufreißt, wenn der Polarwind mit minus 20 Grad durch die Straßen pfeift. Von einem nachvollziehbaren Temperaturempfinden kann man bei den Russen wohl schon mal nicht ausgehen.

Doch nicht nur das persönliche Thermometer - auch der Kalender dieses slawischen Volkes sorgt für Stirnfalten: Warum nur kommt Weihnachten in Russland erst nach Silvester, wird dann jedoch gleich zwei Mal kurz hintereinander gefeiert? Und hat sich der Osterhase vielleicht verirrt - oder wie kommen die bunt gefärbten Eier sonst auf die Friedhofsgräber?

Das fragt sich auch Paul Müller, Protagonist vieler heiterer Episoden, der mit der Präzision eines Staatsartisten jede Eigenheit der russischen Gesellschaft aufspürt und zu seinem persönlichen See aus Fettnäpfchen vereint. Und das, obwohl seine russische Assistentin Natascha nicht müde wird, ihm ihre Welt zu erklären.

Doch wie soll Herr Müller diese auch verstehen? Einerseits wird ihm der Wodka zwar unter die Nase gestellt, andererseits schaut ihn die Tischgesellschaft aber befremdet an, als er das Glas hebt und schwungvoll hinunterkippt. Und dazu soll er, als Fast-Vegetarier, auch noch einen Hering im Pelzmantel verspeisen! Der Fisch alleine ginge ja noch, aber in einem Tierfell?

Lesen Sie selbst, wie zielsicher sich Paul Müller von einer Blamage in die nächste schwingt - und dabei ein ums andere Mal feststellen muss, dass Russland nicht nur tatsächlich anders funktioniert, sondern auch anders ist. Zumindest wie es scheint...

© Steffen Hauswirth

Veronika Wengert, M.A., geboren 1974 in Karlsruhe, hat sich ihr Studium der Südslawistik, Russistik und Journalistik zum Beruf gemacht. Bereits während ihrer Studienzeit recherchierte sie als Praktikantin für deutschsprachige Medien in Russland.

Ab 2001 erkundete sie als Redakteurin der Moskauer Deutschen Zeitung knapp vier Jahre lang die russische Hauptstadt – immer auf der Suche nach einer guten Geschichte. In Sofia (Bulgarien) absolvierte sie ihr berufsbegleitendes Aufbaustudium »Master für Medien und interkulturelle Kommunikation«.

Schließlich zog es Veronika Wengert dann in eine wärmere Gegend: Nach Zagreb/Kroatien, wo sie seit 2005 als freie Journalistin, Reisebuchautorin und Übersetzerin für mehrere slawische Sprachen tätig ist. Doch die Liebe zu Russland lässt Veronika Wengert seit nunmehr über 15 Jahren nicht mehr los - und sie fährt immer wieder dorthin.

Inhalt

Inhalt

Inhalt

Inhalt

Inhalt

Inhalt

Prolog

Nachfolgend ein Interview mit Paul Müller aus Karlsruhe, der künftig die Repräsentanz eines deutschen Gaskonzerns in
Moskau leiten wird. Erschienen im Wirt-
schaftsteil einer badischen Regionalzeitung.

Zeitung | *Herr Müller, Sie werden bald für knapp zwei Jahre in Moskau arbeiten. Wie kommt es dazu?*
Paul Müller | Ich bin für einen renommierten deutschen Gaskonzern tätig. Mein Unternehmen schickt mich als neuen Leiter unserer Repräsentanz nach Moskau.* Wir möchten unser Engagement in Russland verstärken und gemeinsam mit unserem russischen Partner, der RosIn-Gaz**, in Westsibirien nach Gas bohren. Wir gehen davon aus, dass dort mehrere Milliarden Kubikmeter Gasvorkommen lagern!

---

* Als Repräsentanz gilt die Niederlassung einer juristischen Person, die ihren Hauptsitz an einem anderen Ort hat und die Interessen des Mutterunternehmens als eine Art »verlängerter Arm« vertritt. Dazu gehören unter anderem Vertragsanbahnung und Marktforschung.

** Russische Firmennamen leiten sich oft aus Abkürzungen her: So heißt die *RosInGaz* ausgeschrieben »Rossijskaja Internazionalnaja Gazowaja korporazija«. Im Deutschen wäre Gas korrekt, im Englischen wird der russische Buchstabe mit einem »z« transkribiert. Vor allem bei Firmennamen hat sich die englische Variante durchgesetzt.

Z | *Was erwarten Sie persönlich in Russland?*

PM | Vermutlich wird es in Moskau ein wenig hektischer als bei uns in Karlsruhe zugehen. Wie in Berlin womöglich. Ansonsten ist das doch eine europäische Großstadt, wie jede andere auch. Auf alle Fälle ist das eine große Herausforderung für mich, denn in Osteuropa war ich noch überhaupt nie!

Z | *Haben Sie denn gar keine Angst, einfach so nach Moskau zu ziehen? Man liest ja immer wieder Schauermärchen...*

PM | Das stimmt. Also ein wenig ist mir da schon mulmig, wegen der Mafia, den Oligarchen und vor allem wegen der Kälte, da bin ich sehr empfindlich. Andererseits sollen ja die Russen so gastfreundlich und herzlich sein. Das wird sicher eine ziemlich spannende Zeit!

Z | *Hatten Sie denn schon mal Kontakt mit Russen?*

PM | Ja, ich hatte hier in Karlsruhe mal sehr nette Nachbarn. Ein russisches Ehepaar: Konstantin, genannt *Kostja* und seine Frau Anja.* Die haben zwei Jahre nebenan gewohnt und mich auch mal zu sich eingeladen. Anja konnte so gut kochen! Sie wissen schon, *Borschtsch* und so. Das war aber eigentlich mein einziger Kontakt zu Russen, zumindest bis jetzt. Ich hoffe mal, dass die alle so gastfreundlich und herzlich sind?!

---

* Anja ist eigentlich die Verniedlichungsform von Anna im Russischen. Aber das ist Herr Müller im Interview nicht eingefallen.

Z | *Können Sie denn überhaupt Russisch? Immerhin schreiben die Russen ja auch ganz anders als wir!*

PM | Ich hatte hier ein paar Wochen Russischunterricht, werde aber in Moskau noch weiter lernen. Die kyrillische Schrift ist wirklich nicht so einfach, aber ich kann schon einzelne Wörter entziffern. Andererseits bekomme ich vor Ort eine Dolmetscherin und Assistentin, Natascha. Vor allem bei Verhandlungen wird sie mich begleiten. Das wird also schon irgendwie klappen mit der Verständigung. Außerdem spreche ich ja Englisch und natürlich Deutsch.

Z | *Und was sagen ihre Bekannten zu ihrem beruflichen Abenteuer?*

PM | Meine Freunde haben wirklich fast ein wenig Angst um mich. Sie haben mich schon gewarnt, dass ich mich vor Bären und Wodka hüten soll, also die ganze Klischeepalette runtergezählt. Aber das ist ja auch nur für zwei Jahre, dann komme ich wieder in unser schönes Karlsruhe zurück!

Z | *Wie werden Sie wohnen?*

PM | Ich muss mir noch eine passende Wohnung in Moskau suchen. Das habe ich nicht meinen Angestellten oder meinem Vorgänger Jakob Lehmann überlassen, der ja nun in Rente geht. Da will ich mich selbst umsehen. Zunächst bin ich im Hotel untergebracht.

Z | *Werden Sie auch reisen?*

PM | Gelegentlich werde ich auch Dienstreisen nach Sibirien und so unternehmen müssen. Wir stehen erst am Anfang und müssen mit vielen Kooperationspartnern und möglichen Zulieferern verhandeln. Für Sibirien habe ich mir die dicksten Ski-Unterhosen gekauft, die es in Karlsruhe gab, denn eigentlich bin ich schon eher ein verfrorener Typ.

Z | *Herr Müller, dann wünschen wir Ihnen eine gute Reise und bedanken uns für das Interview!*

Herr Müller geht auf Tuchfühlung

Der Bär in der Warteschlange

Auf diese Begegnung ist Paul Müller nun überhaupt nicht vorbereitet. Russland tritt, zumindest in diesem Augenblick, recht unerwartet in sein Leben. Und das in Form eines Bären! Mit dickem Fellkragen und einer Pelzmütze, die sicher so groß wie ein Wagenrad ist. Doch was für eine seltsame Gattung!? Weder brummelt der Bär, noch stößt er irgendwelche Laute aus. Und ausgehungert wirkt er schon dreimal nicht!

Stattdessen schiebt er seinen mächtigen Körper einfach vor Herrn Müller, um ihm die Sicht auf einen Fuchspelz zu versperren. Antippen? Vermutlich würde ihn der Bär kurzerhand zerfleischen, mitten in der Abfertigungshalle des Frankfurter Flughafens. Und sich danach noch genüsslich eine Flasche Wodka zur Verdauung in den Rachen schütten. Herr Müller taucht ein: in eine Wanne voller Selbstmitleid. Hätte er doch besser mal seinen Bizeps trainiert, statt die Abende immer im Büro zu verbringen. Nun ist es zu spät!

Doch wie bezwingt man einen russischen Bären? Ausharren und ihm kampflos den Vortritt in der Warteschlange überlassen? Das verbietet ihm sein süddeutscher Stolz!

In seinem Inneren brodelt es, und dann beginnt der Vulkan auch schon zu speien: »Entschuldigung, aber ich stehe *auch* in der Reihe und zwar schon locker eine halbe Stunde!« Herrn Müllers Satzmelodie macht einen Quantensprung ans obere Ende der Tonleiter. Mit solch einem Auftreten würde er nicht mal ein Gummibärchen in die Flucht schlagen, geschweige denn einen echt russischen Meister Petz, der sicher gerade erst der Taiga entsprungen ist! Und der ihn zudem auch noch um eine Kopflänge überragt!

Langsam kommt Bewegung in das Bärenfell, das sich träge umdreht. Zwei schwarze Augen blicken ihn fragend an. Der Bär öffnet seinen Mund... nein, da kommt kein Brüllen heraus, sondern Laute, die Herr Müller nicht versteht.

»*Russkij?*«

Herr Müller zuckt verlegen mit den Schultern. »*Njet!*«

So von vorne wirkt der Bär, im Russischen übrigens *medwjed*, noch bedrohlicher... äh, eigentlich war die Kritik ja nicht so gemeint... nicht im Geringsten...

Der Bär brummelt noch etwas, und schon dreht sich das pelzige Wagenrad wieder nach vorne. Aha, es gilt also das Recht des Stärkeren? Das kann ja heiter werden in den kommenden beiden Jahren in Moskau, falls alle Russen so unhöflich und vor allem bedrohlich wirken sollten!

Was ist diesmal schiefgelaufen?

Stopp, Herr Müller! Nicht so voreilig! Russische Bären laufen natürlich nicht einfach frei auf dem Frankfurter Flughafen herum. Und falls diese ihre Verdauung nach dem Verzehr eines Passagiers noch mit einer Flasche Wodka fördern sollten, dürfte dies nicht nur Tierpsychologen, sondern auch den geschlossenen Paparazzischwarm im Land in Aufruhr versetzen.

Auch in Russland gibt es selbstverständlich Warteschlangen, die respektiert werden. Denn solche Schlangen – übrigens eine ungewohnte Gattung, die weder beißt noch giftig ist, dafür langlebiger als der nordsibirische Permafrostboden sein kann – gehörten fest zum sowjetischen Alltag. Mangelwirtschaft und leere Regale prägten das Leben der Menschen. Wenn es etwas zu kaufen gab, und seien es nur taubenblaue Stoffturnschuhe in Größe 41, reihte man sich eben stundenlang in die Warteschlange ein. Später würde man die Schuhe schon mit jemandem tauschen können für ein Produkt, das man selbst benötigte. So funktionierte die sowjetische Planwirtschaft im Alltag. Manchmal konnte es auch vorkommen, dass für eine Ware massiv Propaganda gemacht werden musste, um diese dem Volk schmackhaft zu machen – und das Produkt letztlich unter die Leute zu bringen: Fischkonserven etwa, weil die staatlichen Betriebe zu viel davon produziert hatten und man nicht wusste, wohin damit. Die Fabriken orientierten sich bekanntermaßen am Plan statt an der Nachfrage.

Doch nicht nur vor den Geschäften gab es lange Reihen: Um einen Blick auf den bleichen, mumifizierten Lenin in seinem Mausoleum zu erhaschen, wickelte sich die Menschenschlange mindestens einmal munter um den Roten Platz in Moskau. Und als 1990 der erste McDonalds der Sowjetunion auf dem Moskauer Puschkinplatz eröffnete, rasselte die Schlange ungewohnt heftig: Vier Stunden dauerte die Wartezeit für Big Mäc und Co.! Über 30.000 Menschen waren zur Einweihung der amerikanischen Fast-

Food-Kette gekommen, mehr als je in einem anderen Land zuvor!* Dabei gab es natürlich auch ganz Findige, die davon profitierten: Diese reihten sich in die Schlange, um die gekauften Burger später vor der Filiale teurer zu verkaufen, eben mit einem gewissen »Warteschlangen-Zuschlag«.

Die Schlangenkultur hat ihre festen Regeln. Gewöhnlich wird der Letzte in der Reihe von einem Neuankömmling gefragt, ob er auch wirklich der Letzte sei: »*Wy posljednyj?*« So klingt das dann auf Russisch. Auch wenn es offensichtlich scheint und niemand sonst in der Nähe steht.

Das hängt wiederum mit einer beliebten Abwandlung der Schlangenkultur zusammen: dem »Platzhalter-Phänomen«. Die Spielregeln sind einfach: Man sagt einfach seinem Hintermann kurz Bescheid, dass man später wiederkommt, und nutzt die gewonnene Zeit, um andere Besorgungen zu erledigen. So kann es sein, dass zwar nur drei Menschen *sichtbar* in der Schlange stehen, diese allerdings weitere zehn Plätze »hüten«. Und so reißt die Warteschlange nur schleppend ab, da immer wieder jemand hinzukommt, der schon einmal da gewesen war.

Doch zurück nach Deutschland: Der Bär in der Frankfurter Abfertigungshalle ist sicher nicht sonderlich höflich. Nun ja, vielleicht stand er bereits vorher in der Schlange und ist nun wieder zurückgekehrt? So genau wissen wir das nicht, da unser Herr Müller ja erst Russisch lernt

---

* Die Markenforscherin Luise Althanns beschreibt den Übergang von Plan- zu Marktwirtschaft in ihrem Buch »McLenin« als eine »Konsumrevolution«. Die Menschenschlange bei der Eröffnung des ersten McDonalds in Moskau sieht sie als Zeichen dafür, wie unzufrieden die Bürger mit der sowjetischen Lebensrealität gewesen seien. Die Neugier auf Westprodukte habe die Menschenmassen angelockt!

und ihn nicht verstanden hat. Das soll kein Plädoyer für Drängler sein, aber ganz so unschuldig ist der Karlsruher Geschäftsmann auch nicht. Dieser hat sich nämlich, nachdem er schon länger in der Schlange stand, nicht wirklich dynamisch mitbewegt – zumindest für russische Maßstäbe. Dadurch, dass er nicht aufgerückt war, entstand eine kleine Lücke. Und in diesen Zwischenraum hat sich der Bär letztlich auch hineingeschoben, da er dachte, Herr Müller würde einfach so in der geschäftigen Halle herumstehen – statt in der Warteschlange.

Der Bär ist Russe, Herr Müller Deutscher. Beide haben eine unterschiedliche Auffassung von Körperdistanz. Entsprechend ist Herr Müller für seinen Maßstab schon so weit es geht zum Vordermann aufgerückt. Für den Bären war hier jedoch noch so viel Zwischenraum, dass er das als »Nicht-Anstehen« interpretiert hatte. Die Intimzone beginnt im westlichen Europa etwa bei einer Armlänge vom Körper entfernt, in diese Sphäre werden nur nahestehende Menschen hineingelassen. Wer in diesen Radius »eindringt«, wie der Bär, wird als unangenehm und aufdringlich empfunden. In Russland kann diese Intimzone auch mal auf nur eine Ellenlänge Abstand sinken.*

Was Herr Müller noch nicht weiß, aber spätestens auf der Rolltreppe der Moskauer Untergrundbahn, genannt

---

* In der Regel geht man in Westeuropa und Nordamerika von vier Bereichen der Körperdistanz aus: die öffentliche Zone (der Frankfurter Flughafen), die soziale Zone (die Warteschlange am Check-in-Schalter, also der Radius zwischen einem und vier Metern Entfernung), die persönliche Zone (ein halber bis ein Meter Abstand) und die Intimzone. Letztere reicht vom unmittelbaren Kontakt bis zu einem halben Meter Distanz – und fällt in Russland manchmal noch geringer aus, was Westeuropäer irritieren kann.

Metro, erfahren wird: Dort wird ein für westliche Ausländer recht befremdliches Spiel gespielt. Es heißt »Kniekehle-an-Kniekehle«. Hält man auf der Rolltreppe eine Stufe »Sicherheitsabstand« zum Vordermann, wird es vermutlich nicht allzu lange dauern, bis ein Überholender den Zwischenraum auffüllt. Dass man dabei den Atem des Hintermanns manchmal im Nacken spürt, scheint niemanden ernsthaft zu stören. Der geringe Abstand gilt auch für Warteschlangen: Stellt man sich in einer Bank an, weiß man gewöhnlich recht bald die Hausnummer und Kreditrate der Mitwartenden.

Doch woher kommt das? Die geringere Körperdistanz in der Öffentlichkeit hängt zuweilen mit den beengten Lebensverhältnissen vieler Russen zusammen: Wohnraum ist knapp, oft leben mehrere Generationen unter einem Dach oder gar in einer Gemeinschaftswohnung, einer *kommunalka*. Dort müssen sich mehrere Familien Küche und Bad teilen.* Entsprechend herrscht in russischen Wohnungen weniger Privatsphäre, auch der Begriff Enge wird dabei anders aufgefasst als in Westeuropa.**

---

* Diese Wohnform ist im Zuge von Sanierungen stark rückläufig. Heute gilt höchstens noch jede zehnte Wohnung in St. Petersburg als *kommunalnaja kwartira*, »Kommunalwohnung«. Der Vorteil der *kommunalka*, wie sie im Volksmund genannt wird, ist der oftmals sehr günstige Preis. Das Zusammenleben in einem einzigen Raum führt allerdings nicht selten dazu, dass Ehen zerrüttet werden, da es keine Ausweichmöglichkeiten gibt. Andererseits haben dort auch schon einige Liebesgeschichten begonnen. Der bekannte russische Gegenwartsautor Viktor Jerofejew (»Die Moskauer Schönheit«) bezeichnete die *kommunalka* einmal als »Vorhölle«.

** Das gilt auch für Besucher in russischen Wohnungen: Wenn Sie sich in ihr Zimmer zurückziehen, werden Sie vermutlich nicht lange ungestört bleiben, da Ihr Gastgeber Angst hat, dass Sie sich langweilen könnten.

Was können Sie besser machen?

Erinnern Sie sich an eine Zigarettenreklame aus den 1980er Jahren? »Wer wird denn gleich in die Luft gehen?«, appellierte ein zufrieden lachendes Männchen an die Verbraucher. Vielleicht sollten wir Herrn Müller solch einen Aufkleber mit auf den Weg geben, den er sich im Bedarfsfall an die Felljacke eines Vordermanns anheften kann? Die Warterei in Menschenschlangen kann manchmal nervenaufreibend sein, allerdings wird in Russland deswegen niemand wutentbrannt aus der Haut fahren. Vielmehr harren die meisten Russen mit einer fast stoischen Geduld aus. Bleiben Sie immer freundlich und gelassen, denn ändern können Sie die Situation ohnehin nicht! Wenn Sie aufbrausend werden, könnten Sie nur ihr Gesicht verlieren!

Wenn Sie Ihr Gesprächspartner (den Sie natürlich schon kennen) am Ärmel anfasst oder umarmt, dann betrachten Sie das als echten Sympathiebeweis. Der Andere mag Sie! Und will Ihnen keinesfalls »auf die Pelle rücken«, zumindest nicht bewusst. Er hat nur eine andere Auffassung von Körperdistanz als Sie.

Und wenn jemand in der Warteschlange Ihre Kontobewegungen erfährt, da er so dicht hinter Ihnen steht – nehmen Sie es gelassen! Umgekehrt erfahren Sie ja auch seine finanzielle Misere. Allerdings sollten Sie nicht, wieder auf deutschem Terrain, das Gleiche bei Ihrer Hausbank versuchen. Denn das »Atme-Deinem-Vordermann-in-den-Nacken«-Spiel und Übertreten der Wartelinie mag hier doch ein wenig befremdlich wirken!

Herr Müller im Sog der Handymanie

Wieso Kaninchen telefonieren können

»Allo?«

Herr Müller reißt die Augen auf.

»Allo-o-o-o?«

Ein Weckruf?* Verschlafen blinzelt der Karlsruher Geschäftsmann um sich. Sein Blick fällt auf den Sicherheitsgurt an seinen Hüften. Ach richtig, er war im Flugzeug nach Moskau eingeschlafen. Ein lautes Prassen lässt ihn aufschrecken, als würden sich gerade alle Hagelwolken im Land kollektiv auf die Maschine ergießen. Klatschende Hände neben ihm, vor ihm, hinter ihm! Autsch! Ein Ellenbogen bohrt sich unsanft in seine Rippen. Sein Blick folgt dem Arm, der dazu gehört und seine linke Armlehne komplett in Beschlag genommen hat. Ein weißes Kaninchen? Herr Müller reibt sich die Augen. Vielleicht hätte er doch nicht so lange schlafen sollen, nun kommt er ja gar nicht mehr zu sich.

Das weiße Kaninchen klatscht immer noch. Dabei wippt der pelzige Ellenbogen aufgeregt auf und ab, als wolle er

---

* Nein! Ein russisches *Allo* entspricht dem deutschen »Hallo« und wird meist bei der Begrüßung am Telefon genannt, ohne Namen allerdings – obwohl sich bei (zumindest westlichen) Firmen Telefongespräche durchsetzen, die mit dem Firmennamen, eigenen Namen und einer Begrüßungsfloskel begonnen werden. Sollten Sie allerdings privat telefonieren, wird Ihnen sicher zunächst ein *Allo* entgegenschallen. Und wundern Sie sich auch nicht, wenn Ihr Gegenüber den Hörer einfach ohne Abschiedsgruß auf die Gabel knallt.

die Lebensdauer von Herrn Müllers Sakko mutwillig verkürzen. Der Geschäftsmann verzieht das Gesicht. Ein Redeschwall ergießt sich über ihn, das Kaninchen klingt aufgeregt.

Gerade will er seiner neuen Bekanntschaft seinen russischen Paradesatz präsentieren: »*Ja ne ponimaju.*«[*] Als er jedoch ein Handy entdeckt, das unter der voluminös aufgetürmten Haarpracht hervorblitzt, hält er inne. Aha, das Kaninchen unterhält sich ja überhaupt nicht mit ihm! Glück gehabt, dann würde er mit seinen marginalen Russischkenntnissen wenigstens nicht ins Stottern kommen...

Aber: Was hat das Kaninchen eigentlich so dringend zu bereden, während das Flugzeug noch mit voller Kraft voraus die Landebahn entlang brettert? Herr Müller ist verunsichert.

»*Allo?*« Diesmal ertönt der gleiche Ruf aus der hinteren Sitzreihe. Er dreht sich um. Und da, noch einmal vorne, ein lang gezogenes »*Allo-o-o-o?*« Ist das ein Ankunftsritual der Russen, wenn sie in ihrer Heimat landen? So wie der Papst erst mal den Boden zur Begrüßung küsst?

Nun schrillt es hinter ihm. Herr Müller ist verwirrt. Was war das nur für ein Land, in dem alle Passagiere bei der Landung kollektiv »*Allo!*« brüllen? Und dazu auch noch Beifall klatschen! Und überhaupt, seit wann können weiße Kaninchen eigentlich telefonieren?

---

[*] »Ich verstehe nichts«. Aber bitte nicht verwechseln: Das Wörtchen *ja* bedeutet im Russischen »Ich«. Die Zustimmung, also das deutsche »Ja«, heißt unterdessen *da*.

Was ist diesmal schiefgelaufen?

Herr Müller hat, noch vor seiner Ankunft in Moskau, einen beliebten russischen Volkssport kennenlernt: die Handymanie. Wozu hat man denn ein Mobiltelefon, wenn man es nicht nutzt? So wird in Russland entsprechend immer und überall telefoniert, sei es im Kino, in der Sauna oder während einer Geschäftsbesprechung – wo immer es ein Empfangssignal gibt. Und einzig darauf kommt es an!

Und was ohnehin alle Mitreisenden im Flugzeug längst schon wissen, erfährt so auch der Gesprächspartner am anderen Ende des Mobiltelefons. Und zwar in Echtzeit, nur gefühlte Nano-Sekunden nach dem Aufsetzen der Räder: »Wir sind soeben gelandet!«

Doch wem müssen sich die russischen Passagiere überhaupt so eilig mitteilen?

Den Angehörigen! Denn die Familienbande sind längst nicht so lose wie in Westeuropa. Meist leben mehrere Generationen unter einem Dach, sei es auf dem Land oder in einer engen Stadtwohnung. Dazu sind sie in der Regel auch gezwungen, denn Wohnraum ist knapp und die eigenen Mittel meist ebenso. Durch die räumliche Nähe bleiben sich die Generationen länger verbunden, auch wenn der eigene Nachwuchs längst schon flügge ist und graues Haar hat. Entsprechend bekommen nicht nur der Partner und die Kinder den eigenen Alltag mit, sondern auch die Eltern, Schwiegereltern oder sonstige Verwandte, die mit unter einem Dach leben – so beispielsweise auch die heile Landung mit dem Flugzeug.

Tun wir den russischen Passagieren aber nicht unrecht.

Viele, die etwa auf dem internationalen Moskauer Flughafen Scheremetjewo landen, rufen auch einfach aus pragmatischen Gründen an: Sie haben sich mit Verwandten oder einem Fahrer verabredet, der sie abholen soll. Das Parken auf dem Flughafen ist nicht wirklich günstig, den »fliegenden« Einstieg im Vorbeifahren schafft man jedoch kostenlos, wenn man das Gelände innerhalb einer kurzen Zeit wieder verlässt. Daher bildet sich manchmal außerhalb des abgezäunten Flughafengeländes eine Autoschlange: Das sind in der Regel Abholer, die auf das erlösende Telefonat warten, um die Ankommenden im Vorbeifahren einzusammeln.

Was das weiße Kaninchen betrifft. Selbstverständlich hat dieses weder Pfötchen noch ein Stummelschwänzchen. Vielmehr beginnt Herr Müller schon vor seiner Ankunft in Russland, alle Pelzmäntel mit den Tierarten gleichzusetzen, aus denen sie genäht wurden.* So schult er, wenn auch unbewusst, sein Auge schon mal für etwas, was die meisten Russen sehr gut beherrschen: Denn während für viele westliche Ausländer Pelz gleich Pelz ist, egal ob Kaninchen, Fuchs oder Zobel, und dessen Tragen ebenso verpönt ist wie mit einem Bunny-Kostüm bei der katholischen Beichte aufzutauchen, so erkennen die meisten Russen ziemlich genau, aus welchem Fell der Mantel hergestellt wurde. Und können entsprechend auf den sozialen Status des Pelzträgers schließen.

Machen wir uns nichts vor: Kaninchen sind dabei eher in der unteren Preisklasse angesiedelt, also wird Herr Müllers Sitznachbarin vermutlich nicht allzu gut betucht sein.

* Siehe auch die Begegnung mit dem Braunbär im Kapitel »Herr Müller geht auf Tuchfühlung«.

Das wird der Karlsruher Geschäftsmann später noch in seinem Hotel merken, wenn er die Tierhaare von seinem Sakko wieder entfernen muss, da günstige Pelze manchmal ganz schön haaren können.*

Was können Sie besser machen?

Nein, Sie müssen sich jetzt keinen Pelz kaufen, unablässig ins Handy brüllen und anfangen, bei der Landung zu klatschen, um in Russland nicht als Ausländer aufzufallen. Aber wundern Sie sich dann nicht, wenn sie beim Aufsetzen des Flugzeuges vielleicht mitleidig angeschaut werden, da sie niemanden haben, den sie anrufen können. Vielleicht haben Sie ja auch einen Fahrer, der auf Sie wartet und dem Sie dann Ihr persönliches »Allo-Allo-Mantra« via Handy entgegenbrüllen können. Apropos Mobiltelefon: Machen Sie sich auf so Einiges gefasst! Klingeltöne in fast allen Arten und Abarten stehen in Russland hoch im Kurs!

Und schenken Sie sich den Landeapplaus im Flieger getrost. Wozu auch? Die klatschenden Passagiere sind vermutlich einfach heilfroh, wieder auf der Erde angekommen zu sein. Aber genau *das* ist doch der Job eines Flugkapitäns, nicht wahr? Also wieder auf dem Asphalt

---

* Eigentlich ist es ja eher ungewöhnlich, dass Russinnen ihre Pelzmäntel im Flieger anlassen. Die Mützen gelegentlich schon, da die Frisur nach Abnehmen der *schapka* oftmals einem Vogelnest gleicht und gefährliche Greifvögel zum Nestbau animieren könnte. Eine russische Fluggesellschaft weiß, zumindest laut der deutschen Wirtschaftszeitung »Handelsblatt«, was ihre Kunden anderswo immer wieder vermissen: Ausreichend Platz für Pelzmäntel! Kundinnen westlicher Airlines stellen entsprechen immer wieder fest, dass deren Kabinen nicht für die Aufbewahrung von Pelzen ausgelegt sind (Quelle: Handelsblatt, 16. April 2008).

aufzusetzen! Sie klatschen ja auch nicht, wenn Ihnen eine Verkäuferin ein Brot über die Theke schiebt, nur weil diese ihren Job erfüllt hat!

Globalen Tierschutz-Kampagnen zum Trotz: Pelz-mäntel und Mützen, *schuba* und *schapka* genannt, haben in Russland nach wie vor ungebremste Konjunktur. Und einen sehr hohen Stellenwert, über den sich nicht nur die Elite definiert. Niemand würde auf die Idee kommen, sich darüber aufzuregen, ob das nun unmoralisch oder politisch unkorrekt gegenüber dem Tier sein könnte. Wenn Sie allerdings in Russland einen Pelz oder eine Fellmütze kau-fen, da Skijacken und westliche Daunenjacken bei minus 30 Grad Celsius einfach überhaupt nichts mehr hergeben und die Kälte unerbittlich ins Knochenmark kriecht, soll-ten Sie überlegen, damit nicht unbedingt nach Deutsch-land zu reisen, um böse Blicke zu vermeiden!

So befremdlich Herr Müller die allgegenwärtigen Pelz-mützen zunächst auch finden mag, vor allem solche mit herunterklappbaren Ohrteilen für Männer, so wird er sich Oben-ohne nicht nur als Ausländer outen – sondern vor allem schrecklich bibbern. Warme Kopf- und Ohrenbe-kleidung ist ein Muss, da 30 Prozent Wärmeverlust über die Kopfhaut erfolgt. Eine dicke Fellmütze mit Ohren-schutz ist die Rettung!

Herr Müller stellt sich vor

Rote Lippen soll man – besser nicht mit Handschlag begrüßen

Rote Lederjacke, kurzer schwarzer Rock und die Lippen kräftig nachgezogen. So steht sie hinter der Absperrung im Moskauer Flughafen Scheremetjewo vor ihm. Beine bis zum Himmel, sicher so hoch wie der Eiffelturm. Oder zumindest wie die Pyramide auf dem Karlsruher Marktplatz. Und diese wundervollen rosigen Wangen!

Herr Müller starrt die brünette junge Frau, die einen Papierausdruck mit der umlautlosen Aufschrift »Paul Muller«* in der Hand hält, verwirrt an. Himmelherrgottsakrament! Sein Unterkiefer hält der Schwerkraft nun wirklich nicht mehr stand.

Natascha ist jetzt schon ein Traum von einer Assistentin! Ach, wie zergeht alleine schon dieser Name auf der Zunge! Herr Müller summt zufrieden den Ohrwurm »Moskau«.**

---

* Nein, ein schönes »ü«, also einen Umlaut in seinem Namen, wird Herr Müller in den kommenden beiden Jahren nicht wirklich zu hören bekommen. Von *Miller* über *Mjuller* über *Muller* reicht die Aussprache-Palette seines Namens in Russland. Würde er ihn buchstabieren, dann wohl am ehesten als Mjuller, um verstanden zu werden, denn das »ü« wird im Russischen als der kyrillische Buchstabe »ю« (sprich: ju) dargestellt.

** Welches Lied fällt ihm jetzt wohl ein? Richtig! »Moskau«, 1979 von der Gruppe Dschingis Khan gesungen und bis heute Karaoke- und Karnevalsschlager zwischen Karlsruhe und Tokio. Im Liedtext tauchen nicht nur die klischeebehafteten Kosaken, *towarischi* und Wodka auf, sondern auch die Zeile »Natascha, ha-ha-ha, Du bist schön!«. Wenn die Assistentin jetzt Gedanken lesen könnte, würde sie sicher erröten!

Ja, das Schicksal meint es wieder einmal gut mit ihm!

Doch dieser Rock – oder ist das eigentlich ein breiter Gürtel? Sie wird sich erkälten, kommen sogleich väterliche Gedanken in Herrn Müller auf. Wie kann seine junge Assistentin nur so leicht bekleidet herumlaufen, mitten im Winter? Das ist grob fahrlässig! Wo er selbst seine Ski-unterhosen schon jetzt schmerzlich vermisst – und das, obwohl er das Terminal noch nicht einmal verlassen hat. Sie würde sich bestimmt erkälten und könnte morgen nicht zur Arbeit erscheinen...!

Ihr Blick weicht seinen Augen aus und bleibt an seinem Kinn haften. »Herr Mjuller?«, unterbricht sie seine Gedanken.

Endlich nickt der Geschäftsmann.

»Es freut mich, dass wir uns bekannt machen.* Ich bin Natalja Fjodorowna«, sagt sie kühl.

Herr Müller strahlt. »Natascha, *priwjet*... das freut mich«. Kräftig streckt er ihr seine Hand entgegen, die seine eigene allerdings so sanft umschließt, dass es fast schon kitzelt. Das Wort Hände*druck* scheint vermutlich nicht in Russland erfunden worden zu sein?!

Da besinnt sich Herr Müller, dass er ja seine neue Assistentin gerade beim Vornamen genannt hat. Und überhaupt, warum nennt sie sich selbst Natalja? Ist das vielleicht ihre Vertretung?

»Frau Fjodorowna, sind sie Natascha?«

---

* Eine Standard-Kennenlern-Phrase heißt im Russischen: »*Dawajte posnakomimsja*«, wörtlich: »Lassen Sie uns kennenlernen« oder »Lassen Sie uns bekannt machen«. Nun, da hängt Nataschas Deutsch irgendwie zu sehr am Russischen fest.

Die junge Frau nickt ein wenig irritiert. Und fast scheint es, als würde ein kleines Lächeln über ihr Gesicht huschen. Oder hat sich Herr Müller da nur getäuscht?

Was ist diesmal schiefgelaufen?

Gleich mal vorweg und zu seiner Verteidigung: Herr Müller führt seit seiner Scheidung ungefähr ein genauso spannendes Liebesleben wie ein Pinguin, der einsam auf einer Eisscholle im Nordpolarmeer treibt. Nehmen wir es ihm daher nicht krumm, dass er sich ein wenig umschaut. Sexistisch oder gar ein kleiner Lustmolch ist er deswegen nicht, keine Sorge. Schließlich hat er doch so viel von den slawischen Schönheiten mit ihren hohen Wangenknochen gehört, vielleicht eines der gängigsten Klischees über Russland, und ist deshalb so aus dem Häuschen.

Nicht zu unrecht, denn russische Frauen legen viel Wert auf ihr Aussehen und betonen ihre Weiblichkeit. Sie wollen schön und attraktiv sein, unterstreichen ihre femininen Züge und kokettieren mit ihren Reizen. Und unabhängig von ihrem Einkommen oder ihrem Familienstand sehen sie immer aus wie Frauen. Mit sorgsam aufgetragenem Make-up und femininen Röcken tauchen sie nicht nur bei der Arbeit, sondern auch im Supermarkt auf. Stets bemüht, dem weiblichen Schönheitsideal nahe zu kommen. Selbst widrige Bedingungen, die zum russischen Alltag gehören – seien es meterhohe Schneeberge, knöcheltiefe Taupfützen im Frühjahr oder kratergroße Schlaglöcher auf den Bürgersteigen – scheinen sie nicht davon abzuhalten, ihre Weiblichkeit durch abenteuerlich-hohe Absätze zu betonen.* Dass »eine Frau immer eine Frau bleiben muss«, besagt auch ein russisches Sprichwort: *Schenschtschina dolschna ostatsja schenschtschinoj.*

Selbst zu späten Sowjetzeiten, als das Wort Modeboutique noch dem kapitalistischen Ausland zugeschrieben wurde, legten die Russinnen wert auf schöne Kleider. Und schneiderten diese nicht selten selbst – mithilfe der beliebten Burda-Schnittmuster, die ihrerzeit begehrte Tauschware auf dem Schwarzmarkt waren.

Kurze Röcke im Winter? Nichts Ungewöhnliches. Hohe Stiefel und ein Pelzmantel halten schließlich warm. Da sollte sich Herr Müller lieber Gedanken um seine eigene Kleidung machen und überlegen, ob es tatsächlich so geschickt war, ganz ohne Mütze und lange Unterhosen nach Moskau zu fliegen!

Doch stopp. Damit Sie erst gar nicht auf abwegige Gedanken kommen! Natascha mag zwar eine rote Lederjacke und einen eher offenlegenden als verhüllenden Rock tragen. Aber schließen Sie anhand dieser Kleidung bitte nicht darauf, dass sie leicht zu haben sei! Der Griff zu intensiven Farben und gewagten Formen wurzelt zuletzt nicht auch in der modisch recht tristen Sowjet-Vergangenheit. Schöne und vor allem individuelle Kleidung war Mangelware, vielmehr musste auf das gerade verfügbare Angebot zurückgegriffen werden, irgendwo zwischen gähnenden Kaufhausregalen und einer Massenlieferung blauer Stoffmäntel. Gekauft wurde, was verfügbar war. Und seither herrscht Nachholbedarf.

---

* Was westliche Ausländer immer wieder wundert, sind die meist blitzblank geputzten Schuhe, die die meisten Russen haben, trotz Matschwetter. Darauf wird großer Wert gelegt.

Zudem propagierte der Sowjetstaat, zumindest in seinen frühen Jahren, dass Frauen gute Mütter, aber auch gute Arbeiter sein müssten. Das weibliche Geschlecht wurde in einheitliche Firmenkluft gesteckt, die Individualität damit erdrückt. Heute stehen die Nobelboutiquen an der Moskauer Einkaufsstraße *Twerskaja* internationalen und westlichen Metropolen in nichts nach. Und längst schon haben sich russische Designer wie Slava Zaitsev* auf ausländischen Catwalks etabliert und ihre treue Anhängerschaft unter Fashion-Victims.

Natascha begrüßt Herrn Müller recht reserviert, sie lächelt nicht. Wundern Sie sich nicht: Das öffentliche Gesicht in Russland ist ernst, vor allem im Beruf und erst recht beim ersten Kennenlernen. Weit verbreitet ist auch der Irrglaube, dass ein Lächeln im Beruf als oberflächliche Eigenschaft interpretiert werden könnte und das Gegenüber auf eine unprofessionelle Einstellung zum Beruf schließen könnte. Doch keine Sorge, Herr Müller wird Natascha noch in vielen Episoden lachen sehen.

Händeschütteln zur Begrüßung ist in Russland in der Regel nur unter Männern üblich. In Großstädten kann es vorkommen, dass einem auch Frauen zwischenzeitlich die Hand reichen, allerdings meist nur die jüngere Generation. Um Missverständnisse zu vermeiden, sollte die Initiative zum Händeschütteln entsprechend von der Frau ausgehen,

---

* Der russische Modemacher gilt als »Roter Dior«. Geboren wurde Wjatscheslaw Michailowitsch Saitsew, der sich international nur Slava Zaitsev nennt, 1938 im russischen Iwanowo. Seit über zwei Jahrzehnten ist der Designer bereits Ehrenbürger von Paris. Ein neuer Komet am russischen Modehimmel ist er unterdessen nicht: So entwarf der Modemacher bereits 1980 die Uniformen der sowjetischen Olympiamannschaft.

warten Sie daher lieber ab. Geht das Händeschütteln mit russischen Frauen schief, können Sie die Situation jedoch immer noch galant in ein »Küss die Hand gnä´ Frau« umkehren. Umgekehrt fühlen sich westliche Frauen nicht selten übergangen, wenn sie von russischen Geschäftspartnern nicht die Hand gereicht bekommen.

Dass ihm Natascha nicht in die Augen schaut, empfindet Herr Müller als unhöflich. Doch da belehren wir ihn lieber sofort, dass es in Russland nicht üblich ist, jemanden allzu direkt anzuschauen. Das ist auch der Fall, wenn Russen die Gläser heben und ihr Blick genau in diesem Augenblick auf Ihre Schuhspitzen oder aus dem Fenster fällt. Entsprechend scheint die Trink-Weisheit, dass man sieben Jahre schlechten Sex haben werde, wenn man sich beim Zuprosten nicht in die Augen schaue, auch nicht in Russland entstanden zu sein!

Wäre Herr Müller zu Sowjetzeiten in Moskau gelandet, wäre er vermutlich mit *towarisch* angesprochen worden, also Genosse. Die Anrede *gospodin* für Herren* oder *gosposcha* für Frauen war in der Sowjetunion hingegen verpönt. Denn schließlich gab keine Herren mehr, sondern nur die klassenlose Gesellschaft. Diese beiden Anredeformen wurden in der Regel nur für Ausländer verwendet, ein Umdenken setzt nur langsam ein. Der Genosse ist unterdessen im Alltag, insofern man es nicht mit hartgesottenen Sowjetnostalgikern zu tun hat, in der Mottenkiste der Vergangenheit verschwunden.

Herr Müller müsste seine Assistentin Natascha, so die Kurzform des recht verbreiteten russischen Frauennamens

---

* Gott hat die etymologisch gleiche Wortwurzel und heißt im Russischen *Gospodj*.

Natalja, unterdessen korrekt mit Vor- und Vatersnamen anreden.* Nataljas Vater hieß Fjodor, daher wäre die korrekte Anrede entsprechend Natalja Fjodorowna, also wörtlich »Natalja, Tochter des Fjodor«. Wäre Natascha ein Mann, hätte ihr Vatersname – der übrigens zwischen Vor- und Nachnamen eingeschoben wird – die grammatische Endung *-owitsch*. Also Fjodor Fjodorowitsch wäre »Fjodor, Sohn des Fjodor«.

Aus Natascha wird jedoch nicht Frau Fjodorowna, sondern Frau Gontscharowa, denn so lautet ihr Nachname.** Um dem ganzen Namens-Wirrwarr noch ein Sahnehäubchen aufzusetzen: Nataljas Vater heißt Fjodor Jewgenjewitsch Gontscharow.*** Natascha hat jedoch noch ein -a am Ende ihres Nachnamens, da sie weiblich ist. Ihr voller Name lautet also Natascha Fjodorowna Gontscharowa. Entsprechend heißt die Gattin von Premierminister Putin eben mit Nachnamen Frau Putina.

Kompliziert? Für westliche Ausländer sind die vielen Vor- und Vatersnamen, die ihnen in Russland begegnen, nicht immer einfach zu merken. Mit ein wenig Übung klappt das allerdings. Dann bleibt man in der Regel bei Vor- und Vatersname in Kombination mit einem *Wy* (»Sie«) für die russischen Kollegen. Geduzt wird meist nicht so schnell wie in Deutschland. Es kann durchaus mehrere Jahre dau-

---

* Manchmal ist es für Ausländer verwirrend, dass russische Kurz- oder Kosenamen genauso lang wie der eigentliche Name sind: Aus *Ana* wird »Anja« und aus *Olga* wird »Olja«. *Wladimir* wird von seinen Freunden nur »Wolodja« genannt, *Sergej* ist »Serjoscha«, aus *Konstantin* wird »Kostja« und *Natalja* eben »Natascha«.

** Ein *gontschar* ist im Russischen der Töpfer.

*** Sie ahnen es schon: Fjodors Vater hieß Jewgenij, so die russische Form für Eugen.

ern, bis man zu dieser vertrauten Anredeform übergeht. Ist man sich jedoch ein wenig näher gekommen, darf man sich durchaus nur mit Vornamen ansprechen, das ist unter Freunden so üblich.

Wenn Herr Müller Natascha, eine junge Frau, die in der Geschäftshierarchie unter ihm steht, nur mit Vornamen anspricht, wird ihm das keiner verübeln. Denn zum einen ist er Ausländer, zum anderen ihr Vorgesetzter. Der darf in Russland seine Mitarbeiter durchaus duzen, auch wenn umgekehrt keine Gleichberechtigung herrscht. Hier greift eine streng hierarchische Ordnung, die im russischen Geschäftsleben deutlich ausgeprägter ist als in Westeuropa.

Dass Herr Müller seine Assistentin allerdings mit *priwjet* anredet, ist ein Fettnäpfchen. Denn das ist die russische Variante für »Hallo«, allerdings unter Freunden. Im Geschäftsleben bleibt es bei einem förmlicheren *sdrawstwujte*, was sich etwa mit »Seien Sie gegrüßt« übersetzen lässt. Je nach Tageszeit kommen die entsprechenden Phrasen *dobroje utro* (»Guten Morgen«), *dobryj djen* (»Guten Tag«) oder *dobryj wetscher* (»Guten Abend«) zur Anwendung. Manchmal wird noch die typische Smalltalk-Eröffnungsfrage *Kak djela* (»Wie geht's?«) angeschlossen, die jedoch, wie *priwjet*, zu salopp für Geschäftspartner ist.

Was können Sie besser machen?

Sollte Herr Müller sein Lächeln nun auch einfrieren? Nein, natürlich nicht. Aber er sollte sich darauf gefasst machen, dass seine künftigen Mitarbeiter zunächst reserviert auftreten könnten und nur langsam auftauen. Er sollte weiterhin freundlich bleiben und lächeln, dann wird das schon werden – im Lauf der Zeit!

Wundern Sie sich nicht, wenn Frauen, vor allem in Provinzstädten, morgens um zehn wirken, als würden sie gleich zu einem Stehempfang gehen – mit pinkfarbenem Cocktailkleid, High Heels und kräftig rotem Lippenstift. Genießen Sie das feminine Auftreten und die Weiblichkeit, die die meisten russischen Frauen ausstrahlen. Vor allem, wenn Sie ein Mann sind. Sind Sie hingegen eine Frau, dann lassen Sie die alte Lieblingsjeans und die bequemen Sneaker getrost zu Hause. Und überlegen Sie, ob Sie den Rucksack nicht lieber durch eine elegante Handtasche ersetzen sollten – um nicht zu sehr als Ausländerin aufzufallen. Bei beruflichen Verhandlungen sollten Sie nicht zu salopp auftreten und einen Hosenanzug oder Zweiteiler anziehen. Dabei ist noble Eleganz angesagt, mit klassischen Pumps, die im Winter durchaus durch Stiefel ersetzt werden können.[*]

Auch Herr Müller sollte seine Kleidung noch einmal prüfen, da er einen Rollkragenpulli eingepackt hat. Den sollte er bei den bevorstehenden Verhandlungen mit der RosInGaz lieber im Schrank lassen und zu Krawatte, Hemd und Sakko greifen – auch wenn er seinen Lieblingsrolli bei Besprechungen in Karlsruhe ganz gerne trägt.

---

[*] Dies werden Sie auf russischen Straßen zur Genüge entdecken, also gefütterte Lederstiefel mit kurzen Röcken, auch wenn Sie sich bei den Temperaturen eher wie ein Tiefkühlhähnchen fühlen. Doch im Büro meistens nicht. Da werden die klobigen Stiefel von weiblichen Mitarbeiterinnen durch grazile Pumps ausgetauscht, die man entweder unter dem Tisch lagert oder in einer Plastiktüte mit sich führt. Und nein, mit Winterstiefel sind keineswegs die traditionellen *walenki* gemeint, die nahtlos aus grauem Filz zusammengenäht werden.

Aber: Der legere Look vieler Deutscher wird im russischen Geschäftsleben eher kritisch betrachtet. Das Outfit muss einfach stimmen, vor allem, wenn man Geschäfte machen will. Und letztlich hängt davon auch die Wertschätzung der beruflichen Partner ab, da man auch danach beurteilt wird, mit wem man sich einlässt. Und da will sich verständlicherweise niemand die Blöße geben.

Und trainieren Sie schon mal einige Vor- und Vatersnamen, damit Sie diese gleich parat haben, wenn Sie einem Geschäftspartner vorgestellt werden. Übrigens wäre Paul Müller in Russland Paul Wolfowitsch Müller, da sein Vater eben Wolf hieß.

Und wie wäre ihr Name? Legen Sie sich schon mal einen zurecht, falls Sie gefragt werden, auch wenn sie als Ausländer vermutlich nie davon Gebrauch machen werden.

Herr Müller geht unter die Co-Rennfahrer

Wer im Straßenverkehr bremst, hat verloren

Mischa ist ein Hüne. In den Händen des großen, athletischen Fahrers* wirkt das Lenkrad des schwarzen Wolga** wie ein Spielzeug. Mit quietschenden Reifen setzt der Russe den Wagen vor dem Flughafen in Gang, während Herr Müller noch am Sicherheitsgurt nestelt.

»*Njet!*«, winkt Mischa ab, der die Fellmütze auch im Auto aufbehält (diesmal eine Variante mit herunterklappbaren Ohrteilen, die sich auf dem Kopf zusammenschnüren lassen). »*Nje nado!*« Mischa klingt bestimmt.

Ob der Gurt möglicherweise kaputt ist? Ein Bekannter sei bei einem Unfall von einem Gurt stranguliert worden, übersetzt Natascha Mischas Argument gegen das Anschnallen.

---

* Mischa war zu Sowjetzeiten als Kernphysiker tätig, heute ist er Fahrer für die Repräsentanz, die Herr Müller leiten wird. Was für eine Verschwendung von Potenzial! Aber man sollte in Russland niemanden nach seinem gegenwärtigen Beruf beurteilen, vor allem nicht in Moskau. So arbeiten viele Germanistinnen als Sekretärinnen und Wissenschaftler als Kellner. Moskau ist allerdings eine der teuersten Städte der Welt und entsprechend kann es sich niemand leisten, arbeitslos zu sein.

** Wolga heißt nicht nur Russlands längster Fluss, sondern auch eine Automarke. Diese rollt im zentralrussischen Nischnij Nowgorod vom Band, wo die GAS-Werke seit 1932 angesiedelt sind. Gegründet wurde die Fabrik im Zuge des ersten Fünfjahresplans der Sowjetunion. GAS/ GAZ ist übrigens eine Abkürzung für *Gorkowskij Awtomobilnyj Sawod*, dem Gorkier Autowerk. Nischnij Nowgorod hieß zu Sowjetzeiten Gorkij, daher steckt noch diese Bezeichnung im Firmennamen. International durchgesetzt hat sich allerdings die englische Transkription GAZ, auf Deutsch wird das Werk auch als GAS transkribiert.

Mischa steuert den Wagen auf eine mehrspurige Ausfallstraße, die ins Zentrum von Moskau führt, den Leningradskij Prospekt.* Überdimensionale Reklameplakate ziehen im Schneckentempo vorbei, von denen Mandelaugen und rote Münder hinablächeln. So viel Anmut inmitten von hohen, grauen Schneebergen stimmt Herrn Müller vergnügt. Doch die Freude währt nur kurz, denn zwei Stunden später steckt der Wolga immer noch in der Blechkolonne fest.

Der Stau löst sich aber schließlich doch auf – und Mischa gibt Gas. Nun scheint sich der Fahrer fast wie bei einem Skislalom zu fühlen. Zuerst ersetzt ein tannengrüner Schiguli die fehlenden Slalomstangen, dann ein mannshoher Jeep mit getönten Scheiben. Das Einfädeln funktioniert nach folgendem Prinzip: Blinker setzen ist verpönt, ebenso darf der Fuß keinen Millimeter vom Gas bewegt werden.

Paul Müllers Blick fällt auf die kleine Ikone, die auf der Fahrerkonsole klebt. Mischa muss einen guten Draht zu ihm haben, fährt es Herrn Müller durch den Kopf. Ob das auch für Beifahrer gilt?

Mischa bremst abrupt. Aus seinem Mund sprudelt ein Redeschwall. Prima, dass Herrn Müllers Russisch nicht so gut ist!**

* Der Straßenname wurde beibehalten, auch wenn Leningrad heute längst St. Petersburg heißt. Doch halt, nur fast: Denn das Verwaltungsgebiet um die zweitgrößte russische Stadt nach Moskau hat weiterhin seinen alten Namen behalten: *Leningradskaja oblast*. Überhaupt heißen einige der rund zwei Dutzend großen Ausfallstraßen in Moskau so wie der Ort oder die Gegend, in deren Richtung sie führen. Und nun raten Sie mal, wo die *Wolokalamskij schosse* (Wolokalamsker Chaussee) hinführt?

** Mischas Flüche sind an dieser Stelle leider der Zensur der Autorin zum Opfer gefallen, da sie nicht ganz vornehm und schon gar nicht jugendfrei waren.

Natascha spielt verlegen mit ihrem Schal. Dann erklärt sie mit leiser Stimme, dass sich Mischa über den Fußgänger am Zebrastreifen aufgeregt habe, der einfach so über die Straße marschiert sei.

Herr Müller schaut verwirrt. »Ja sicher, dazu ist ein Zebrastreifen doch da!«

Natascha nickt. »Aber das ist ein großes Risiko, für beide Seiten.«

Herr Müller grübelt kurz. Zebrastreifen als Risiken? Das konnte ja heiter werden in dieser Stadt!

Ein schwarz-weißer Polizeistock stoppt die Anwartschaft auf den großen Slalom-Pokal von Moskau jäh. Im Fahrerfenster taucht ein Männergesicht mit grauer Fellmütze und Wappen über der Stirn auf. »*Dokumenty!*«

Aha, den barschen Befehl versteht auch Herr Müller.* Mischa zeigt die Wagenpapiere. Die Stimmen der beiden Männer werden immer lauter. Natascha flüstert Herrn Müller vom Hintersitz zu, dass der *Gaischnik* Mischa überhöhte Geschwindigkeit vorwerfe.

Wer? Spontan schießt Herrn Müller die Assoziation mit dem englischen *gay* in den Kopf...**

Mischa verschwindet mit dem Verkehrspolizisten. Nach einer Weile steigt er wieder ein und gibt erneut Gas, diesmal mit heulenden Reifen. »*Nitschego* – Ach nichts«, winkt er ab. Es sei besser, solche heiklen Fragen direkt vor Ort zu klären, erklärt Natascha mit verschwörerischer Stimme.

---

* *Dokumenty* ist der russische Sammelbegriff für Ausweispapiere, Führerschein und Co.

** Bloß nicht *Gay* (Schwuler) und *GAI* (russische Verkehrspolizei) verwechseln. In Russland geht man mit Homosexualität nicht so unbefangen um wie in Westeuropa.

Und weiter geht der große Slalom-Cup. Herr Müller fühlt sich wie der Kopilot eines verhinderten Rallyefahrers. Sicher muss Mischa zu Hause eine ganze Sammlung von Michael Schuhmacher-Stickern haben, die er sich mit stolzer Brust in ein Sammelalbum klebt, fährt es ihm durch den Kopf. Nie wieder würde er sich über deutsche Autofahrer mit selbst gestrickten Toilettenpapieretuis auf der Hutablage ärgern, die mit Tempo 90 über die Autobahn schleichen. *Alles* war besser als diese Achterbahnfahrt im Moskauer Stadtverkehr!

Mischa reißt das Lenkrad nach rechts und hält, wie die gesamte Kolonne, am Fahrbahnrand. Auf einmal blitzt ein Blaulicht im Rückspiegel. Ein Unfall?

Natascha schüttelt den Kopf. »Der Präsident fährt nach Hause«, erklärt sie. »Dann wird die Straße gesperrt«.

Herr Müller ist verdutzt.

»Morgens fährt er in die Stadt, abends wieder raus – und dabei hat er natürlich Vorfahrt«, so die Assistentin.

Ob es so etwas in Berlin auch gibt, dass kurzerhand der Verkehrsfluss auf einer mehrspurigen Ausfallstraße zum Erliegen kommt, nur weil der Bundespräsident Hunger hat und zum Abendbrot pünktlich zu Hause sein will?

Was ist diesmal schiefgelaufen?

Wer einmal in Moskau Auto gefahren ist, weiß es: Russische Autofahrer sind nicht selten rücksichtslose, fast rüpelhafte Raser, die sich weder an rote Ampellichter noch an Verkehrsvorschriften halten. Andere Fahrzeuge ersetzen Slalomfähnchen, die es mit rasender Geschwindigkeit zu umfahren gilt. Notfalls auch auf der Gegenfahrbahn oder dem Bürgersteig – wie es eben gerade beliebt! Ziemlich pauschal gesagt? Mag sein! Gegenbeweise sind immer willkommen...

Es gilt das Recht des Stärkeren, fast wie im Tierreich: Je größer das Auto, desto ungehemmter darf der Fahrerkamm anschwellen. Tempo 100 im Stadtverkehr? Solange es die Polizei nicht sieht, ist erlaubt, was gefällt.* Und das ist so ziemlich die einzige Regel, die weitgehend akzeptiert wird.

Zebrastreifen? Die wurden bestimmt nicht in Russland erfunden! Vielleicht als Verzierung des sonst so eintönig grauen Asphalts. Oder, um die Straßenbauer im Zuge sozialistischer Fünfjahrespläne mit den entsprechenden Markierungsarbeiten auszulasten – allerdings sicher nicht, um Fußgänger als gleichberechtigte Verkehrsteilnehmer über die Straße zu lassen. Wer dennoch bremst, sorgt für ein lautstarkes Hupkonzert der nachfolgenden Kolonne. Die Fußgänger schauen zudem wie verschreckte Kaninchen, wenn ein Auto freiwillig anhält, nur um dem zuvorkommenden Verkehrskavalier dennoch nicht über den Weg zu trauen. Das konnte nur ein Irrer sein, der gleich Gas geben und in die Menschenmenge rasen würde! Oder ein Betrunkener! Im harmlosesten Fall: ein Ausländer!

Herr Müller hat seinem neuen Fahrer Mischa zum Start schon mal keinen Vertrauensvorschuss gewährt. Warum? Anschnallen gilt in Russland als Beleidigung des Fahrers. Denn dieser geht dann davon aus, dass Sie seinem Fahrstil nicht vertrauen. Viele Russen lehnen den Gurt ab. Ein

---

* Natürlich gilt auch in Russland eine Geschwindigkeitsbeschränkung: Tempo 60 innerhalb von geschlossenen Ortschaften!

Stück Textil soll helfen? Dann doch lieber gleich Nikolaus, der Wundertäter. Der Heilige, der an jeder Fahrzeugkonsole klebt, gilt als Schutzbeistand der Reisenden.

Überhaupt scheint im russischen Straßenverkehr manchmal göttlicher Beistand mehr wert zu sein als der gesunde Menschenverstand: Orthodoxe Priester weihen Fahrzeuge oder sprechen ein Gebet für Fernstraßen und Autobahnen. An einigen mit Weihwasser besprenkelten Zebrastreifen im Land sollen schon erste Erfolge sichtbar sein: Die Unfallzahlen sind rückläufig! Und für alle Fälle werden, zumindest im südrussischen Gebiet Krasnodar, die »Zehn orthodoxen Verkehrsgebote« auf den dortigen Straßen verteilt!

Doch nicht nur die Kirche, auch der Staat hat schon eingegriffen, um die Zahl der Verkehrsopfer zu verringern: Die Bußgelder für das Nicht-Anschnallen und andere »Kavaliersdelikte« wurden drastisch erhöht.* Viele Fahrer setzen sich deshalb einfach auf den Gurt, damit es so wirkt »als ob«, um so der Strafe für das Nichtanschnallen zu entkommen.

Mischa wurde von der russischen Verkehrspolizei gestoppt, der *GIBDD*.** Früher hieß diese Behörde *GAI*, bis heute steht die kyrillische Entsprechung *ГАИ* auf vielen Straßenschildern. Daher werden die Verkehrspolizisten umgangssprachlich auch *GAIschniki* genannt. Mit dem englischen Wort *gay* für Homosexuelle hat das jedoch nichts zu tun, Herr Müller! Kommen Sie bloß nicht auf die

---

* Wer beim Nicht-Anschnallen erwischt wird, zahlte bislang 500 Rubel Bußgeld. Zuvor waren es lächerliche 100 Rubel.

** Auf Russisch *ГИБДД* (sprich: GE-I-BE-DE-DE), also die *Gosudarstwennaja inspekzija besopasnost doroschnogo dwischenja*. Was sich vermutlich ohnehin nur die wenigsten Ausländer merken können, heißt wörtlich: Staatliche Inspektion für die Sicherheit im Straßenverkehr.

Idee, solche Scherze zu machen! Denn gleichgeschlechtliche Liebe ist in der breiten Bevölkerung immer noch ein Tabu-Thema. Mit dem Abkürzungswirrwar ist hier jedoch noch nicht Schluss. Denn es ist durchaus auch möglich, dass Sie in Russland auf die *DPS* (*ДПС*)* stoßen. Dies ist wiederum eine Abteilung der *GIBDD*.

Die russische Verkehrspolizei leidet unter ihrem schlechten Ruf. Zu dem sie allerdings selbst beiträgt: Sie lässt es sich oftmals nicht nehmen, kräftig *bakschisch* zu kassieren. Die Gehälter der Beamten sind niedrig, doch nicht nur die eigenen Kinder zu Hause müssen versorgt werden, sondern auch die Vorgesetzten. Dabei gilt ein ungeschriebenes Gesetz: *Wsjatki*, so der russische Name für Bestechungsgelder, machen etwa die Hälfte der offiziellen Strafe aus. In den letzten Jahren wurden die Ordnungsgelder jedoch erhöht.** Wo die Milizionäre in der Regel keinen Spaß verstehen, ist beim Alkohol: Es gelten strikte 0,0 Promille!

Sie zittern vor Ihrer Moskau-Reise vor der russischen Mafia? Vergessen Sie es. Denn diese rechnet in der Regel nur untereinander ab. Der Verkehr ist wesentlich riskanter: Alljährlich fordern russische Straßen 30.000 Tote, das sind sechs Mal mehr Menschenleben als im Vergleichszeitraum in Deutschland. Die Zahl der Verkehrstoten in Russland ist in den letzten Jahren dennoch rückläufig, auch wenn es

---

* Ausgeschrieben: Doroschno-patrulnaja sluschba, also die Behörde für Straßenpatrouillen.

** Was ist, wenn Sie die Ordnungsbuße nicht begleichen? Das russische Gesetz sieht vor, dass dies innerhalb von 30 Tagen geschehen muss. Passiert dies nicht, verjährt die Strafe nach einem Jahr. Nun kommt allerdings der Haken an der Sache: Die GIBDD beklagt, dass nur die Hälfte der Strafen überhaupt bezahlt werden. Doch auch hier hat die Duma angekündigt, härter durchzugreifen.

immer mehr Autos auf den Straßen gibt. Ein Grund hierfür sind die ausländischen Fahrzeuge, oft mit Anti-Blockier-System und Airbag ausgestattet, die deutlich sicherer als ihre russischen Mitstreiter sind. Allerdings bleiben die Straßen mit oft kratertiefen Schlaglöchern trotzdem eine enorme Risikoquelle!

Doch was ist in Moskau anders als in anderen europäischen Großstädten? Und warum muss man an Werktagen drei bis vier Stunden Zeit im Stau einkalkulieren? Schuld an der prekären Verkehrslage in der Hauptstadt sind die sowjetischen Städteplaner, die Moskau noch in den späten 1980er Jahren im besten Fall 600.000 Autos prophezeit hatten. Heute sind jedoch zehn Mal so viele Fahrzeuge in der Zehn-Millionen-Metropole unterwegs, da sich immer mehr Menschen ein Auto leisten können.* So viele Luxuskarossen wie in Moskau sucht man anderswo vergebens!

Die Vehikelflut bringt akuten Mangel an Parkplätzen mit sich: Öffentliche Garagen sind eine Neuerscheinung, der Wagen wird vielmehr abgestellt, wo Platz ist. Jede Fläche, auf die ein Auto passt, ist ein potenzieller Parkplatz! Dazu zählen Bürgersteige, Parks, Hofzufahrten oder Grünstreifen. Beliebt ist auch das Parken in zweiter Reihe, was die endlosen Staus nur noch verschlimmert. Das Problem ist

---

* Abhilfe gegen das Verkehrschaos sollen zudem neue Straßenbaupläne schaffen: Bis 2013 wollen Moskauer Städtebauer einen vierten Transportring errichten, der um die Stadt führt. Dieser soll mit 74 Kilometer Länge doppelt so lang wie der derzeitige Dritte Ring werden. Kritiker fürchten jedoch, dass dieses Projekt das Zentrum nicht genug entlasten wird: Denn dieses macht zwar nur sechs Prozent der Gesamtfläche von Moskau aus, jedoch befinden sich dort mehr als ein Drittel aller Arbeitsplätze. Entsprechend wird es zu den werktäglichen Stoßzeiten recht eng. Schon jetzt ist der Gartenring, der das innere Zentrum ringförmig umschließt, hoffnungslos überfüllt.

der Stadtverwaltung bewusst, die das entsprechende Programm *Narodnyj garasch* (»Volksgarage«) verabschiedet hat. In dessen Rahmen lässt sich die Stadt derzeit 4.000 Tonnen Stahl von der ThyssenKrupp Steel Europe AG liefern, mit denen 20 Parkhäuser in der Hauptstadt entstehen sollen. Denn die offiziell ausgewiesenen Park- und Stellplätze reichen nicht einmal für ein knappes Drittel der Autos, die auf Moskauer Straßen unterwegs sind.

Mit einem Blaulicht auf dem Dach hat man in Moskau freie Fahrt. Wenn man die richtigen Kanäle kennt, gibt es solche »Freifahrtscheine« für mehrere tausend US-Dollar. Ohne Quittung, versteht sich. Auch das Nummernschild gibt Auskunft über den Fahrer: Angehörige von Kreml, Zoll oder Geheimdienst, die man am Kennzeichen erkennt, werden in der Regel nicht gestoppt.* Auch Diplomaten, ausländische Repräsentanzen und Journalisten haben bestimmte farbige Nummernschilder, mit denen man sie sofort zuordnen kann.

Was können Sie besser machen?

Sind Sie selbst Autofahrer? Verzichten Sie in Moskau lieber darauf, wenn Sie nicht schon drei Jahrzehnte vor ihrer Pensionierung vorschnell ergrauen möchten! Sollten Sie einem *GAIschnik* begegnen, bleiben Sie gelassen. Ideal wäre natürlich, dass Sie der russischen Sprache mächtig sind – oder jemanden dabei haben, der sich mit den oft leider willkürlichen »Gesetzesauslegungen« auf russischen Straßen aus-

---

* Dieses System mit den Kennzeichen stammt noch aus Breschnjew-Zeiten: Dieser hatte die Nummer 0001.

kennt. Die immer zu einem Bußgeld führen, offiziell oder inoffiziell. Und kommen Sie bloß nicht auf die Idee, eine Quittung dafür zu verlangen! Falls Sie den offiziellen Weg einschlagen, könnte ihr Fahrzeug sogar beschlagnahmt werden, bis Sie die Strafe bei einer Bank eingezahlt haben – je nach Gutdünken des *GAIschniks*.

Andererseits gibt es glücklicherweise auch viele Beamte, die *wsjatki* rigoros ablehnen. Wir wollen ja hier nicht den Eindruck erwecken, dass Sie an jeder Straßenkreuzung kräftig zulangen müssen und es in Russland von grimmigen Verkehrspolizisten nur so wimmelt, die sich gebieterisch vor Ihrem Fahrzeug aufbahren und nur darauf warten, Sie um ein paar Scheine zu erleichtern – aber sollten Sie als Fahrer in die Situation kommen, dann wundern Sie sich nicht. Am besten »regelt« Ihr Mischa das, falls Sie einen haben!

Wer trotz täglicher Staus und den Vorzügen der Moskauer Metro dennoch nicht auf sein Auto verzichten kann, sollte einen großen Wagentyp wählen. Darin lässt es sich mit Laptop prima arbeiten, sofern man einen Fahrer hat. Und den gibt es meist auf Empfehlung aus der Expat-Community, also von anderen Ausländern vor Ort. Die meisten Ausländer in Führungspositionen beschäftigen einen Fahrer. Dieser übernimmt auch Besorgungen. Ein Problem sind allerdings die Fremdsprachen: Selbst wenn ein Fahrer ein wenig Englisch kann, so ist noch lange nicht garantiert, dass er sich in Moskau tatsächlich auskennt. Denn nicht wenige Fahrer stammen aus der Provinz oder aus den südlichen Ex-Sowjetrepubliken. Sie arbeiten in Moskau und versorgen ihre Familien zu Hause mit dem viel höheren Einkommen, das in der Hauptstadt gezahlt wird.

Andererseits können Sie den Stau immer als Ausrede benutzen, sollten Sie sich zu einem Termin verspäten. Eine Viertelstunde später zu kommen ist übrigens in Ordnung, rufen Sie die Wartenden dennoch lieber an, damit das Meeting nicht ohne sie beginnt. Aber: Nie an die Decke gehen, immer schön ruhig bleiben – denn ändern können Sie den Stau ohnehin nicht. Übrigens: Der durchschnittliche Moskauer verbringt jährlich 24 Tage im Stau!

Sind Sie hingegen Fußgänger, dann sollten Sie alles, aber auch alles, was Sie jemals in der Verkehrserziehung oder Fahrschule gelernt haben, schnellstmöglich vergessen! Zebrastreifen sind nur ein Straßenschmuck. Eine weitere Bestimmung gibt es dafür nicht, zumindest nicht in Russland! Ampeln? Ein Blinkschmuck! Allerdings gibt viel zu wenige für Fußgänger. Nutzen Sie lieber die Unterführungen, auch wenn Sie dadurch einen Umweg in Kauf nehmen müssen. Sollten Sie die Straße dennoch einmal an einer Stelle ohne Verkehrszeichen überqueren wollen, dann hilft nur eines: Trainieren Sie schon mal im heimischen Fitnessstudio, sputen Sie sich und versuchen Sie am besten, dem Sprintweltrekord von Irina Anatoljewna Priwalowa* nachzueifern. Dann dürften Sie die andere Straßenseite hoffentlich heil erreichen!

* Die 1964 geborene Russin zählt zur Top-Ten im Sprint über 100 Meter! Jahrelang galt sie als eine der besten hellhäutigen Sprinterinnen und verbuchte bis heute die Hallenweltrekorde über 50 und 60 Meter auf ihr Sportkonto. 1994 erreichte sie den Rekord von 10,77 Sekunden auf 100 Meter. Irina Priwalowa hat jedoch noch nicht abgeschlossen mit dem Sport und versucht immer wieder ein Comeback. Die deutsche Wochenzeitschrift »Stern« bezeichnete sie 2008 allerdings bereits als »Sprint-Oma«.

Herr Müller langt beim Frühstück kräftig zu

Sirniki, Blini und Gulasch am frühen Morgen

Herr Müller ist geschockt, mit welcher Brutalität sein Tischnachbar vorgeht. Ein einziger, gezielter Messerhieb – und die Köpfung ist vollstreckt. Allerdings am falschen Ende. Oder essen Russen ihre gekochten Frühstückseier immer andersrum? Fast verschluckt sich Herr Müller, so lenkt ihn der Eierköpfer am Nebentisch ab. Doch damit ist längst noch nicht Schluss! Der grausame Exekutor im Hotelrestaurant setzt noch eins drauf: Er nimmt eine Banane in die Hand und hält diese wie eine Pistole, indem er den Stiel zum Griff macht. Will er ihn damit etwa bedrohen? Nun beginnt er auch noch, die Banane von der falschen Seite zu schälen!

Das ist ja eine verkehrte Welt hier in Russland, staunt Herr Müller. Er beschließt, sich lieber wieder seinem eigenen Teller zuzuwenden, bevor er Zeuge anderer kulinarischer Hinrichtungen wird: frisch gepresster Orangensaft, leckere *Blini* mit Marmelade* und warme *Sirniki*** – an solch ein Früh-

---

* Unglaublich, wie luftig-locker die winzigen kleinen Pfannkuchen in Herrn Müllers Hotel schmecken. Das kommt vom Buchweizenmehl. Anderswo werden *Blini* auch mit Hirsemehl zubereitet, gelegentlich auch mit Hefe. Ein Klassiker sind natürlich *Blini* mit rotem oder schwarzem Kaviar und einem Klecks *smetana*, der russischen sauren Sahne.

** *Sirniki* sind Quarkküchlein mit russischem Hüttenkäse, Eidotter, Honig und Salz verrührt. Oft werden sie auch in Hotels zum Frühstück serviert. Und längst hat sie Herr Müller gern gewonnen. Ursprünglich stammen sie aus dem Baltikum.

stück könnte sich Paul Müller gewöhnen. Auch wenn er seinen geliebten Latte macchiato vermisst, den er in Karlsruhe doch in jedem Café serviert bekommt.* Aber gut, zur Not geht auch dieser dünne Filterkaffee hier im Hotel, den die Bedienung immer als American Coffee bezeichnet – ob sie ihn vielleicht für einen Amerikaner hält?

Auf alle Fälle ist der für Herrn Müllers Geschmack zu wässrige Filterkaffee immer noch besser als dieser starke Schwarztee, den seine Arbeitskollegen den ganzen Tag lang trinken, nachdem sie Berge von Zucker oder gar Konfitüre** darin versenkt haben. Oder noch schlimmer: dickflüssige, karamellisierte Kondensmilch!*** An deren Dauergebrauch haben sicher nur Zahnärzte ihre helle Freude.

Überhaupt scheinen die Russen das Versenken eines Lebensmittels in einem anderen zu lieben.**** Neulich im

---

* Stopp, Herr Müller! Zwischenzeitlich haben auch in Moskau Coffeeshops mit unzähligen Arten von Kaffee und Coffee-to-go Einzug gehalten. Auch wenn die Preise happig sind. Dennoch expandieren Kaffeeketten wie Coffeehouse oder Coffee Bean fast wie die sprichwörtlichen Pilze im Wald. Moskau ist – im Gegensatz zu anderen russischen Städten – keine Kaffeewüste mehr, wie es zu Sowjetzeiten durchaus der Fall war.

** Herr Müller meint *warenje*, eine Art Konfitüre, mit der gerne Tee gesüßt wird.

*** Herr Müller hat *sguschenka* (auch: *sguschjonka*) probiert: Dickflüssige, ziemlich süße Kondensmilch, mit der nicht nur Kaffee und Tee gesüßt, sondern in die auch *bubliki* (Kekskringel) eingetunkt werden. Auf den Sguschenka-Trend ist längst ein globaler Nahrungsmittelkonzern aufgesprungen und verkauft die Kondensmilch in Tuben auch in Deutschland. In Russland sind hingegen Dosen üblich. Auch die russischen Lebensmittelgeschäfte in Westeuropa setzen auf die Nostalgie der Migranten: *Sguschenka* gibt es so ziemlich in jedem Geschäft, das sich auf Produkte aus der früheren Sowjetunion spezialisiert hat.

**** Eine weitere Abart: Ein Schnapsglas Wodka wird einfach in einem großen Bierkrug versenkt. Dazu passt das russische Sprichwort: »*Pivo bes wodki, dengi na wjeter*« (»Bier ohne Wodka ist zum Fenster rausgeschmissenes Geld!«).

Hotel in Barnaul* schwamm ein Getreideberg in flüssiger Butter, sodass man kaum entdecken konnte, welche Sorte das eigentlich war. Naja, und irgendwie sah dieser Brei nicht wirklich lecker aus – zumindest nicht für unseren Feinschmecker Herrn Müller. Als die Bedienung dann noch mit dem *wtoroje* ankam, was auch immer das sein mochte, dachte Paul Müller, er habe sich komplett in der Uhrzeit verirrt, durch die Zeitverschiebung zwischen Moskau und Sibirien.** Es gab Gulasch mit Kartoffelpüree – zum Frühstück!

Herr Müller schleicht noch einmal ums Frühstücksbüffet herum, das zwischenzeitlich mit Würstchen, Speck und Hackfleischküchlein angereichert wurde. Lecker!

Ein kleiner Wehmutstropfen bleibt: kaum etwas für Fast-Vegetarier wie Paul Müller dabei. Außer vielleicht dem dunkelroten Beerensaft, *Mors*, der gerade frisch aufgefüllt wurde. Süß-säuerlich und sehr erfrischend!*** Herr Müller lädt sich noch drei *Blini* auf seinen Teller. Das leckere Frühstück im Hotel muss er auskosten, denn in der künftigen Wohnung würde ihn morgens nur eine leere Bratpfanne angähnen!

Was ist diesmal schiefgelaufen?

Herr Müller nimmt die Welt durch sein eigenes, in Karlsruhe geprägtes Weltbild war. Seine Art, wie er Eier köpft

---

* In die westsibirische Stadt im Altai verschlägt es Herrn Müller gleich mehrfach, da dort ein potenzieller Geschäftspartner sitzt.

** Sibirien ist groß. Der Unterschied zur GMT-Zeitrechnung beträgt in Barnaul im Winter sechs, im Sommer hingegen sieben Stunden.

*** Herr Müller hat an *Mors* Gefallen gefunden, dem überaus beliebten Moosbeerensaft, der auf keiner russischen Tafel fehlt. Moosbeeren sind übrigens sehr gesunde Vitamin C-Spender.

oder Bananen schält, ist für ihn die *einzig* richtige. Oder sagen wir lieber: Er hat eigentlich noch nie darüber nachgedacht, dass man Eier und Bananen auch anders herum »öffnen« könnte. Umso verwirrter ist er, dass es in Russland tatsächlich »umgekehrt« üblich ist. Aber eben auch nicht bei allen Dingen! Der eine schwört auf diese Art und verlacht den anderen, dass er es »nicht wisse, weil er keine Ahnung habe von Bananen«. Und der Andere schwört auf die »Von-unten-Variante«, wie die Affen. Fragen Sie einmal in Ihrem russischen Bekanntenkreis, was nun »korrekt« ist – vermutlich werden Sie zu keiner eindeutigen Antwort kommen.

Was Herr Müller beim *sawtrak*, der ersten Mahlzeit des Tages, auf seinem Teller vorfindet, ist eine Mischung aus kontinentalem Frühstück und russischen Spezialitäten – also neben Brot, Wurst, Käse, Marmelade, Joghurt und Saft werden auch *Blini* und *Sirniki* aufgetischt. Zu Hause in russischen Familien werden eher *buterbrody* gegessen, das sind belegte Brote, die mit einem dicken Käseschnitz, Schinken oder anderem Belag gereicht werden. Allerdings ist der Name komplett irreführend. Denn auch wenn das Wort *buterbrod*, so der Singular, aus dem deutschen Wortschatz übernommen wurde – so ist es in der Regel immer ohne Butter!

Traditionell wird in Russland reichhaltig gefrühstückt: *Kascha* (Brei) aus Haferflocken, Buchweizen oder Reis wird mit Milch und Zucker in zerlassener Butter angerichtet. Und da hat Herr Müller ausnahmsweise mal recht: Von westeuropäischen Gaumen wird die Butterschicht über dem gekochten Buchweizen oft mehr als großzügig empfunden. Nicht umsonst besagt ein russisches Sprichwort:

»Grütze kannst Du mit Butter nicht verderben«. Als *wtoroje*, also wörtlich »Zweites«, eben die Hauptspeise, folgen oft Würstchen oder eine *kotleta** mit Bratkartoffeln, Eiern und Schwarzbrot. Oder auch Gulasch. Ja, richtig, auch zum Frühstück!

In den Großstädten und bei jüngeren Menschen wird zunehmend kontinentales Frühstück bevorzugt, sodass Herr Müller eher in Sibirien als in seinem Moskauer Nobelhotel** zu Buchweizengrütze mit zerlassener Butter und Gulasch am frühen Morgen »gezwungen« wird.

Und der Tee darf nicht fehlen! Was Herrn Müller sein Frühstückskaffee bedeutet, ist dem Russen sein *tschaj*.*** Schwarztee gilt als russisches Nationalgetränk, es ist schon seit dem 18. Jahrhundert fester Bestandteil der dortigen Trinkkultur. Mitgebracht haben es übrigens die Mongolen als Gastgeschenk an den russischen Hof, später kamen chinesische Gesandte mit diesem Mitbringsel. Tee wird traditionell in einem *Samowar* aufgebrüht, ein mit Holzkohle beheizter Wasserkessel. Dabei wird der Tee als *sawarka*, also starker Sud, aufgebrüht und auf den Deckel des Samowars gesetzt, wo das kleine Teekesselchen durch den Dampf

---

* Nein, *kotleta* (Plural: *kotlety*) sind keine Koteletts, wie man vermuten könnte, sondern gebratene Fleischklöpse.

** Moskau mischt bei Hotelpreisen ganz weit oben mit: Eine Nacht im Einzelzimmer schlägt derzeit durchschnittlich mit rund 350 US-Dollar zu Buche. Wer im luxuriösesten Ritz Carlton absteigt, darf mit 800 Euro rechnen. Selbst der sowjetische Hotelklotz Ismailowo mit mehreren Tausend (!) Betten kostet um die 100 Euro. Und gehört damit noch zu den »Schnäppchen« in der Hauptstadt. Schuld daran ist der Hotelmangel, vor allem in der Kategorie »Drei Sterne« fehlen massiv Betten. Die Stadt will die Hotelzahl in den kommenden Jahren allerdings kräftig ankurbeln, so die Pläne.

*** Tee heißt in den meisten slawischen Sprachen *tschaj* (*čaj*, чай oder anders geschrieben).

warm gehalten wird. Heute findet man Samoware oft nur noch in den wohnzimmerlichen Glasvitrinen, im Museum oder auf der *Datscha*, wo es keinen Strom gibt. Die meisten Russen benutzen im Alltag hingegen elektrische Wasserkocher. Geblieben ist allerdings die Tradition des Teesuds, von dem ein wenig in die Tasse gegeben und dann erst mit heißem Wasser aufgegossen wird.

Was können Sie besser machen?

Wie köpft man ein Ei eigentlich »richtig«? Und wer sagt, wie die Banane »korrekt« zu schälen ist? In Russland werden Eier manchmal mit einem Messerhieb geköpft und eben vom unteren Ende ausgelöffelt. Fragt man einen Russen nach dem Vorteil, heißt es, dass sich die Blase im breiteren Teil des Eis befinde und dann nichts überlaufe. In Deutschland löffelt man das Ei hingegen vom schmalen Ende aus. Und ob das Ende der Banane der Stiel ist, von dem ausgehend die Schale geschält wird oder der »Haltegriff« – das wäre sicher eine ähnlich zermürbende Frage wie die nach dem Huhn und dem Ei.

In Webblogs wird allerdings behauptet, dass man Bananen praktischer am unteren Ende öffnen könne. Denn so würden es die Affen auch so tun, und die würden sich schließlich auskennen. Probieren Sie es aus, pressen Sie die Banane am unteren, schwarzen Strunk zusammen, bis dieser aufplatzt. Dann lässt sich die Schale ohne Quetschen und ziemlich einfach herunterziehen! Und fast besser als auf die »deutsche« Art!

Herr Müller fährt Taxi

No Russian? Dann sei meine Melkkuh!

Der Bass hämmert ohrenbetäubend, überall auf der Tanzfläche bewegen sich Körper im Takt der Musik. Natascha hat ihre russischen Freunde mitgebracht: Pawel, Schenja und Larissa, die dem deutschen Geschäftsmann heute Abend eine beliebte Ausländerbar zeigen möchten.

Die Clique tanzt und lacht – doch nach der gefühlten zwanzigsten Runde Bier kann Herr Müller einfach nicht mehr. Eine bleierne Müdigkeit überfällt ihn plötzlich, er verabschiedet sich und lehnt sich vor dem Hinausgehen aus der Bar noch kurz gegen die massive Holztür, die ihm beinahe auf die Stirn geknallt wäre.

Nun gut, der letzte Wodka wäre nun wirklich nicht mehr nötig gewesen, aber Natascha hatte ihm erklärt, dass es zum guten Ton gehöre, »einen auf den Weg zu nehmen«. Oder wie die Russen sagen: »*na pososchok*«. Die frische Luft kühlt ihn ein wenig ab – da waren ja aber auch mal wieder aufreizende Mädchen beim Tanzen gewesen! Ob die alle nur da waren, um jemanden kennenzulernen? Ein Single-Paradies! Aber nichts mehr für sein Alter, die würden ihm ja den Verstand rauben, grübelt der angeschickerte Geschäftsmann. Die anderen waren noch geblieben, auch Natascha. Doch wie soll er nun alleine ins Hotel kommen, mitten in der Nacht?

Herr Müller schaut sich nach einem Taxistand um. Einige Männer mit Lederjacken lehnen an ihren Autos. Einer kommt auf Herrn Müller zu. »*Taksi?*«

Sofort erhellt sich Herrn Müllers Gesicht. »*Da* – Ja!« Er klettert neben den Fahrer in den betagten Moskwitsch.* Dann fällt ihm ein, dass ihm Natascha geraten hatte, den Preis immer im Voraus auszuhandeln. »*Skolko* – Wie viel?«

Der Fahrer zögert. »*30 baksow!*«**

Das war ja günstig. »*30 Rubel?*«***

Der Fahrer lacht laut auf. »*Njet! Dollarow!*«****

Herr Müller zögert. Wo war er denn überhaupt? Ganz schön viel für eine Heimfahrt. So viel hat er selbst für den Wodka in der Kneipe nicht bezahlt. Er zögert. »*Twenty?*«

Der Fahrer schüttelt den Kopf.

---

* Der Moskwitsch (»Moskauer«) hat deutsche Wurzeln! Nun ja, fast! Denn 1946 wurden Fertigungsanlagen des Opel Kadetts von Rüsselsheim nach Moskau gebracht, bereits ein Jahr später rollten die ersten Modelle des Moskwitsch 400 im *Moskowskij Sawod Malolitraschnich Awtomobilej* (MZMA) vom Band. Später konnte sich der verbesserte Moskwitsch in den 1970er Jahren auch in der DDR als Taxi und Fahrschulfahrzeug durchsetzen. Er war dort zunächst als »Mossi« im Sprachgebrauch, nach der Wende auch als »Rotschquietsch«. Der russische Automobilhersteller wurde 2006, nach vier Millionen produzierten Fahrzeugen, für insolvent erklärt.

** Auch im Russischen ist *buck* als Bezeichnung für den Dollar durchaus verbreitet, zumindest in der Umgangssprache. Da Zahlen über fünf grammatikalisch ein Substantiv im Genitiv Plural fordern, bekommt der *buck* die entsprechende russische Endung *-ow*. Und so werden daraus *bucksow* (gesprochen: *bagsow*). Der Begriff stammt im Englischen möglicherweise von der Bezeichnung für ein Wildlederfell, *bugskin*, das in den amerikanischen Gründerjahren Zahlungsmittel war.

*** Trotz Kursschwankungen infolge der Wirtschaftskrise ist das weit weniger als ein Euro! Schwer vorstellbar, dass dafür ein Taxi in Moskau auch nur den Motor anwirft!

**** Auch hier gilt: Zahlen über fünf plus Genitiv Plural, daher wird aus *Dollar* (Nominativ) eben *Dollarow* (Genitiv Plural).

Herr Müller überlegt einen Augenblick. Vielleicht könnte er ja mit einem anderen Taxi verhandeln.

Der deutsche Geschäftsmann klettert aus dem Auto und lässt den Taxifahrer einfach stehen. Er wankt an den Straßenrand, streckt den Arm seitlich vom Körper weg und hält den Daumen hoch. Fast fühlt er sich wie ein Tramper, doch genau das hat ihm sein praktischer Engel Natascha als Notlösung geraten: »Einfach an den Fahrbahnrand stellen!«

Das dritte Auto hält. Ein reichlich klappriger Lada*, der vermutlich schon bessere Zeiten gesehen hat. Ein paar Goldzähne, die unter einem schwarzen Schnauzbart hervorblitzen, begrüßen ihn.

»*Nowoslobodskaja uliza?*«

Der Fahrer nickt, nennt einen Preis, doch Herr Müller versteht ihn nicht wirklich: »*Taxameter?*«

Der Fahrer lacht. »*Njet.*«

Gut, dann würde er sich eben ohne Taxameter nach Hause bringen lassen. Als er dem Fahrer einen Preis nennt, strahlt dieser breit und gibt sofort Gas.

Herr Müller gähnt und träumt schon von seinem Bett. Doch warum biegt der Fahrer nun in solch eine dunkle Seitenstraße ein? Er wird doch nichts Böses im Schilde führen? Herr Müller mustert ihn kritisch. Der dunkelhaarige Mann biegt erneut ab – und wieder und wieder. Fast

---

* Der Lada wird vom größten osteuropäischen Automobilhersteller, der AwtoWAS (internationale Schreibweise auch: AvtoVAZ) in der Wolga-Stadt Togliatti produziert. Während die Pkw-Marke in Westeuropa eher als Lada bekannt ist, läuft eines der bekanntesten Modelle in Russland unter dem Namen *Schiguli*. Ein Viertel der Anteile hält das französische Branchenunternehmen Renault. Das Werk steckt infolge der globalen Finanzkrise allerdings in großen Schwierigkeiten.

kommt es Herrn Müller vor, als würde er im Kreis fahren. Vielleicht kennt er ja den Weg überhaupt nicht?

Was ist diesmal schiefgelaufen?

Herr Müller outet sich sofort als Ausländer, indem er einen offiziellen Taxistand sucht. Die gibt es zwar auch in Moskau, jedoch selten. Wer sich ein Taxi rufen lässt oder selbst eins anruft, handelt nicht wie die meisten Russen. Denn in Moskau hat sich das System der privaten Schwarztaxis etabliert, die sogenannten *tschastniki*.

Da viele Fahrer von außerhalb kommen und entsprechend nicht alle Straßen kennen, kann es durchaus vorkommen, dass man als Fahrgast nach dem richtigen Weg gefragt wird. Manche Fahrer sind jedoch auch sehr stolz und drehen lieber eine Extrarunde, als zuzugeben, dass sie sich nicht wirklich auskennen. Auch Herr Müllers Fahrer war sich offenbar nicht sicher, wie er fahren sollte – aber wie konnte er diesen *inostranez* denn auch fragen, der noch nicht mal Russisch verstand? Viele Schwarztaxi-Fahrer kommen aus dem Kaukasus oder den südlichen Ex-Sowjetrepubliken, sie unterhalten dort ganze Familienclans mit ihrem Verdienst als Taxifahrer in Moskau. Doch auch Russen, die auf dem Weg nach Hause sind, nehmen gerne Fahrgäste mit – um sich einige Rubel hinzuzuverdienen. Ohne Quittung natürlich!

Der erste Fahrer, auf den Herr Müller angesprungen war, wollte zunächst US-Dollar! Gewöhnlich wird jedoch in Rubel verhandelt...

Übrigens war Herr Müller in einer Kneipe, in der Ausländer gerne verkehren, aber auch entsprechend viele

Prostituierte. Diese erkennt man meist nicht auf den ersten Blick, vor allem, wenn man noch nicht lange im Land ist. Das System funktioniert so: Gegen einen Obolus an den Türsteher oder Kneipenbesitzer mischen sich die oft sehr attraktiven Damen unter die Gäste – und kommen vor allem Ausländern bei einem Drink näher. Das Ziel des Abends ist klar!

Was können Sie besser machen?

Sie möchten eine künstliche Staukolonne in Moskau provozieren? Das ist ziemlich einfach. Stellen Sie sich einfach wie Herr Müller an den Fahrbahnrand, Hand raus, aber bitte, ohne den Daumen in die Höhe emporzuhalten. Schon nach wenigen Sekunden wird sicher das erste Schwarztaxi stoppen. Oder es werden gleich mehrere Fahrzeuge hintereinander anhalten und dadurch ein kleines Verkehrschaos hervorrufen! *Vor* dem Einsteigen (nicht wie Herr Müller reinsetzen!) wird die Straße oder Metrostation genannt, zu der man möchte, und nach dem Preis gefragt. Wird man sich nicht einig, schlägt man die Beifahrertür wieder zu und wartet auf das nächste Auto. Die ganze Sache dürfte, selbst mitten in der Nacht, höchstens wenige Minuten dauern.

Der Preis in solchen Privattaxis ist dabei *immer* Verhandlungssache. Wenn Sie nur rudimentär oder gar kein Russisch sprechen, müssen Sie sich auf höhere »Tarife« gefasst machen. Bitten Sie am besten ihre russischen Bekannten, ein Taxi anzuhalten und den Preis für Sie auszuhandeln. Damit kommen Sie auf jeden Fall billiger weg. Wenn Sie sagen, dass sie aus dem westlichen Ausland kommen, klingeln manchen Autofahrern geradezu die Dollarzeichen wie bei einem Spielautomaten in den Augen. Günstiger wird es hingegen, wenn Sie aus einem »Brudervolk« stammen, also dem Akzent nach etwa als Bulgare oder Serbe durchgehen könnten. Selbst aus dem Baltikum fährt man günstiger als unter der Prägung »Deutscher« oder »Westeuropäer«. Das gilt natürlich nur, wenn Sie sehr gut Russisch sprechen und sich einen entsprechenden Akzent antrainiert haben. Eine Krawatte und schicke Kleidung kurbeln den Fahrpreis gewöhnlich auch in die Höhe, ebenso wie Koffer. Die allermeisten Fahrer sind übrigens Männer!

In Reiseführern wird immer wieder gewarnt, dass man Schwarztaxis meiden sollte. Man könnte ausgeraubt oder zumindest beim Preis über den Tisch gezogen werden. Sicher kann das passieren, vor allem, wenn man wie Herr Müller ein wenig beschwipst ist. Unter Alkoholeinfluss sollte man, falls die entsprechenden Sensoren noch funktionieren, ganz besonders vorsichtig sein! Am besten sollten Sie immer auf Ihr Bauchgefühl hören und niemals einsteigen, wenn Ihnen der Fahrer suspekt vorkommt oder wenn bereits mehrere Personen im Fahrzeug sitzen! Ansonsten ist in den meisten Privattaxen vermutlich noch nie etwas passiert. Sicher kennt hingegen jeder jemanden, der wiederum jemanden kennt, dem einmal etwas zugestoßen ist – solche Geschichten kursieren gerne.

Wenn Sie noch mehr sparen möchten, fragen Sie keine Privattaxisten, die vor Nachtklubs, Hotels oder teuren Restaurants lauern. Diese verlangen oftmals *deutlich* höhere Preise, vor allem von Ausländern. Machen Sie sich nicht zur Melkkuh! Stellen Sie sich lieber ein Stück entfernt auf die Straße und halten den Arm raus. Erwarten Sie dabei allerdings nicht, dass nun ein modernes Luxusauto stoppen wird! Wer sich ein westliches Importmodell leisten kann, hat es in der Regel nicht nötig, sich einige Rubel hinzuzuverdienen. Zumindest galt dies noch vor der globalen Wirtschafts- und Finanzkrise. Inzwischen dürfte sich das auch ein wenig geändert haben, denn die Rate für den Autokredit muss bezahlt werden – und da ist plötzlich jeder Rubel willkommen!

Wenn Sie doch einmal ein offizielles Taxi benötigen, besorgen Sie sich die Nummer vorab. Ruftaxis sind in Moskau chronisch knapp* und haben wie im Westen Zulassungsnummern. Solche Fahrten lohnen sich, wenn Sie einen bestimmten Termin wünschen, also z.B., wenn Sie morgens früh am Flughafen sein müssen. Dann können Sie eine oder mehrere Taxizentralen anrufen, nach dem Preis fragen und vergleichen.** Und Sie bekommen auch eine Quittung für die Fahrt. Ansonsten gelten Taxameter in Russland eher als schmückendes Beiwerk. Offizielle Taxis sind oft kanarienvogelgelb mit schwarz-weißem Schachbrettmuster an den Türen.

* Das gilt nicht für andere Städte! In Moskau fehlen jedoch laut Schätzungen mehrere Tausend offizielle Taxis auf den Straßen.

** Wundern Sie sich nicht: Der Preis vom Flughafen ins Stadtzentrum ist meist deutlich teurer als umgekehrt!

Herr Müller fährt mit der Metro

Im Herzen der Erde. Oder: Drängeln verboten!

Diesmal war sie schneller als er! Und boxt ihn mit voller Wucht gegen das Knie. Autsch! Herr Müller verzieht das Gesicht. Er zieht seine Chipkarte, die ihm Natascha gekauft hatte, noch einmal an der Lichtschranke vorbei, bis ein grünes Licht aufleuchtet. Diesmal zeigt sich die Zugangssperre gnädiger und lässt ihn passieren.

Die Rolltreppe surrt monoton nach unten auf den Metro-Bahnsteig. Ganz schön tief geht's hier runter! Herr Müller stützt den linken Ellenbogen auf den rotierenden Handlauf. Aus den Lautsprechern daneben hallt eine Ansage.* Mit dem Handy fotografiert der deutsche Geschäftsmann die kühlen, abweisenden Gesichter der Menschen, die hinter ihm stehen. Doch warum stehen die Russen eigentlich alle rechts? Nanu!

Ein Windhauch bläst ihm entgegen. Das muss sein Zug sein, der gerade aus dem Tunnel auf den Bahnsteig einfährt. Herr Müller hat es auf einmal sehr eilig, er drängelt und schubst eine ältere Frau ziemlich unsanft beiseite. So viele Menschen aber auch! Herr Müller hört noch eine Frauen-

---

* Herr Müller versteht die Durchsage nicht, die durch den Lautsprecher hallt. Sie richtet sich an die »Werten Gäste und Bewohner der Stadt«, die ermahnt werden, auf den Rolltreppen doch bitte weder zu rennen, noch zu sitzen und schon gar nicht zu drängeln. Stattdessen solle man Rücksicht nehmen und helfen, vor allem älteren Menschen.

stimme durch den Lautsprecher, sieht einige Pelzmäntel, die sich gerade noch in den Waggon zwängen, und schon schnappt die Tür automatisch wieder zu. Zu spät! Den Zug hat er nicht mehr erwischt. Doch wo muss er überhaupt hin, wenn er zum Roten Platz will? Und wieso hängt da nirgendwo ein Fahrplan herum? Wie soll er ahnen, wann die nächste Metro kommen wird?

Herr Müller entdeckt eine beleibte Frau in blauer Uniform, die in der winzigen Glaskabine am unteren Ende der Rolltreppen eingezwängt ausharrt. Wie mag sie da nur reingekommen sein? An der Scheibe klebt ein weißer Zettel mit kyrillischen Buchstaben. Sie wird sicher wissen, wie er zum Kreml kommen könne!

Herr Müller klopft. »*Iswinitje, poschaluista* – Entschuldigen Sie bitte!«

Die Alte tippt als Antwort mit dem Finger auf den Ausdruck, ohne ihn auch nur eines Blickes zu würdigen. Herr Müller ist ratlos. Was steht da nur? Nun gut, schnell noch ein, zwei Fotos und dann würde er einen Passagier an der Bahnsteigkante fragen.

»*Iswinitje* – Entschuldigen Sie!«, wendet er sich an eine ältere Dame, die ihn anblickt und sich wortlos wieder umdreht. Huch! Das war aber unhöflich! Hat er Essensreste an der Wange kleben oder warum ist auch diese Frau so abweisend?

Herr Müller kramt ein Papiertaschentuch hervor und wischt sich prophylaktisch das Gesicht ab.* Doch wohin

---

* Nur gut, dass er sich in dem Gedrängel nicht auch noch die Nase geschnaubt hat. Das sollte er doch lieber auf der Toilette oder woanders machen, wo er nicht beobachtet wird. Denn das gilt als unhöflich.

nur damit? Wie sehen eigentlich russische Mülleimer aus? Egal, ab in die Hosentasche – und noch ein paar Fotos schießen. Die Station Majakowskaja soll ja besonders prunkvoll sein, hatte ihm Natascha gestern erklärt.

Plötzlich beschwert eine Hand seine Schulter. Von hinten hört Herr Müller einen brummigen Männerbass und blickt beim Umdrehen direkt auf die graue Uniform. Zwei Milizionäre haben ihn aufgehalten! Der eine zeigt auf Herrn Müllers Handy, mit dem er gerade fotografiert hat. Irgendetwas scheint den Ordnungshütern hier nicht ganz so zu passen. Einer der Polizisten zeigt mit dem Zeigefinger im Raum umher, dann auf das Handy und sagt schließlich kopfschüttelnd »*nelsja*«.

War das nicht eine Verneinung im Russischen? Aha, Herr Müller vernimmt noch das Wort *fotografirowatj*. Ob die Polizisten ein Bild von sich wollen? Als der Milizionär immer grimmiger dreinschaut, merkt Herr Müller, dass er wohl irgendetwas falsch verstanden haben muss...?!

Was ist diesmal schiefgelaufen?

Herr Müller hat diesmal eine vernünftige Entscheidung getroffen! Er umgeht den Stau auf den Straßen und steigt einfach auf die Metro um. »*Posdrawljajem* – Wir gratulieren!« Das ist nicht nur das praktischste und schnellste Verkehrsmittel in Moskau, sondern zuweilen auch ein kultureller Genuss. Denn manche Stationen erinnern an unterirdische Museen, sie wurden zu Sowjetzeiten als »Paläste fürs Volk« konzipiert. Mit prächtiger Architektur, pompösen Kronleuchtern, Stuckverzierungen und Marmorreliefs, teils mit Motiven des Soz-

Realismus und der Stalin-Ära, gibt es vor allem in den zentrumsnahen Stationen viele Details zu entdecken.

Das muss betont werden: Herr Müller ist ein Glückspilz mit seiner Assistentin Natascha! Diese hat ihm nämlich kostbare Zeit geschenkt. Warum? Sie hatte sich gestern selbst in die Warteschlange an der Metrokasse eingereiht, um ihrem Chef eine Magnetkarte zu besorgen. Dass Herr Müller die Karte nicht richtig angewendet hat und ihm zunächst der Durchgang zu den Rolltreppen versperrt wurde, ist hingegen eine andere Sache. Beim zweiten Anlauf hat es dann ja geklappt: Herr Müller hat die Plastikkarte nochmals ein wenig langsamer über den Sensor gezogen, der eine Fahrt abbucht und die verbliebene Anzahl auf einem digitalen Display anzeigt.* Wenn Ihnen die Zugangssperren erst einmal Eintritt in das unterirdische Transportlabyrinth gewährt haben, können Sie alle zwölf Linien beliebig lange und häufig nutzen.**

In anderen U-Bahnen der Welt ist es übrigens eher üblich, dass sich eine Absperrung öffnet! In Moskau ist es hingegen umgekehrt: Hier schnappt der sonst geöffnete Zugang mit Hilfe einer Lichtschranke zu! Bei neu gebauten Stationen geht man zwischenzeitlich jedoch auch zur »Öffnungsvariante« über. Das schmerzt zumindest nicht an den Knien!***

---

* Noch vor wenigen Jahren gab es übrigens Plastikjetons zum Einwerfen, die an die Münzen für westeuropäische Autoscooter erinnert haben.

** Das machen sich vor allem Obdachlose oder Straßenkinder zunutze. Sie legen sich oftmals auf die komplette Sitzbank in der Metro und schlafen dort. Bevorzugt auf der Ringlinie, da diese – wie der Name schon sagt – stundenlang ohne Endhaltepunkt verkehrt.

*** Schwarzfahren ist in der Moskauer Metro übrigens bereits seit 1958 nicht mehr möglich: Damals wurden die Schaffner durch Zugangssperren vor den Rolltreppen ersetzt.

Dass Herr Müller auf dem Bahnsteig ein wenig orientierungslos ist, darf man ihm nicht verübeln. Da kann ihm auch die Bedienstete in der Glaskabine nicht helfen, die keine Informationen erteilt. Genau das stand auf dem Ausdruck, den Herr Müller nicht lesen konnte. Doch warum sitzen diese (oftmals) Rentnerinnen überhaupt in solch einer winzigen Kabine mit antiquiertem Schurtelefon und einigen wenigen Schaltknöpfen? Das hätte Herr Müller selbst merken müssen, wenn er die Ansage verstanden hätte – denn die Hüterin der Rolltreppe hat ihn ja per Lautsprecherdurchsage belehrt: »Rechts stehen, links gehen!«[*] Ihre Aufgabe ist es, die Rolltreppe zu beobachten und die Geschwindigkeit zu regeln. Und obwohl diese Geschwindigkeit teils sehr beachtlich ist, kann die Fahrt zur Bahnsteighöhe dennoch bis zu drei Minuten dauern.

Vor einigen Jahren musste übrigens eine Gruppe deutscher Rentner ärztlich behandelt werden, da diese kollektiv auf der rasenden Rolltreppe gestürzt war. Und nein, die Tätigkeit der Aufpasserin in der Glaskabine wurde daraufhin nicht durch Kameraüberwachung oder automatische Stoppsysteme ersetzt, sondern wird nach wie vor im »manuellen Modus« durchgeführt.

Die Passagiere drängen sich auf den Rolltreppen üblicherweise so nahe aneinander, dass man den Atem des Vordermannes fast im Nacken spüren kann.[**] Dass Herr Müller so

---

[*] Der überaus populäre Liedermacher Bulat Okudschawa besang die Moskauer Metro schon in den 1950er Jahren: »Stehen sie rechts, gehen sie links!«

[**] Aber das weiß Herr Müller ja schon, dass in Russland andere Raum- und Körperdistanzen herrschen. Sie erinnern sich an das Kapitel »Herr Müller geht auf Tuchfühlung«?

rüpelhaft drängelt und beinahe eine Frau zu Boden wirft, die in der Metro bettelt*, ist dagegen absolut unangebracht! Trotz Enge und Geschiebe ist die Moskauer Menschenmasse in der U-Bahn nicht aggressiv, und auch der Geräuschpegel hält sich sehr in Grenzen. Und eigentlich hat Herr Müller nicht den geringsten Grund zu drängeln, denn die Metro verkehrt zur Rush-hour spätestens im (Halb-)Minutentakt! Die nächste Bahn fährt so schnell wieder auf den Bahnsteig ein, dass Drängeln überhaupt nicht notwendig ist. Sicher muss man manchmal ein oder zwei Züge abwarten, bis man sich überhaupt in eine Bahn reinquetschen kann, was bei dem schnellen Takt aber keinen wirklichen Zeitverlust bedeutet.

In den Metrowaggons kann es recht eng werden. Vor allem im Türbereich wird man manchmal unfreiwillig zum Gefühlstest gezwungen, wie sich wohl eine Ölsardine in ihrem Konservenbett fühlen mag. Wer hinaus möchte, fragt seinen Vordermann »*Wychodite* – Steigen Sie aus?«, auch wenn die nächste Haltestelle noch längst nicht in Sicht ist. Eine Antwort wird darauf meist nicht erwartet. Die Sitzplätze sind übrigens in Form von Bänken für sechs bis acht Passagiere (je nachdem, ob die Pelzsaison bereits eröffnet wurde) entlang der Fenster angeordnet. Auch wer stehen muss: Bücherlesen ist selbst im größten Gedrängel populär, auch wenn die Leselust der Russen in den letzten Jahren in der Metro ein wenig zurückgegangen zu sein scheint.

---

* Hätte Herr Müller das Papierschild in ihrer Hand lesen können, wüsste er, dass die Frau Geld für eine Beerdigung sammelt. In den Übergängen zwischen den einzelnen Stationen trifft man oft auf alte Mütterchen oder Armeeveteranen. Auch Geistliche, die mit dem Klingelbeutel für eine neue Kirche sammeln und auf den einen oder anderen Rubel hoffen, sind kein seltenes Bild.

Und die Orientierung? Nun ja, da hätte Herr Müller das kyrillische Alphabet doch ein wenig besser lernen müssen. Metropläne sucht man auf dem Bahnsteig vergeblich, dafür stehen die nachfolgenden Stationen auf Leuchttafeln in Saalmitte angeschrieben. Wer den Namen der Station kennt und kyrillisch kann, orientiert sich zumindest daran, ob er jetzt auf den linken oder rechten Bahnsteig muss.

Wer Umsteigestationen sucht, wird direkt am Bahnsteig fündig. Doch Herr Müller hat Pech, denn es fährt gerade ein Waggon ein, der ihm die Sicht auf diese Angaben versperrt, auch wenn diese nur kyrillisch angeschrieben sind.* Allerdings hätte er an der Lautsprecherdurchsage, die aus dem Waggon hinaus hallte, die nächste Station hören können. Diese wird angesagt, bevor sich die Türen wieder schließen.** Auch wenn er kein Russisch versteht, hätte er merken müssen, dass die Ansage von einer Frauenstimme stammte. Und in diesem Falle fährt die Bahn stadtauswärts. Stadteinwärts übernimmt hingegen eine männliche Stimme die Lautsprecherdurchsage. Im Zentrum kommt es an der Station, die dem Kreml am nächsten ist, zu einem Geschlechterwechsel.

Eine Besonderheit gilt bei der Ringlinie: Die männliche Stimme ist für Fahrten im Uhrzeigersinn zuständig, die weibliche Stimme für die Gegenrichtung.*** Durch diese

* Besser wird es im Inneren der Waggons: Denn die Streckenplänen gibt es dort schon seit einigen Jahren in Lateinschrift, nicht nur mit kyrillischen Buchstaben.

** In neueren Zügen informieren Anzeigetafeln über die nächstfolgende Haltestelle.

*** Die Stimmen gehören Radiosprechern. Bei besonderen Anlässen und Jahrestagen ertönen auf der Sokolnitscheskaja-Linie auch mal die Stimmen von Filmstars, Schauspielern oder Regisseuren wie Wladimir

praktische Regelung soll Sehbehinderten die Orientierung erleichtert werden. Generell ist die Metro für Körperbehinderte weniger geeignet, denn es gibt so gut wie keine barrierefreien Zugangsmöglichkeiten. Der nachträgliche Einbau wäre zu kostspielig.*

Fotografieren ist in der Metro übrigens verboten.** Das hatten die beiden Milizionäre versucht, Herrn Müller freundlich zu erklären. Dass sie dabei grimmig schauen, wissen wir ja – denn das ist eben ihr öffentliches Gesicht.

Was können Sie besser machen?

Es bitte nicht Herrn Müller gleichtun und drängeln. Denn die nächste Metro, in der auch Sie ihren Platz finden werden, kommt sicher bald. Um sich die Zeit zu verkürzen, werfen Sie am Besten einen Blick auf die digitale Anzeige am Tunnelausgang, dort läuft die Zeit bis zur nächsten Bahn, in Minuten und Sekunden.

Oder schauen Sie sich die schöne Station an, die mit teurem Marmor und prächtigem Stuck angereichert wurde. Oder noch besser: Warum machen Sie nicht gleich eine Metro-Tour und steigen an den schönsten Haltestellen aus?

Walentinowitsch Menschow (»Moskau glaubt den Tränen nicht«, 1981 Oscar als bester ausländischer Film!). Der Inhalt bleibt gleich, doch die Intonation bringt die Moskowiter schon mal zum Schmunzeln, da die Texte oftmals sehr theatralisch vorgetragen werden.

* Mit Ausnahme einiger neuer Stationen, die Treppenlifte haben. Eine Ausnahme sind auch die vier oberirdischen Bahnhöfe der Linie L1, der Leichten Metro (Light Metro).

** Das gilt übrigens auch bis heute für militärische Anlagen, Bahnhöfe und ähnliche Objekte! Halten Sie sich besser daran, um die Bekanntschaft mit Milizionären zu umgehen!

Wenn Sie kein Russisch können, besorgen Sie sich einen Reiseführer mit Metroplan. Die Karte ist in der Regel farbig, daran können Sie sich gut orientieren. In welche Richtung Sie dann fahren müssen, hören Sie ja an der Stimme – ob Mann oder Frau.

Vor allem die Haltestellen entlang der Ringlinie erinnern an Theater-Foyers und sind mit wertvollem Material errichtet worden. Besonders schön ist die Station *Kiewskaja* mit Wandmosaiken, die die russisch-ukrainische Völkerfreundschaft abbilden. In der Station *Nowoslobodskaja* wurden die 30 Buntglasfenster in der weißen Marmorhalle von Kunstwerkstätten in Riga gefertigt. Die *Komsomolskaja*, nach dem sozialistischen Jugendverband benannt, glänzt mit Kronleuchtern. Und die Station *Majakowskaja* aus grauem Marmor, Stahl und rotem Halbedelstein hält 36 Deckenmosaike bereit, mit Szenen aus Luftfahrt und Sport.

Abfalleimer in der Metro? Vergessen Sie es! Seit die Metro verstärkt zum Ziel von Terroranschlägen geworden ist, findet man erst recht keine Mülleimer mehr in den Stationen. Nehmen Sie Ihren Abfall lieber auf die Straße mit und suchen Sie draußen nach den meist tannengrünen Metalleimern. Irgendwo in die Ecke der Station werfen? Das ist vermutlich genauso empfehlenswert, wie den Staatspräsidenten auf dem Roten Platz mit Transparenten zu beleidigen. Denn die Metro ist das Heiligtum der Stadt: Sie wird gehegt und gepflegt. Reinigungspersonal fährt mit dem Putzlappen die Rolltreppen hinauf und hinunter, um den Handlauf zu säubern. Und spätabends trifft man auf Putzkolonnen, die mit einer Hacke die Ritzen zwischen den Bodenplatten akribisch reinigen.

Steckbrief Moskauer Metro: Eine U-Bahn der Superlative

Passagieraufkommen	Acht Millionen Passagiere pro Tag
Verkehrszeiten	5:30 bis 1 Uhr nachts (Schließung der Übergänge, die Züge fahren etwa bis halb zwei nachts)
Baubeginn	Nach Beschluss des Zentralkomitees der Kommunistischen Partei 1931
Entstehung	Bis zu 70.000 Arbeitskräfte waren gleichzeitig mit dem Bau beschäftigt.
Inbetriebnahme	Mai 1935 (11,2 Kilometer Trasse)
Orientierung	Alle Linien gehen sternförmig vom Zentrum aus und sind durch die Ringlinie miteinander verbunden. Jede Linie hat nicht nur eine eigene Nummer, sondern auch eine bestimmte Farbe.
Besonderheiten	Umfunktionierung im Falle eines Atomkriegs zum Luftschutzbunker möglich.
Tiefste Station	*Park Pobedy* (Siegespark): 84 Meter tief
Längste Rolltreppe	126 Meter lang, 740 Stufen – gilt als längste weltweit.
Streckennetz	z. Zt. 301,2 Kilometer Länge
Zahl der Haltestellen	z. Zt. 182
Zahl der Linien	12
Zahl der Waggons	4.500
Zukunftsvision	Ausweitung auf 660 Kilometer bis zum Jahr 2025

Herr Müller reist ohne Lamborghini an

Warum die Fahrt mit der Metro das Geschäft verdirbt

Noch eine knappe halbe Stunde, dann steht das erste Treffen mit den russischen Partnern von RosInGaz auf der Agenda. Herr Müller blickt nervös auf die Uhr. Wo sind nur Mischa und Natascha? Das kann doch nicht so lange dauern, ein läppisches Stück Papier von der Stadtverwaltung zu besorgen?! Das Telefonklingeln reißt ihn aus seinen Gedanken.

»Wir stecken im Stau, was sollen wir tun?«, fragt Natascha aufgelöst.

Herr Müller reagiert sofort: »Gut, dann fahre ich allein, und wir treffen uns gleich dort!«

Der Geschäftsmann nimmt zwei Stufen auf einmal und taucht verschwitzt in die Unterwelt der Moskauer Metro ein. Drei Stationen später steht er schon wieder oben auf der Straße. Beinahe hätte ihn noch die massive Glas-Holz-Tür am Ausgang am Kopf getroffen. So ein Rüpel aber auch! Kann nicht mal die Tür aufhalten! Herr Müller ist verärgert. Zeit zum Meckern bleibt ihm jedoch nicht, er ist spät dran. Wo muss er nur hin?

Aha, die Straße runter, sagt ihm ein Blick auf seinen Stadtplan. Da ist ja auch eine Haltestelle, dann könnte er den Bus nehmen und wäre noch schneller dort. Doch was ist das? Diese seltsamen Stromkabel über der Straße?

Ein Bus mit einer Stromleitung? Das gibt es in Karlsruhe nicht!

Herr Müller macht einen Satz in den Bus. Hoffentlich ist das auch die richtige Richtung. Und hoffentlich gilt auch seine Metrokarte im Bus. Mit Sicherheit, tröstet sich der Geschäftsmann, in Karlsruhe gibt es ja auch nur eine Karte für alle Transportmittel.

Das Glasgebäude von RosInGaz glitzert schon von weitem. Vor dem Haupteingang entdeckt er Natascha, im Gespräch mit seinem Stellvertreter Sergej Kusnezow und seinem Vorgänger, Jakob Lehmann. Richtig, die beiden wollten unbedingt mit zu dem Treffen kommen. Sein Stellvertreter hatte regelrecht darauf beharrt! Ob das nicht zu viel ist für ein erstes Kennenlernen, bei dem es eher nur darum gehen soll, den Stand der geplanten Gasbohrungen in Sibirien zu besprechen? Er kommt sich ja vor wie mit einem ganzen Empfangskomitee!

Es ist Viertel nach elf, Herr Müller ist 15 Minuten zu spät dran. Natascha wirkt unruhig und schleust ihre männlichen Kollegen zügig in die Eingangshalle.

»*Propusk!*«

Was will der Wachmann am Eingang? »Den Passierschein«, erklärt Natascha. Falls man den nicht hat, sei es üblich, den Pass vorzulegen. Der Kontrollposten prüft alle Ausweispapiere akribisch. Und scheint es dabei nicht allzu eilig zu haben.

In den Büroräumen von RosInGaz warten bereits acht Männer in dunklen Anzügen. Herr Müller ist verwirrt. So viele Mitarbeiter für solch einen Termin? In der Mitte des

Konferenztisches sitzt... ja, das muss dieser Herr Koroljow sein, der Generaldirektor.* Zumindest wirkt er am wichtigsten, der Sitzordnung nach. Herr Müller steuert auf ihn zu, um ihm kräftig die Hand zu schütteln. »Entschuldigen Sie, ich bin in der Metro stecken geblieben, dann ist der Bus nicht gleich gekommen, Sie wissen schon, jener mit der Oberleitung...«

Natascha übersetzt. Doch es scheint ihr sichtlich peinlich zu sein, was Herr Müller gerade so von sich gibt.

Herr Koroljow mustert Herr Müller mit gleichgültiger Mine. Unter seinem Sakko blitzt eine goldene Armbanduhr hervor, die sicher Nataschas Jahresgehalt gekostet hat. So ein unfreundlicher Kauz aber auch! Konnte er nicht wenigstens kurz lächeln?

Während der Verhandlung spricht nur Herr Koroljow. Fast wirkt es, als seien seine Kollegen nur mitgekommen, um das Gesagte durch ihr Nicken zu bekräftigen. Wie Attrappen! Dieser Koroljow wirkt so hart, unnachgiebig – und sehr unfreundlich! Und jetzt will er auch noch eine kürzere Frist für die vorläufigen Bohrpläne. Wie ärgerlich!

Unruhig rutscht Herr Müller auf seinem Stuhl hin und her. So unwohl hat er sich ja seit der japanischen Delegation in Karlsruhe nicht mehr gefühlt. Da wusste er auch nicht, woran er eigentlich war. Aber das Gespräch mit Herrn Koroljow und der russischen Delegation verläuft ja noch unbefriedigender! Sicher wird sich der russische Partner aus dem Geschäft herausziehen wollen, wenn er schon beim ersten Gespräch mit ihm so überaus distanziert ist!

* So wird der Geschäftsführer in Russland meist genannt: *Generalnyj direktor.*

74

Mit einem mulmigen Gefühl verlässt Paul Müller kurz darauf das Bürogebäude von RosInGaz.

Was ist diesmal schiefgelaufen?

Herr Müller hat sich gerade seinen eigenen Dolchstoß verpasst, zumindest in den Augen seiner neuen Geschäftspartner. Eine viertel Stunde zu spät kommen? Kann passieren, denn die Moskauer Straßen sind voller Staus, und manchmal ist die Verkehrssituation einfach unberechenbar, sodass man unweigerlich feststeckt. Auch wenn die russische Seite von einem Deutschen sicher mehr Pünktlichkeit erwartet hätte, da diese Eigenschaft Herrn Müller und seinen »typischen« Landsleuten eben zugeschrieben wird, zumindest aus russischer Sicht.

Sein Geschäftsgrab hat er sich jedoch vielmehr mit einem Einverständnis geschaufelt, dass er zunächst lieber einmal für sich behalten hätte: Seine Vorliebe für die Metro und überhaupt für öffentliche Transportmittel. Dass er mit einem *Trolleybus*, in Deutschland auch als Oberleitungsbus bekannt, gefahren ist, beunruhigt Herrn Koroljow zutiefst. Hier hätte Natascha vielleicht etwas anderes übersetzen müssen. Etwa: »Mein Fahrer mit dem nagelneuen Lamborghini wartet an der Ecke!«

Denn die klassenlose Gesellschaft, die den Sowjetbürgern vorgegaukelt wurde, ist längst Geschichte. Heute gibt es, im Hinblick auf das eigene Fahrzeug, ein Zwei-Kasten-System: Jene, die sich ein Auto leisten können, und jene, die gezwungenermaßen mit der Metro fahren müssen, da sie kein Geld für ein eigenes Vehikel haben. Ein eigenes Auto ist der Inbegriff von Freiheit, man muss seinen Raum mit niemandem teilen. Der Umweltaspekt öffentlicher Verkehrsmittel tritt in Russland völlig in den Hintergrund. Erwarten Sie daher auch nicht unbedingt Verständnis für deutsche Phänomene wie Park and Ride, Car-Sharing, Fahrgemeinschaften, Fahrradwege oder die BahnCard – denn Umweltschutz-Aspekte stoßen in Russland bislang noch auf wenig Gegenliebe.*

Dass Herr Müller mit seinem Vorgänger Jakob Lehmann und seinem Stellvertreter Sergej Kusnezow auftritt, ist mehr als richtig. Und wichtig. Denn je größer die Verhandlungsdelegation, umso wichtiger wirkt man selbst. Das weiß auch Herr Lehmann, der die deutsche Repräsentanz in den vergangenen Jahren geleitet hat und nun in Rente geht. Es ist seine Aufgabe, seinen Nachfolger einzuführen. Durch Herrn Lehmanns Einführung bei den russischen Partnern erhält Herr Müller gewissermaßen einen Vertrauensbonus. Die russische Seite kennt Herrn Lehmann und hat mit ihm bereits gute Geschäfte gemacht. Sie vertraut ihm, dass er einen guten Nachfolger präsentieren wird. Überhaupt genießen Ausländer bei Russen manchmal einen Vertrauensvorschuss, während man den eigenen Landsleuten gegenüber eher skeptisch ist.

Was können Sie besser machen?

Natürlich müssen Sie Ihre Bekannten, die Sie privat auf einen Tee treffen, jetzt nicht anlügen, dass Ihr Lamborghini so weit weg geparkt wurde und Sie daher zu spät kommen.

* Siehe auch Kapitel »Herr Müller gewöhnt sich an die russische Kälte«.

Es ist durchaus auch *kein* Problem, mit der Metro zu fahren, im Gegenteil! Selbst Ihrem Geschäftspartner können Sie *eines Tages* erklären, dass Sie die zeit- und umweltsparende Verkehrsvariante schätzen. Aber eben nicht am Anfang, denn für den ersten Eindruck gibt es eigentlich keine zweite Chance mehr! Und der zählt ziemlich viel in Russland.

Zu geschäftlichen Verhandlungen sollten Sie nie alleine anreisen, sondern immer mit mehreren Personen und Kollegen, die möglichst hoch in der Hierarchie stehen. Denn hier greift der ausgeprägte russische Kollektivsinn, dass der Einzelne weniger als die Gemeinschaft zählt.* Verhandlungen werden dabei auf Augenhöhe geführt: Herr Müller als neuer Repräsentanzleiter und Herr Lehmann als sein Vorgänger sind die adäquaten Verhandlungspartner für Herrn Koroljow. Das hatte Herr Kusnezow gut eingefädelt.

Bei Geschäftstreffen gibt es einige Regeln: Herr Lehman als Delegationsleiter, der die russischen Partner bereits kennt, hätte Herrn Müller vorstellen und einführen müssen – da war ihm der Karlsruher Geschäftsmann jedoch zuvor gekommen. Er müsste auch in der Tischmitte sitzen, gegenüber von Herrn Koroljow, dem russischen Ranghöchsten. Dabei kann es durchaus vorkommen, dass ausschließlich der wichtigste Mann auf russischer Seite spricht und ihm seine Kollegen lediglich beipflichten.

Herr Müller wundert sich, wie ernst das Treffen verläuft, das ist allerdings alles nur Taktik. Lassen Sie sich nicht einschüchtern, auf diese Weise wird versucht, eine Vertrauensbasis herzustellen, man will gegenseitig akzeptiert werden.

* Den wird der Karlsruher Geschäftsmann noch im Kapitel »Herr Müller geht alleine essen« kennenlernen.

Beim nächsten Treffen kennt man sich dann und gilt fast als alter Bekannter.*

Was die öffentlichen Verkehrsmittel betrifft: Fahrpläne hängen nicht aus, nur der Verkehrstakt wird angegeben. Oft kann es daher passieren, dass ein Bus mit der gleichen Liniennummer gleich zwei Mal hintereinander kommt – und dann eine gefühlte Ewigkeit überhaupt nicht mehr. Meist wird eine Buslinie auch von einer *marschrutka* bedient, einem Mini-Bus mit neun Sitzplätzen. Das *marschrutnoje taksi*, so die förmliche Bezeichnung, kostet zwar ein wenig mehr – doch dafür kann man den Fahrer auch mal bitten, an einer Straßenecke anzuhalten, die keine offizielle Bushaltestelle ist.

Metro-Fahrscheine gelten übrigens nur für dieses Transportmittel. Für Bus, Trolleybus und Straßenbahn in Moskau müssen extra Fahrscheine gelöst werden, die am Entwerter abgestempelt werden. Wenn es in den öffentlichen Verkehrsmitteln wieder mal so voll ist, dass Sie nur vage erahnen können, wo sich der Entwerter befinden könnte, dann geben Sie Ihre Fahrkarte einfach durch. Die russische Nachbarschaftshilfe greift hier, irgendwann kehrt Ihre entwertete Fahrkarte, über unzählige Hände durchgereicht, wieder zu Ihnen zurück. In Bussen und Straßenbahnen gibt es, zumindest in Moskau, vorne beim Fahrer zunehmend Drehkreuze. Hier muss das Ticket hineingeschoben werden, um das Verkehrsmittel überhaupt betreten zu können.

* Es schadet nicht nur, ein kleines Geschenk mitzubringen, sondern es gehört vielmehr zum guten Ton. Herr Müller hätte etwas Typisches aus Baden mitnehmen können, sei es ein schöner Bierkrug oder ein edler Wein. Bloß nicht: Kugelschreiber, Aufkleber oder Baseballmützen mit Firmenlogo, das würde wie billige Almosen wirken – diese Zeiten sind längst vorbei. Und die russische Seelerussische Seelerussische Seele mag schließlich nichts, das geizig wirkt.

Herr Müller lernt Russisch

Von Röhrlauten und kyrillischen Buchstaben

Elche verbringen ihren Tag gewöhnlich damit, durch die nordrussischen Wälder zu streifen. In Bürogebäuden haben sie hingegen nichts verloren. Das weiß so ziemlich jedes Kind zwischen Kaliningrad und Kamtschatka. Auch Natascha war diesem Glauben verfallen. Bis zur heutigen Mittagspause. Beschwingt kehrt sie aus dieser mit zwei Kohlpiroggen zurück.*

Doch da. Beinahe hätte sie die gefüllten Teigtaschen vor lauter Schreck zerquetscht! Aus dem Büro ihres Chefs dringen tiefe, röhrende Kehllaute. So kann nur ein Elch zur besten Paarungszeit klingen! Was, wenn ihrem Chef nun etwas passiert ist und ihn solch ein mächtiges Tier auf dem Büroboden bezwungen hat? Sie muss sofort eingreifen!

Beherzt betritt Natascha sein Zimmer, ohne anzuklopfen. Das hätte den liebestollen Elch, der sich da anscheinend eingeschlichen hat, sicher nur aggressiv gemacht. Doch was sehen ihre Augen? Seit wann waren Elche blond?

Nein, das ist doch... Aljona, die junge Sprachlehrerin, die Herrn Müller einen kleinen Taschenspiegel vor den Mund

---

* Piroggen sind Teigtaschen aus Hefe- oder Blätterteig und in der osteuropäischen sehr Küche beliebt. In Russland sind sie oft mit Kohl, Kartoffeln, Gehacktem, Pilzen, Quark oder Obst gefüllt und gehören unbedingt auf eine Festtafel.

hält und begeistert anfeuert. »Ja, so ist es gut, die Zunge klebt oben in der Mundhöhle, dann klingt das sehr gut!«, ermuntert sie ihn.

Herr Müller sitzt mit offenem Mund da, den Blick auf den kleinen Spiegel konzentriert. »*Rrrrr*«, röhrt es wieder.

Natascha ist erschrocken. Nie hätte sie gedacht, dass dieser zurückhaltende Deutsche solche kräftigen, dunklen Brunftlaute ausstoßen kann. Klingt die russische Sprache wirklich so bedrohlich?

Nichts wie raus hier! Wie peinlich, dass sie nicht einmal angeklopft hat. Doch keine Chance, Herr Müller hat sie schon bemerkt. Und scheint guter Laune. »Natascha, das lerne ich nie!«, schüttet er seiner Assistentin das Herz aus.

Fast bekommt sie Mitleid mit ihrem deutschen Chef, dessen Russisch nun wahrlich nicht sonderlich Russisch klingt.

»Weißt Du, das Sprechen würde ja noch gehen, aber das andere... also mit dem *pisatj* habe ich große Probleme«, sagt er. Aljona wirft Natascha einen vielsagenden Blick zu – und nur Bruchteile von Sekunden später prusten die beiden jungen Frauen los. Natascha ringt nach Luft. »Entschuldigung«, japst sie.

Herr Müller ist verwirrt. So ein Hühnerstall aber auch! Machen sich die beiden Frauen etwa über sein Russisch lustig?

Was ist diesmal schiefgelaufen?

Herr Müller lernt Russisch! Auch wenn er dabei, so zumindest Nataschas erster Eindruck, wie ein röhrender Elch klingt. Doch sein Wille ist vorbildlich, und mit einer motivierenden jungen Lehrerin müsste auch ihm eines Tages das rollende »r« gelingen. Und das ist gar nicht so einfach für unseren Karlsruher, der diesen Konsonanten bislang in allen Wortpositionen immer schön verschluckt hat!

Einige Begriffe kennt Herr Müller auch schon. Dazu gehört *pisatj*, das russische Wort für »Schreiben«. Wovon er allerdings nichts weiß – und genau das bringt die beiden Frauen zum Lachen –, ist die fast heimtückische Betonung: Denn das gleiche Wort, ebenfalls *pisatj* im Infinitiv, drückt im Russischen eine Handlung aus, die man gewöhnlich nicht auf dem Schreibtisch vornimmt – das Urinieren. Herr Müller hat den beiden Frauen in seinem deutsch-russischen Sprachmix also gerade erklärt, dass er Probleme beim Wasserlassen habe, statt mit dem Schreiben!

Die Betonung hat im Russischen ihre Tücken, da sie eben nicht fest auf einer bestimmten Silbe sitzt, sondern mitgelernt werden muss. Und so kann das gleiche Wort, je nach Deklinations- oder Konjugationsfall, komplett anders klingen.

Russisch ist die offizielle Sprache von 142 Millionen Einwohnern, die heute in Russland leben. Hinzu kommen 70 Millionen Menschen, größtenteils in den anderen Republiken der ehemaligen Sowjetunion, die Russisch als Zweitsprache sicher beherrschen.[*] Weltweit wird zudem von mindestens zehn Millionen Russisch-Lernenden ausgegangen, wobei sich diese Zahl seit der politischen Wende in Osteuropa halbiert hat. Das Russische gehört gemeinsam mit dem Belarussischen und dem Ukrainischen zur

---

[*] In Russland sind 24 Amtssprachen anerkannt.

ostslawischen Sprachgruppe, die sich im 10. Jahrhundert aus dem Gemeinslawischen herauskristallisiert hat.*

Erfunden wurde das kyrillische Alphabet, das im modernen Russisch 33 Zeichen hat, von den aus Thessaloniki stammenden Brüdern Konstantin (später als Mönch Kyrillos genannt) und Methodios.** Im Zuge der Slawenmission, die Fürst Rastislaw von Großmähren anfragte, sollten die beiden eine Schriftsprache für die slawischen Völker schaffen, um ihnen das Evangelium zugängig zu machen. Die Brüder entwarfen die Glagoliza in Anlehnung an das griechische Alphabet und übertrugen die Bibel sowie liturgische Texte in die slawischen Dialekte. Später entwickelte sich das Altkirchenslawische, das sich im Kirchenkanon über die Jahrhunderte als Sakralsprache hielt. Zu Ehren von Kyrillos wurde das Alphabet *Kyrilliza* genannt.

Unter Zar Peter dem Großen (1672-1725), der als großer Reformator galt, wurden die kyrillischen Buchstaben zu Beginn des 18. Jahrhunderts teils dem lateinischen Alphabet angepasst. Doch die Kirche blieb konservativ und verwendet das Kirchenslawische nach wie vor in der

* Die slawischen Einzelsprachen entwickelten sich aus dem Ur- und später Gemeinslawischen heraus. Die Ostslawen nutzten bis ins 14. Jahrhundert das Altrussische als gemeinsame Sprache in ihrem Staat, der »Kiewer Rus« hieß. Heute werden drei große Sprachgruppen unterschieden: Ostslawisch (u. a. Russisch, Belarussisch, Ukrainisch), Westslawisch (u. a. Polnisch, Tschechisch, Slowakisch, Sorbisch) und Südslawisch (u. a. Slowenisch, Bosnisch, Kroatisch, Serbisch, Montenegrinisch, Bulgarisch, Mazedonisch). Von den insgesamt 290 Millionen Sprechern mit slawischer Muttersprache entfällt etwa die Hälfte auf das Russische.

** Für Ausländer mag es verwirrend sein, dass es im russischen Alphabet zwei »stumme Schriftzeichen« gibt, die keine lautliche Entsprechung haben: Das Weichheitszeichen (*mjachkij snak*) und das Härtezeichen (*twjordyj snak*).

Liturgiefeier. Zur Herausbildung der neuen russischen Literatursprache trug der russische Schriftsteller und Dichter Alexander Puschkin (1799-1837) maßgeblich bei. In seinen Werken wurden alte, starre Sprachformen durch die lebendige Volkssprache abgelöst. Er gilt bis heute als *der* russische Nationaldichter.* In den meisten größeren Orten findet sich ein Puschkin-Denkmal, zu dessen Füßen bis heute frische Blumen niedergelegt werden. Nach der Oktoberrevolution von 1917 wurden im Zuge weiterer Sprachreformen überflüssige Buchstaben in vielen Wörtern gestrichen. Ab den 1930er Jahren, als sich die Sowjetunion etabliert hatte, mussten auch die meisten nichtrussischen Völker das kyrillische Alphabet verwenden, die Armenier und Georgier durften ihre Schriften beibehalten, im Baltikum wurde die Lateinschrift verwendet.**

Das Faszinierende am Russisch ist, dass es so gut wie keine Dialekte gibt. Auch wenn sich das Land über 10.000 Kilometer bis zum Pazifik erstreckt, wird man keine nennenswerten Schwierigkeiten haben, zurechtzukommen. Winzige Unterschiede gibt es in der Betonung, etwa der Buchstaben »a« und »o«, diese Differenzen sind aber nicht so groß wie bei uns beispielsweise zwischen Sachsen und Bayern.

* Puschkin gilt als »Vater der russischen Literatur«. Es gehört fast schon zum guten Ton, einige Strophen aus dem 1833 veröffentlichten Roman in Versen, »Jewgenij Onegin«, zitieren zu können – zumindest in Russland. Bereits 1840 erschien die erste deutsche Übersetzung als »Eugen Onegin«, bis heute ein Meisterwerk der russischen Literatur. Pjotr Tschaikowskij (1840-1893) komponierte die entsprechende Oper auf Grundlage des Versromans, Uraufführung war 1879 in Moskau.

** Wenn Herr Müller weiterhin das kyrillische Alphabet lernt, wird er künftig unter anderem auch in der Ukraine, Belarus, Kirgisistan, Tadschikistan, Bulgarien, Serbien, Bosnien-Herzegowina und Mazedonien zurechtkommen.

Auch wenn Ihr Russisch nicht perfekt ist, so werden Sie doch sicher einige deutsche Lehnwörter daraus erkennen. Diese haben sich vor allem im Handwerk, der Technik, dem Militärbereich, aber auch in Alltagsgegenständen erhalten können. Dazu gehören *buterbrod* (belegtes Brot, allerdings ohne Butter), *galstuk* (Krawatte, Herleitung von »Halstuch«), *schlagbaum* (Schranke), *buhgalter* (Buchhalter) und andere.

Was können Sie besser machen?

Russisch war Amtssprache der UdSSR und wurde in allen 15 Republiken des Staatengefüges gleichermaßen genutzt. Daher sprechen und verstehen die meisten Menschen in den meisten Ex-Sowjetrepubliken Russisch. Doch nicht überall wird die Sprache geschätzt. Vor allem in den baltischen Republiken Estland, Lettland, Litauen, wo zwar eine bedeutende russische Minderheit lebt, kann es passieren, dass die Sprache nicht mehr aktiv gesprochen wird: Junge Esten oder Letten verstehen das Russische zwar noch, antworten jedoch oftmals in ihrer eigenen Muttersprache.

Ein dickes Lob für Herrn Müller. Er opfert seine Mittagspause, um sich Grundkenntnisse des Russischen anzueignen. Kein Fehler, denn nicht immer kann man in Russland damit rechnen, als Ausländer verstanden zu werden. Sicher beherrschen vor allem jüngere, gut gebildete Menschen zwischenzeitlich Englisch. Doch bei der älteren Generation bleibt Herrn Müller nichts anderes übrig, als auf Russisch auszuweichen.

Herr Müller lernt den Vielvölkerstaat Russland kennen

Schmelztiegel zwischen Asien und Europa

Mit offenem Mund starrt Herr Müller der Bedienung im Sushi-Restaurant hinterher, die gerade die Speisekarte gebracht hat. »Uj, ich wusste gar nicht, dass es in Moskau japanische Gastarbeiter gibt«, sagt er zu Natascha. »Verdienen die denn nicht genug bei sich zu Hause?«

Natascha scheint eher in die bunten Bilder vertieft zu sein, die Algenröllchen mit Pilzen, Krabben, Aal und Co. abbilden. »Japaner?«, fragt sie geistesabwesend blickt sich verwirrt um. Herr Müller zeigt mit dem Kopf in Richtung Bedienung, die in einem orangefarbenen Kimono steckt.

»Nein, das ist vermutlich eine Burjatin, also eine Frau aus Burjatien, würde ich sagen.«

Herr Müller grübelt. Burjatien? Ist das eine dieser zentralasiatischen Republiken, die auch mal zur Sowjetunion gehört haben? Er kann Natascha ja fragen, sobald sie sich für ein Gericht entschieden hat. Oder lieber gleich, sonst vergisst er den komplizierten Namen wieder. »Burjatien?«

Natascha nickt. »Östlich des Baikalsees, ein Zentrum des Buddhismus in Russland!« Aha, sie meint doch nicht etwa die Mongolei oder eines der anderen Länder? Herr Müller wird sich nach der Mittagspause im Internet informieren. Eine zweite Frau, ebenfalls mit asiatischen Gesichtszügen, räumt unterdessen am Nachbartisch Teller und Gläser auf ein Tablett. Das ist sicher keine Burjatin, sie sieht anders aus. »Warum kommen die denn alle nach Russland?«, fragt er.

Natascha runzelt die Stirn. »Die leben doch schon ewig hier«, erklärt die Assistentin geduldig. »Bei ihr würde ich auf eine Koreanerin tippen, die habe ich in der Altaisteppe, also in Sibirien, öfter mal bei der Melonenernte gesehen«, erklärt Natascha. »Wir haben da jedes Jahr meine Großmutter besucht.«

Herr Müller kann sich nun überhaupt nicht mehr auf seine Bestellung konzentrieren. Melonen in Sibirien? Wassermelonen? Und Koreaner, die in Russland bei der Ernte mit anpacken? Sicher will ihn Natascha nur auf die Schippe nehmen, da sie gemerkt hat, wie wenig er über Russland und die ehemalige Sowjetunion weiß. In Sibirien gibt es doch nur Schnee! Und neulich, hat da Herr Kusnezow nicht einen dieser Partner aus Kalmückien angeschleppt? Der sah auch ziemlich asiatisch aus. Er muss nach der Mittagspause tatsächlich sofort im Internet surfen, damit seine Assistentin keinen Schabernack mehr mit ihm treiben kann.

Was ist diesmal schiefgelaufen?

Herr Müller kennt eigentlich nur Moskau, auch wenn er nun schon in der Provinz war.* Um die ethnische Vielfalt

---

* Ups, und da würde nun vermutlich jeder Russe widersprechen! Wer Moskau kennt, kennt das wahre Russland nicht! Die Hauptstadt ist eine komplett andere Welt! Ein schillernder Kosmos mit Nobelboutiquen, Luxuskarossen und westlichem Chic, dem das oft triste, monotone, dörfliche Leben ohne Anbindung an die kommunale Kanalisation krass gegenübersteht.

in Russland zu erfahren, ist die Hauptstadt natürlich nicht das schlechteste Pflaster. Denn Moskau mit seinen vielen Karriere- und Verdienstmöglichkeiten zieht nicht nur Menschen aus ganz Russland, sondern auch aus allen Nachfolgerepubliken der Sowjetunion an.* Überhaupt gilt Russland als eines der bedeutendsten Einwanderungsländer weltweit! Russland ist ein facettenreicher Vielvölkerstaat: Mehr als 100 Völker und 130 Nationalitäten sind hier zu Hause. Wobei allerdings nur 30 Völker mehr als 500 Angehörige umfassen.** Viele haben eigene Teilrepubliken – wie etwa die Tataren, die mit 5,5 Millionen Menschen als eines der größten Völker innerhalb Russlands gelten.*** Daneben gibt es drei Millionen Ukrainer. Tschetschenen, Baschkiren, Tschuwaschen und Armenier kommen ebenfalls auf über eine Million Angehörige in Russland. Andere Völker besit-

---

* Seit dem Zerfall der Sowjetunion sind 14 Republiken weggefallen, die nun eigene Nationalstaaten geworden sind. Dazu gehören die drei baltischen Republiken Estland, Lettland, Litauen ebenso wie die Ukraine, Weißrussland (Belarus), Moldawien/Moldau, Armenien, Aserbaidschan, Georgien, Kasachstan, Usbekistan, Kirgisistan, Turkmenistan, Tadschikistan. Zusammengehalten wurde die Union der Sozialistischen Sowjetrepubliken, der formalen Staatsform nach eine Sozialistische Räterepublik, durch den Wahlspruch: » *Proletarii wsjech stran, sojedinjajtes* – Proletarier aller Länder, vereinigt euch!«. Die große Völkerfamilie, der immer wieder Achtung und Freundschaft gepredigt wurde, scheiterte jedoch letztlich.

** Zur Erinnerung: Russland hat aktuell 142 Millionen Einwohner, Tendenz schrumpfend. Jährlich verliert das Land bis zu einer Million Einwohner. Mit einer Geburtenrate von 1,3 Kindern je Frau lässt sich das nicht kompensieren. Der Bevölkerungsrückgang wird allerdings durch die Zuwanderung von Gastarbeitern, meist aus der GUS und China, wieder wettgemacht. Zudem kehren viele Russen seit dem Zerfall der Sowjetunion aus anderen ehemaligen UdSSR-Republiken nach Russland zurück.

*** Die Republik Tatarstan liegt am Mittellauf der Wolga, die dortige Hauptstadt Kasan besticht durch ein Miteinander von Moscheen und orthodoxen Kirchen mit Zwiebeltürmchen und ist auch bei Touristen sehr populär.

zen autonome Provinzen oder Kreise, in deren Bezeichnung sie als Titularnation auftauchen. Dazu gehören die Nenzen, ein nordisches Volk, die im Nordural ihren Jamalo-Nenzischen Autonomen Kreis bekommen haben.* Um niemanden zu diskriminieren, wurden sprachliche Finessen eingeführt: Ein *Rossjanin* ist ein Staatsbürger Russlands, der *Russkij* unterdessen ein ethnischer Russe. Und entsprechend heißt die offizielle Bezeichnung für den Staat *Rossijskaja Federazija*, wörtlich: »Russländische Föderation«. Im Deutschen hat sich jedoch die Bezeichnung »Russische Föderation« eingebürgert.

Die ethnische Vielfalt ist jedoch nur eine Seite der Medaille. Denn nicht selten stößt man auf einen gewissen großrussischen Chauvinismus und übersteigerten Nationalstolz, bei dem andere Nationalitäten auch verbal degradiert werden: So nennt man die Ukrainer häufig herablassend *Chochly***, während Kaukasier als *Tschjornyje* (»Schwarze«) oder gar *Tschornoschopye* (»Schwarzärsche«) bezeichnet werden. Sie gelten oft als Bürger zweiter Klasse. Der großrussische Chauvinismus wurde zu Sowjetzeiten unter den Deckmantel der Brüderlichkeit und Völkerfreundschaft gekehrt und kam erst mit der Perestrojka an die Öffentlichkeit.***

---

* Amtssprache in Russland ist Russisch, in den autonomen Republiken gelten jedoch die Sprachen der Titularvölker als gleichberechtigte Amtssprachen.

** Der Singular lautet *Chochol*, die etymologische Herkunft lässt sich auf einen Haarschnitt der Kosaken zurückführen. Die Ukrainer nennen die Russen umgekehrt, ebenso in negativem Zusammenhang, hingegen *Katsap* (vom Ukrainischen *yak sap* = »wie eine Ziege«, bezogen auf die langen Bärte der Russen im Mittelalter).

*** Unter Lenin galten die kleinen Völker in der jungen Sowjetunion

Viele Russen unterscheiden generell zwei Arten von Ausländern: Auf die einen schauen sie hinab, zu denen anderen hinauf. Zu ersteren gehören vor allem Menschen mit schwarzer, gelber oder anderer Hautfarbe und andersartigen Gesichtszügen. Die anderen sind die westlichen Ausländer, allen voran Europäer und Amerikaner, denen Respekt gebührt. Manchmal hört man auch die vermeintliche Überlegenheit gegenüber den kleinen Völkern im hohen Norden heraus, dann heißt es, dass diese ja »erst durch die Russen sesshaft geworden seien und eine Schrift bekommen hätten«. Andererseits fällt es auch nicht allen Russen leicht zu akzeptieren, dass die Supermacht Sowjetunion zerbröckelt ist und die früheren Bruderrepubliken ihren eigenen Nationalstolz und eben ihre eigene Dynamik entwickeln. Letztlich sind mit dem Zerfall auch beliebte Urlaubsregionen wie die Krim oder das Baltikum über Nacht zum Ausland geworden – was viele Russen schmerzt.*

Der großrussische Chauvinismus tritt manchmal auch in seiner Extremform auf: Als Fremdenhass und geballte Wut auf alles, was anders ist. So gibt es einige Städte, wie z. B. das zentralrussische Woronesch, in denen es schon wiederholt zu Angriffen auf afrikanische Studenten kam – sogar

zunächst noch als gleichberechtigte Nationen – zumindest auf dem Papier. Unter Stalin wurden die Juden und andere Minderheiten zu gesellschaftlichen Sündenböcken. Nationalismus und Antisemitismus spitzten sich immer weiter zu: Die Sowjetdeutschen wurden der Kollaboration mit Nazi-Deutschland bezichtigt, aber auch andere Völker, wie die Krim-Tataren oder Tschetschenen, wurden unter Stalin nach Zentralasien und Sibirien verschleppt, ermordet oder starben an den Folgen von Hunger und Erschöpfung.

* Interessant ist, dass im modernen Russland zwischen »näherem« und »weiterem Ausland« unterschieden wird. Unter ersteres fallen die GUS-Republiken, während letzteres die »übrige Welt« umfasst.

mit Todesfolge. 2009 wurden in Russland 71 Menschen durch rechtsradikal motivierte Übergriffe getötet und 333 Personen verletzt. Im Jahr zuvor wurden noch 110 Tote und 487 Verletzte verzeichnet.

Was können Sie besser machen?

Werfen Sie nicht alle Bewohner Russlands in einen Topf! Das Land gilt als Schmelztiegel einer bunten und äußerst facettenreichen Völkerschaft, auch wenn die Russen zahlenmäßig überwiegen. Das gilt umso mehr in den übrigen Ex-Sowjetrepubliken, wo die Pauschalisierung ebenfalls nicht gerne gesehen wird.* Vor allem im Baltikum kann es fast als Beleidigung anmuten, wenn man einen Esten oder Letten einfach grobschlächtig als Russen bezeichnet. Und selbst die Ukrainer, die den Russen durch kulturelle Merkmale, Sprache und gemeinsame Geschichte sehr nahe stehen, möchten als eigenes Volk behandelt und wahrgenommen werden!

Russland prägen viele kulturelle Einflüsse: So weist das Land eine gewisse asiatische Mentalität auf, deren Wurzeln noch auf die tatarisch-mongolische Herrschaft zurückgehen. Dazu beigetragen hat auch die großrussische Expansion, etwa im Kaukasus, aber auch die sowjetische Einverleibung zentralasiatischer Staaten. Zahlreiche Migrationsprozesse, aber auch Zwangsverschleppungen unter Stalin, führten zu einem bunten ethnischen und kulturellen Mosaik, das auch im modernen Russland weiterlebt. Vergessen Sie Ihre Stereotypen und behalten sie im Auge, dass Russland weder

---

* Oft werfen westliche Medien alle in einen Topf: Dann wird aus der Tschetschenen-Mafia kurzerhand die Russen-Mafia.

europäisch noch asiatisch geprägt ist – sondern eine Brücke bildet, eben von allem ein wenig mitbringt.*

Wenn Sie in Russland einen ethnischen Nicht-Russen kennenlernen, so fragen Sie ihn nach seiner Kultur. Er wird sich darüber freuen, dass Sie sich dafür interessieren – oder besser noch: bereits etwas darüber wissen. Viele Menschen interessieren sich umgekehrt auch für Ihre Kultur, so werden Sie im Geschäft oder Taxi meist sofort unverblümt gefragt, wo Sie denn eigentlich herkommen (insofern Sie keinen perfekten russischen Akzent haben). Und gleich wird man sich erkundigen, ob in Deutschland Wodka wirklich nur in homöopathischen Gläschen ausgeschenkt wird, wie viel ein deutsches Markenauto kostet oder ob es bei Ihnen in der Heimat auch so viele Schlaglöcher in den Straßen gibt.

Deutsche in Russland

Sie sollten die unbewohnte Steppe entlang der Wolga bestellen und vor feindlichen Angriffen aus dem Süden schützen. Im Gegenzug erhielten sie Steuererleichterungen und andere Privilegien: Die Wolgadeutschen. Die Kolonisten waren ab 1763 einer Einladung von Zarin Katharina der Großen gefolgt, die selbst aus deutschem Hause stammte. 1918 wurde die Sowjetrepublik der Wolgadeutschen gegründet. Nach Hitlers Angriff auf die Sowjetunion wurden die dortigen Deutschen jedoch kollektiv für schuldig erklärt. Mehr als 1,2 Millionen Menschen mit deutschen Wurzeln wurden nach Sibirien oder Zentralasien verschleppt, viele starben dabei. Die Deutschen durften erst ein Jahrzehnt nach Kriegsende wieder an ihre angestammten Orte zurückkehren, viele hatten sich jedoch schon ein neues Leben in Kasachstan und anderswo aufgebaut. Mit der Perestrojka wurde ihnen die Ausreise nach Deutschland erleichtert, heute leben etwa 2,5 Millionen Spätaussiedler mit ihren Familien in der BRD. In Russland gibt es hingegen noch etwa 600.000 Deutsche.* Diese pflegen Sprache und Kultur mit eigenen Zeitungen, Tanzgruppen oder Chören – teils mit Zuschüssen aus Deutschland, um die Abwanderung einzudämmen. Die meisten, die wollten, sind allerdings schon ausgesiedelt.

* Diese Zahl dürfte nicht mehr ganz aktuell sein, da die letzte Volkszählung in Russland 2002 stattfand.

* In Russland hört man zuweilen auch, dass die Russen weder Ost noch West, sondern eine göttliche Nation seien!

Herr Müller sucht eine Wohnung

Warum hängen Teppiche eigentlich an der Wand?

Olga Pawlowna soll helfen. Mit kühlem Blick und kirschroten Fingernägeln tippt die Immobilienmaklerin eine Zahlenkombination in das Codeschloss neben der Haustür ein. Lindgrüne Ölfarbe an den Wänden und lückenhafte Bodenfliesen empfangen die Besucher im *podjesd*, dem Eingangsbereich. Von der Decke baumelt eine nackte Glühbirne.

So ein Zufall! Herr Müller könnte schwören, dass es bei seinen russischen Freunden Konstantin und Anna, genannt Kostja und Anja, genauso aussieht! Der stechende Geruch im Lift* raubt ihm kurzzeitig die Luft. Im dritten Stockwerk** geben zwei Kunstledertüren, die mit nur wenigen Zentimetern Zwischenraum voneinander angebracht wurden, den Weg in die Wohnung frei. Die Nummer 6 ersetzt das Namensschild neben der Klingel. Komisch, gar kein Name an der Tür?

Die winzige Küche nimmt ein weißer, hüfthoher Kasten fast völlig in Beschlag. Ist wohl ein Trockner?

---

* Russische Lifte sind oft chronisch veraltet und bleiben gerne mal stecken. Manchmal genügt es, auf den Boden zu stampfen oder gegen das Modul zu schlagen. Hilft alles nichts, gibt es einen zentralen Notrufknopf. Drückt man diesen, meldet sich eine Stimme in einer Zentrale und hilft per Fernanweisung – oder schickt Hilfe.

** Im deutschen Sprachgebrauch wäre das eigentlich die zweite Etage, denn das Erdgeschoss zählt in Russland als erste Etage.

»Das ist eine *wjatka*«, übersetzt Natascha.

Eine winzige Plastikschachtel lugt unter dem Kasten hervor. Nanu, gibt es im dritten Stockwerk etwa Ameisen? Über dem Ecktisch wacht eine kleine Ikone, genau wie bei Kostja und Anja.

Eine dunkelbraune Schrankwand im Wohnzimmer erschlägt Herrn Müller beinahe. Das wuchtige Möbelstück wird von gesammelten Werken mit der Aufschrift Ленин (Lenin) eingenommen. Die Vitrine hütet hinter ihrer Glasscheibe einige Schätze. Dunkelrote Bleikristallkelche, eine weiß-blaue Porzellanflasche, eine schwarze Lackschatulle, lackierte Holzlöffel, eine *Matrjoschka** und einen *Samowar*. Auf dem Tisch blühen pinkfarbene Kunstblumen.** Doch wieso hängt der rotgemusterte Teppich an der Wand, wo doch schon die Tapete mit dem ockerbraun-grünen Blumenrelief so auffällig ist? Vielleicht ist auf dem Boden kein Platz mehr für den Teppich? Oder er muss an der Wand trocknen? Eine Glastür führt auf den Balkon hinaus, der verglast ist. Auf diesem türmen sich Gläser mit Pilzen, Eimer und Skier.

Herr Müller ist alles andere als begeistert von der Wohnung, schon drängt Olga Pawlowna zum Aufbruch. »*Jewroremont*« lautet ihre Ankündigung für Objekt Nummer zwei.

---

* Die berühmten russischen Steckpuppen, von denen ein besonders anmutiges Exemplar das Cover dieses Buches ziert, werden in Deutschland oft auch *Babuschkas* genannt. Das ist im Russischen das Wort für Großmutter. Korrekt heißen die Holzpuppen jedoch *Matrjoschka*!

** Einem russischen Aberglauben zufolge sollen Kunstblumen Männer vertreiben. Heiratswütige Frauen sollten daher auf dieses Accessoire lieber verzichten!

Fahrer Mischa stoppt vor einem grauen Wohnsilo, sicher 25 Stockwerke hoch, mit mehreren Eingängen. Auf dem Flur liegen Zigarettenkippen, überhaupt wirkt alles reichlich schmuddelig. Im Erdgeschoss sitzt eine alte Dame, die die Namen der Besucher in einem Buch notiert.

Eine wuchtige Stahltür im 16. Stock führt zur angekündigten *Jewroremont*-Wohnung. Und siehe da: Gleich hinter der Wohnungstür beginnt ein kleines Paradies: graue Bodenfliesen, eine zartgelbe Wand und eine rote Couchlandschaft, alles recht modern. Keine Farbspiele, die das Auge flackern lassen! Nun gut, die Heizkörper sehen schon älter aus und sind schon mehrfach mit cremeweißer Farbe überpinselt worden – aber das soll ihn nicht abhalten, diese Wohnung zu nehmen. Zufrieden nickt Herr Müller seiner Assistentin Natascha zu. Er ist einverstanden. Nun ist alles noch eine Frage des Preises, aber mehr als 900 Euro würde solch eine Wohnung selbst in Karlsruhe-Innenstadt nicht kosten...

Was ist diesmal schiefgelaufen?

Zunächst einmal: Herr Müller macht gerade die Bekanntschaft mit einer typisch russischen Wohnung. Dass er so etwas nicht sucht, hätte er vorher deutlich sagen müssen. Gerade in Moskau gibt es viele Makler, die Englisch sprechen und auf die Bedürfnisse von Ausländern spezialisiert sind. Was Olga Petrowna nicht zu sein scheint. Dass sich viele Wohnungen ähneln, wurzelt noch in der Sowjetzeit. Damals gab es kaum Möbelauswahl in den Geschäften, ebenso trug die Wohnbauplanung zu weitgehend einheitlichen Häusern und Wohnungszuschnitten im ganzen Land bei.*

In der russischen Wohnung begegnet Herr Müller einigen Kuriosa: Das Codeschloss ersetzt die Klingel, Namen stehen weder unten am Hauseingang noch an der Wohnungstür – dafür gibt es Wohnungsnummern, die eine wichtige Rolle spielen. Was eine *wjatka* ist, weiß der Karlsruher natürlich nicht, aber das hätte ihm vermutlich ohnehin nicht zugesagt: Das sind Halbautomaten, die mit Waschpulver und Wasser aufgefüllt werden. Im Inneren dieser recht rudimentären Waschmaschinen mischen Flügel die Wäsche durch, der Nachteil ist jedoch, dass es keine Schleuderprogramme gibt und die nasse Kleidung von Hand ausgewrungen werden muss.

Was sich unter der Wjatka befindet, ist allerdings kein Ameisenköder, sondern eine Kakerlakenfalle – die wirksame Alternative zu Kammerjäger und Spray. Dieses Ungeziefer ist ein nicht seltenes Problem in russischen Wohnungen. Dazu tragen unter anderem die Müllschlucker in den Hausfluren bei, in die man bequem seinen Abfall hineinwerfen kann. In den kaminartigen, vertikal abfallenden Schächten bleiben jedoch viele Nahrungsreste hängen – ein idealer Nährboden für Kakerlaken und Co.

Die Küche ist übrigens der Ort in russischen Wohnungen, in dem man Freunde trifft, es sich gemütlich macht und philosophiert. Zudem ersetzt der Gasherd manchmal die Heizung, wenn diese, trotz niedriger Temperaturen, im Frühjahr bereits zentral abgestellt wurde. In der Küche fin-

---

* Bis die schwedische Möbelhauskette Ikea in Russland Einzug hielt. Wer konnte, richtete sich neu ein – und sei es nur mit wenigen Accessoires, um die Wohnung aufzupeppen.

det man auch oft eine Ikonenecke mit Öllämpchen.

Zu Sowjetzeiten waren Teppiche ein Luxusgut. Dass die Bodenbeläge in Russland oft an den Wänden hängen, mag vom östlichen Einfluss herrühren. Der Teppich an der Wand wärmt zudem den Raum und lässt ihn gemütlicher wirken. Nicht selten beißt sich das bunte Muster jedoch mit den Tapeten, die meist ebenfalls farbig sind. Denn weiße Wände sind in Russland eher Krankenhäusern vorbehalten. Dies gilt jedoch nicht für komplett sanierte westliche Wohnungen – die *Jewroremont* heißen (*Jewro* = Euro, *remont* = Montage, Umbau). Diese haben in der Regel immer Stahltüren, ältere Wohnungen hingegen oft eine oder zwei Kunstledertüren, meist mit Doppelschloss.

Mit der Volkskunst in der Vitrine kann Herr Müller wenig anfangen, er findet die Stücke eigentlich nur kitschig: Charakteristisch für die Holzlöffel und Schalen aus *Chochloma** ist ein goldfarbener Untergrund, der mit schwarz-roten Ornamenten wie Vogelbeeren bemalt ist. Während das Holzgeschirr heute vornehmlich das Entzücken ausländischer Touristen weckt, war das Zubehör noch vor einem Jahrhundert in Bauernstuben auch alltäglich im Einsatz. In der Vitrine sieht Herr Müller zudem eine Lack-Miniaturschatulle aus *Palech.*** Schwarzer Grund mit farbenfrohem Motiv, meist eine Landschaft oder ein Sujet aus einem russischen Volksmärchen, sind dabei typisch. Bei den beliebtesten Souveniren darf auch das weiß-blaue *Gschel*-Porzellan nicht fehlen, das kobaltblaue Blätter und

---

* Chochloma liegt nahe der Wolgastadt Nischnij Nowgorod.

** Palech ist ein Dorf bei Iwanowo, 250 Kilometer nordöstlich von Moskau, und für die Lackminiatur-Volkskunst berühmt.

Blüten auf weißem Grund kennzeichnen.* In Vitrinen steht oft auch ein *Samowar*, eine Teemaschine.**

Der Balkon wird meist verglast und als zusätzlicher Stellraum genutzt, da russische Wohnungen in der Regel weder Keller noch Dachboden haben. So wird zusätzlicher Lagerraum geschaffen. Beliebt ist es auch, die Decke im Flur abzuhängen, um hier ein großes Staufach für Bettwäsche, Taschen und andere Dinge zu schaffen.

Die meisten Wohnungen wurden privatisiert***, nicht jedoch die Etagenflure und der Eingangsbereich. Dass es dort manchmal recht schmuddelig aussieht, hängt mit dem oftmals nicht allzu stark ausgeprägten Sinn für öffentliches Eigentum zusammen. Denn der Staat war früher mehr oder weniger für alle Lebensbereiche verantwortlich, er organisierte alles, sei es die Werktätigkeit, Kinderbetreuung oder den Urlaub.**** Entsprechend war er auch dafür zuständig, dass die Hausflure oder der Innenhof sauber waren. Leere Zigarettenpackungen kann man daher getrost auf die Straße werfen, denn es gibt ja jemanden, der sie aufhebt! Eben die *dworniki*, die die Innenhöfe kehren, nicht selten

---

* Das blau-weiße Gschel-Porzellan wurde nach dem Ort Gschel (Gebiet Moskau) benannt. Im Laufe der Jahrhunderte veränderte sich die dortige Tradition, von Steingut über Majolika bis hin zur Porzellanherstellung.

** Der Samowar in der Vitrine stammt aus Tula, einer Hochburg der Samowar- und Waffenherstellung. Da die Stadt, 200 km südlich von Moskau, so bekannt für die traditionellen Teemaschinen ist, hat sich ein bekanntes russisches Sprichwort durchgesetzt: »Seinen Samowar nach Tula tragen«, was sinngemäß unserem »Die Eulen nach Athen tragen« entspricht.

*** In Moskau sind etwa 90 Prozent aller Wohnungen in privater Hand.

**** Zu Sowjetzeiten gab es in Betrieben *putjowki*, Einweisungsscheine für Sanatorien oder Ferienhäuser am Schwarzen Meer, auf der Krim oder an anderen attraktiven Standorten. Dort konnten sich die Werktätigen mit ihren Familien erholen.

Gastarbeiter aus Zentralasien. Um kleinere Reparatur-
arbeiten kümmert sich die *deschurnaja*, eine Art Concierge,
die am Eingang wacht, damit keine unliebsamen Gäste
ein- und ausgehen. Manchmal hat sie ein Kontrollbuch als
eine Art »manuellen Bewegungsmelder«, manchmal winkt
sie die Besucher einfach durch. Wo es keine *deschurnaja*
gibt, kann es schon mal passieren, dass die Glühbirne im
Hauseingang einfach abgeschraubt wurde – weil sie woanders benötigt wurde.

Dass Herr Müller die Wohnung zu einem Preis wie in
Karlsruhe bekommen könnte, ist reichlich einfältig. Denn
Moskau zählt zu den teuersten Städten der Welt, die Miet-
preise klettern jährlich astronomisch, und Wohnraum war
schon zu Sowjetzeiten knapp! Die Metropole mit ihren
Hochschulen und der guten Infrastruktur lockte schon
immer Menschen aus dem ganzen Land an. Doch um in
Moskau zu leben, brauchte man früher eine *propiska*, eine
spezielle Aufenthaltsgenehmigung. Um an diese zu kommen, wurden sogar Scheinehen eingegangen.*

Für eine Wohnung von 100 Quadratmetern mit westlichem Standard können heute im Zentrum durchaus
10.000 Euro Miete fällig werden – pro Monat! Experten
befürchten, dass die globale Wirtschafts- und Finanzkrise
die Preisspirale weiter nach oben treiben könnte, da weniger gebaut wird, die Nachfrage nach Immobilien in den
kommenden Jahren dennoch weiter steigen wird.

Wohnraum galt in der UdSSR als Konsum, und die
Ankurbelung dessen war bekanntermaßen nicht allzu

---

* Zu Sowjetzeiten durften Ausländer übrigens nur in Moskau leben.

förderungswürdig. Gebaut wurde daher nur phasenweise und planmäßig, nach ganz bestimmten Mustern. Daher kommt Herr Müller die Wohnung so bekannt vor, denn sein Freund Kostja lebt ebenfalls in einer *Chruschtschowka*, einem mehrstöckigen Ziegelbau.

Unter Nikita Chruschtschow wurde der Wohnungsbau angekurbelt: Die *Chruschtschowki** galten als Fortschritt, sie hatten zwar nur einen kleinen Flur und eine winzige Küche, die man sich jedoch nicht mit anderen Familien teilen musste. Für viele Menschen war dies die Erlösung aus einer *kommunalka*, der Gemeinschaftswohnung, in der sich mehrere Familien Bad und Küche teilen.

Ab den 1970er Jahren dominierten Plattenbauten, gesichtslos ragen sie in ganz Russland in den Himmel, meist am Stadtrand.** Im modernen Russland entstehen zwar immer noch Hochhäuser, allerdings manchmal in bizarren Segelschiff-Formen. Häuser mit gehobenem Standard werden *elitnyj dom* (Elitehaus) genannt. Im Zentrum glänzt Moskau mit feudaler Architektur, stalinistische Monumentalbauten im Zuckerbäckerstil, wie etwa die Lomonossow-Universität (mit 50.000 Räumen!), prägen das urbane Gesicht bis heute.

---

* Im Volksmund heißen diese Häuser meist nur *Chruschtschoby*, ein Wortspiel aus »Chruschtschow« und »Truschoby«, wörtlich »Chruschtschow-Slums«.

** Zu Sowjetzeiten wurden jedem Bürger 15 qm pro Kopf als »Sanitätsnorm« zugestanden, inzwischen sind es laut der Statistikbehörde Rosstat mehr als 20 qm. Doch schon im Kommunismus waren manche Bürger »gleicher« als andere, und so hatte die sowjetische Nomenklatura Anspruch auf mehr Wohnraum!

Was können Sie besser machen?

Moderne Waschmaschinen gibt es natürlich auch in Moskau. Das sollte nicht das Problem bei der Wohnungssuche sein. Vielmehr hat sich unser Herr Müller, der gerade im Hotel verwöhnt wird, nicht allzu viele Gedanken über russische Wohnungen gemacht – die sich jedoch von westlichen unterscheiden. Machen Sie es besser: Sparen Sie sich die Zeit, die Herr Müller eben investiert hat, und erzählen Sie Ihrer Olga Petrowna lieber gleich und vor allem konkret, was Sie möchten. Etwa eine Ausländerwohnung, mit *Jewroremont*. Zu solchen sanierten Wohnungen gehören meist eine Stahltür, isolierte Fenster, moderne Möbel und ein Durchlauferhitzer, der wichtig sein kann, da das heiße Wasser im Sommer landesweit für ungefähr drei Wochen abgestellt wird.* Wer ein Auto hat, sollte am besten einen bewachten Parkplatz mitmieten.

Moskau mit seinen gesichtslosen Wohnblöcken wirkt auf viele abschreckend. Sicher gibt es dort Supermärkte, Restaurants und Klubs im Überfluss, aber auch Lärm, Sommer-Smog und graue (statt weiße!) Schneeberge im Winter. Das Umland lockt unterdessen mit modernen Landhäusern, *kotedschy* (vom englischen Wort *cottages*). Der Nachteil, außer dem oft sehr hohen Preis: Man muss ungleich mehr Anreisezeit einkalkulieren, vor allem, wenn man im Zentrum arbeitet. Zudem sollte man sich vorher umschauen, ob einem die nicht selten neureiche russische Nachbarschaft behagt, die sich dort Villen und Landhäu-

* Die Erfahrung macht unser Held noch im Kapitel »Herrn Müller geht unter die Kaltduscher«

ser hochgezogen hat. Wer Kinder hat, sollte darauf achten, nicht allzu weit von der Schule entfernt zu wohnen – um sich die täglichen, stundenlangen Staus zu ersparen.*

Sowjetische Wohnungsbau-Satire

Eine gelungene Parodie auf die massenhafte und einheitliche Wohnungsbaupolitik der Sowjetunion ist übrigens der russische Silvester-Kultfilm *Ironija sudby* (»Ironie des Schicksals«). Die Handlung: Eine Gruppe männlicher Freunde feiert in einer Moskauer Banja Neujahr, bis alle ziemlich betrunken sind. Niemand kann sich mehr daran erinnern, wer an diesem Abend noch nach Leningrad fliegen muss. Und so wird der Falsche, der Protagonist Schenja, kurzerhand ins Flugzeug gesetzt. Dort angekommen, nimmt sich der betrunkene Leinwandheld ein Taxi, das ihn zur Straße der Bauarbeiter bringt. Allerdings wähnt sich der beschwipste Schenja in Moskau! Alles sieht gleich aus: Der Straßenname ist identisch, die Wohnblocks im Umfeld und auch die einheitliche Inneneinrichtung! All das lässt ihn nicht daran zweifeln, dass er sich gerade in der falschen Stadt befinden könnte! Als die Leningrader Wohnungsbesitzerin Nadja nach Hause kommt, gerät sie ihrem Verlobten gegenüber in Erklärungsnot, wie der wildfremde Schenja eigentlich in ihre Wohnung kommt. Als Schenja schließlich keinen Rückflug nach Moskau bekommt, bahnt sich zwischen ihm und Nadja eine zarte Liebesgeschichte an.

Der Film wurde 1976 in einer deutschen Fassung auch in der DDR ausgestrahlt.

* In Moskau gibt es eine Deutsche Schule, die sich im »Deutschen Dorf« in der Nähe der Metrohaltestelle Jugo-Sapadnaja befindet, im Südwesten der Stadt. Die Schulgebühren betragen zwar mehrere Tausend Euro pro Jahr, allerdings genießt die Schule solch einen guten Ruf, dass der russische Premierminister Wladimir Putin seine beiden Töchter auch auf die Deutsche Schule geschickt hat. Zudem gibt es mehrere englischsprachige, internationale Schulen für den Nachwuchs der internationalen Expat-Community. Überhaupt ist das Deutsche Dorf, das sich auf exterritorialem Gelände befindet, das Moskau seinerzeit der DDR übertragen hatte, ein sehr beliebter Wohnort für die deutsche Community.

Herr Müller geht einkaufen

Der Kunde ist nicht immer König

Es grummelt. Zunächst klingt es wie ein Stabmixer, der sich gerade durch eine gefrorene Banane quält, dann wird das Geräusch zunehmend lauter. Fast röhrt es jetzt wie ein nordrussisches Rentier zur Paarungszeit.* Oder zumindest wie etwas, das man sich als Westeuropäer, der höchstens mal einen Hirsch mit Preiselbeeren und Kroketten zu sehen bekommt, darunter vorstellt. Herr Müller wälzt sich unruhig im Bett, bis seine Bettdecke auf den Boden fällt. Nein, das war kein Traum, vielmehr kam das Geräusch direkt aus seinem Magen! Etwas zu Essen muss her! Es ist Samstagvormittag und kein Mittagessen im Büro in Aussicht. Selbstversorgung ist heute angesagt!

Im Stechschritt erreicht unser Protagonist den Grünmarkt in der Nähe seines Wohnblocks. »*Tri banany*«, fordert er etwas barsch von der Marktfrau mit dem blauen Kittel. Und winkt zur Bekräftigung seiner Bestellung eifrig mit drei Fingern: Daumen, Zeigefinger, Mittelfinger. Drei! *Tri* auf Russisch. Und genau so viele Bananen hätte er jetzt gerne. Und zwar recht flott! »*Bystro, bystro!*«** Das Rumoren

---

* Im nordwestrussischen Lappland-Biosphären-Reservat sind noch 1.000 Rentiere angestammt. Doch auch anderswo, etwa im Nordural, gibt es die Verbeiner. Und das nordische Volk der Ewenken beispielsweise lebt heute noch zum Teil von der Rentierzucht.

** Nein, keine Sorge. Herr Müller hat die Marktverkäuferin nun nicht in

in seinem Magen wird immer lauter. Die Marktfrau blickt den ungeduldigen Herr Müller verwirrt an und hakt nach. *»Vam dwje banany* – Zwei Bananen für Sie?«

Das Grummeln überträgt sich vom Magen direkt auf die Laune, nein, vielmehr entlädt es sich. Hergottssakrament! Drei, nicht zwei! Kann die Frau denn nicht zählen? »*T-R-I*«, herrscht er die Marktfrau entnervt an. Herr Müllers Gesichtsfarbe wirkt nun wie nach einem *Perzowka*, den ihm Natascha neulich als »sehr leckeren Schnaps« empfohlen hatte und nach dem er fast drei Bierkrüge leer trinken musste, um wieder zu sich zu kommen.*

Wutschnaubend und mit drei Bananen in der hauchdünnen Plastiktüte, die es in Russland fast überall umsonst dazu gibt**, verlässt der deutsche Geschäftmann den Grünmarkt. Sicher ist sein Russisch schlecht. Doch zwischen zwei und drei kann er noch sehr gut unterscheiden!

Jetzt noch schnell noch ein Borodiner Schwarzbrot,

ein Bistro eingeladen. Ein Lokal mit kleinen Speisen heißt allerdings durchaus Bistro, zumindest in Frankreich. Das Wort soll übrigens von russischen Soldaten geprägt worden sein, die zu Beginn des 19. Jahrhunderts Paris besetzten. Da sie schnell bedient werden wollten, riefen sie der Bedienung *bystro* zu, eben das russische Wort für »schnell«.

* Puh, wenn er nur daran dachte, wie scharf dieser ukrainische Peperoniwodka gewesen war!

** Reißfeste Plastiktüten (nicht diese hauchdünnen, die es überall kostenlos gibt) sind seit Jahren ein beliebtes Verkaufsobjekt in Russland. In Unterführungen kann man diese bei Rentnerinnen kaufen, die sich dadurch einige Rubel hinzuverdienen. Überhaupt haben viele Russen immer eine Plastiktüte in der Handtasche, man weiß ja nie, wozu man sie gebrauchen kann: Sei es zum Daraufsetzen auf einer schmutzigen Parkbank oder um die Büroschuhe darin zu transportieren. Letztlich gehört die Plastiktüte auch zum guten Stil und wird am Arm getragen. Je bunter, desto besser: Kitschiges Blumendesign oder dunkle Tüten mit der Aufschrift »Boss« gibt es landesweit zu sehen. Papiertüten mit Werbelogo sind ebenfalls extrem beliebt. Kein Wunder, denn viele Russinnen haben Mini-Handtaschen, in die meist nichts hineinpasst.

Borodinskij chljeb, dieses leckere mit den Korianderkörnern! Herr Müller betritt ein Geschäft mit der Aufschrift *Produkty*.* Keine Menschenseele weit und breit. Da! Hinter dem Glastresen, der mit allerlei Lebensmitteln komplett zugemauert ist, entdeckt er einen goldblonden Haarschopf, der auf einer Plastikkiste kauert. »*Djewuschka!*«, ruft er die Verkäuferin heran.**

Diese reagiert nicht.

Hmm. Das Wort stimmt doch, oder hatte er sich das falsch gemerkt? Die Verkäuferin scheint keine Attrappe zu sein. »*D-J-E-W-U-S-C-H-K-A!*« Herr Müllers nordbadisches Temperament gerät nun in Wallung.

Die Blonde hebt den Kopf, ohne dabei die Miene zu verziehen. »*Chljeb?*«

»Brot!«

Völlig unbeteiligt zeigt die junge Frau auf den gegenüberliegenden Tresen. »*Tam* - Dort!«

Herr Müller blickt sich um, doch dort ist keine Verkäuferin. Weder am, hinter noch unter dem Verkaufstresen. Nun gut, dann wird er eben kurz warten! Er versucht, das Grummeln seines Magens mit Pfeifen zu übertönen, läuft im Geschäft auf und ab und betrachtet die bunte Auslage – die zumindest in diesem Augenblick so weit entfernt scheint wie eine echte badische Laugenbrezel.

Nach einer gefühlten Ewigkeit steht unser hungriger Held immer noch da. Und die andere Verkäuferin rührt sich nicht.

---

* Was es dort wohl zu kaufen gibt? Produkte! Wenn Sie diese Aufschrift entdecken, können Sie sicher sein, dort Lebensmittel vorzufinden.

** *Djewuschka* heißt wörtlich übersetzt »Mädchen«, wird jedoch als Anrede auch für Frauen verwendet (etwa für Verkäuferinnen).

Bah, dann eben nicht! Herr Müller reißt die Tür von dem kleinen Geschäft auf und stürmt auf die Straße. Fast hätte er noch den Wachmann umgerannt, der mit zwei Frauen plaudernd vor der Tür steht. Aha! Das war vermutlich das Personal!? Zu spät!

Herr Müller steuert sein nächstes Ziel an: Einen Supermarkt mit moderner Leuchtreklame und Regalen, in die er selbst greifen darf, um sich zu bedienen. Das wird doch deutlich schneller gehen! Er strahlt. Allein im Müsli-Regal finden sich zwei Dutzend Marken, sogar aus Australien! Und ein Original-Camembert und Schweizer Bergkäse müssen auch noch mit. »Hätte ja nie gedacht, das alles hier zu finden!«, erzählt sich Herr Müller selbst vergnügt, während er den Einkaufswagen durch die Regale schiebt. Und noch eine Schale frischer Erdbeeren, auch wenn die Saison erst in wenigen Monaten beginnt!

Als ihm die Verkäuferin schließlich den Kassenbon präsentiert, friert sein zufriedenes Lächeln schlagartig ein, als habe ihm soeben jemand eröffnet, dass es den Osterhasen gar nicht gibt.

»Unverschämtheit!«, schnaubt er auf Deutsch.

Eine zweite Verkäuferin packt unterdessen freundlich lächelnd alle Produkte in eine Tüte. »Besuchen Sie uns bald wieder«, säuselt sie.

Doch Herr Müller muss nun erst einmal frische Luft schnappen. Wer konnte sich denn das Einkaufen zu solchen Wucherpreisen überhaupt leisten? Da war er nun aber gründlich über den Tisch gezogen worden!

Was ist diesmal schiefgelaufen?

Herr Müller ist an einem einzigen Vormittag fast mit der gesamten Bandbreite des russischen Einkaufspektrums in Berührung gekommen. Zumindest in Moskau gibt es moderne Selbstbedienungsmärkte, die je nach Größe *super-market* oder *gipermarket* (Hypermarkt)* genannt werden. Viele dieser Läden haben sogar rund um die Uhr geöffnet, überall gibt es Sicherheitspersonal, das die Kunden manchmal recht unverblümt beobachtet.

Das Verkaufspersonal in solchen Supermärkten *muss* dem Kunden gegenüber freundlich sein, so die Unternehmensphilosophie nach westlichem Vorbild. Zu kaufen gibt es dort fast alles, die Auswahl ist sehr international, die Preise sind manchmal allerdings gepfeffert. Vor allem importierte Konsumgüter kosten oft ein Vielfaches wie im Ausland.** Allein für die Erdbeeren hat Herr Müller umgerechnet knapp 15 Euro bezahlt. Nun ja, die Saison beginnt selbst in Europa erst in einigen Monaten. Und wer weiß, wo die teuren Früchtchen gezüchtet wurden. Die Nachfrager sind jedoch vorhanden: Eine reiche Mittelschicht, die in den Großstädten zunehmend heranwächst, sich ein Auto leisten und zum Urlaub ins Ausland fliegen kann, geht in solchen Läden einkaufen.

* Der Buchstabe »h« in ausländischen Wörtern wird im Russischen durch »g« ersetzt. Entsprechend heißt Helena dort *Gelena* oder Alkohol eben *alkogol*. Und nun raten Sie mal, wo sich die Stadt *Gamburg* befindet?

** Ausländische Produkte haben sich längst nicht in allen Bereichen durchgesetzt: So gehört das Cremeeis *Plombir* zu den Lieblingseissorten der Russen und konnte sich trotz West-Konkurrenz eisern auf dem Markt behaupten.

Auf dem Grünmarkt gibt es hingegen meist eine reiche Auswahl Obst und Gemüse: Saftige Kräuter, Wassermelonen aus dem südrussischen Astrachan, Granatäpfel aus Aserbaidschan und tiefrote, fruchtige Tomaten aus Usbekistan. Feilschen ist erlaubt! Allerdings hat Herr Müller stückweise Bananen bestellt. Kein Problem, wenn auch eher ungewohnt – dabei hat die Verkäuferin seine Fingersprache jedoch falsch interpretiert. In Russland wird vom kleinen Finger ausgehend gezählt. Dabei wird mit Eins* begonnen, der Daumen kommt unterdessen erst bei der Zahl fünf zum Einsatz. Folglich hatte sie Herrn Müllers deutsche Zeichensprache als zwei Bananen interpretiert. Das hatte auch nichts mit seiner holprigen Aussprache zu tun.

Manchmal kann es vorkommen, dass Ausländer einen höheren Preis zahlen – auch hier gilt ein »Strafaufschlag« für mangelnde Sprachkenntnisse. Zum Grünmarkt gehört oft eine Fleischhalle, um die Herr Müller allerdings einen Bogen gemacht hat wie ein Vampir um Knoblauch, da er ja Fast-Vegetarier ist. Besser so, denn die Schweinehälften wirken vor allem in der wärmeren Jahreszeit wenig vertrauenserweckend und liegen offen aus, zum Anfassen!

Konkurrenz bekommen die Markthändler durch *Babuschki***, die Gurken oder Tomaten aus dem eigenen Garten anbieten, meist auf Pappkisten oder auf dem Boden, denn einen eigenen Stand können sie sich nicht leisten. Oder eingeweckte Pilze in Marinade oder Knob-

---

* Eins heißt *odin*. Nicht jedoch beim Zählen, hier wird mit *ras* begonnen. Also statt: *odin, dwa, tri* heißt es korrekt *ras, dwa, tri*.

** So die russische Bezeichnung für Großmutter, aber auch Mütterchen oder einfach betagte Frauen. Der Singular heißt *babuschka*.

lauch – aber auch frische Beeren aus dem Wald. Damit bessern sich Babuschki ihre karge Rente auf.

Der westliche Supermarkt gilt als krasser Gegensatz zu den *Produkty*-Geschäften, die es auch in der tiefsten Provinz flächendeckend gibt. Solche Tante-Emma-Läden haben in der Regel noch sowjetischen Zuschnitt: Der Umgangston ist ruppig, der Kunde wird entweder lustlos angenörgelt oder komplett missachtet – dafür sind die Preise niedriger. Bezahlt wird direkt am Tresen, allerdings in der richtigen Abteilung. Da Herr Müller Brot kaufen wollte, die zuständige Verkäuferin jedoch gerade Pause hatte, musste er eben warten. Die Blonde gegenüber, die ihm zumindest, wenn auch recht lustlos, Auskunft gegeben hatte, war dafür nicht zuständig. Für die Kollegin einspringen? Pustekuchen! Sie sind schließlich der Kunde und haben einen Wunsch! Und dann haben Sie bitteschön zu warten! Oder gehen eben wieder, wie unser Herr Müller. Natürlich gibt es auch freundliche und herzliche Verkäuferinnen, doch eine Vorwarnung kann nie schaden!

Ähnlich »kundenfreundlich« sind auch die Kiosks in den Metrounterführungen oder auf der Straße, bei denen zumindest ein sportlicher Aspekt hinzukommt: Das Verkaufsfenster ist meist so tief angesetzt, höchstens in Bauchnabelhöhe, dass der Kunde gewissermaßen eine Kniebeuge machen muss, um seine Bestellung in die winzige Luke hineinzurufen. Der Trost: Solche Kiosks haben nicht selten die ganze Nacht geöffnet, retten also jede Party, auf der Bier und *suchariki*** ausgehen. Dabei erscheint es fast unglaublich,

---

* Geröstete Brotwürfel mit Knoblauch-, Lachs-, Schinken- oder Käsegeschmack. Ziemlich hart und gut geeignet, um den Umsatz des eige-

wie viele bunte Waren in einem einzigen Kioskfenster Platz finden! Da hängt getrockneter Salzfisch, *wobla*, neben Nähutensilien oder Kaffeepulver an der Glasscheibe.

Aber. Jetzt stellen Sie sich doch mal vor, dass es auch anders geht. Das hat uns Herr Müller doch glatt verheimlicht! Als er neulich in einer Buchhandlung in der südrussischen Hafenstadt Noworossijsk* eine Ansichtskarte kaufen wollte, nahm er die Karte vom Ständer, ging zum Verkaufstresen und wollte sie dort bezahlen. Doch die Verkäuferin schüttelte den Kopf und zeigte auf eine hölzerne Kabine mit Glasfenster, die eine füllige Verkäuferin einnahm. Aha, aber was sollte er dort machen? Unschlüssig stand er in dem Laden, um dann seine erprobte *Ja-inostranez-*Methode anzuwenden, mit der er sich als »Ich-bin-Ausländer« zu erkennen gab. Sofort erhellte sich das Gesicht der Verkäuferin hinter dem Tresen, sie wollte wissen, woher er komme, wie er denn Noworossijsk im Vergleich zu seiner Heimat finde. Und unser Herr Müller kann ja, trotz marginalem Russisch, dennoch durchaus charmant sein.

Nun ja, letztlich hat ihm die Verkäuferin dann auch erklärt, was er an der Kabine zu tun habe: Sich den Preis der Ansichtskarte und die Nummer der Verkaufsabteilung merken (auf Russisch natürlich). Bei Bezahlung bekomme er eine Quittung, mit der er die bezahlte Ansichtskarte in ihrer Abteilung dann abholen könne. Doch da Herr Müller so ein charmanter *inostranez* war, haben ihm die beiden

nen Zahnarztes zu steigern, aber sehr lecker zum Bier!

* Die südrussische Hafenstadt Noworossijsk ist Endpunkt von Ölpipelines aus Russland sowie der Kaspi-Region. Daher hat sich auch ein potenzieller Geschäftspartner dort angesiedelt, den Herr Müller getroffen hatte.

Damen natürlich geholfen. Aus der zunächst abweisenden Verkäuferin war schlagartig eine fürsorglich-nette Dame geworden. Es geht also auch so. Ruppigkeit ist kein zwingendes Einstellungskriterium, um in russischen Geschäften arbeiten zu dürfen.

Übrigens musste Herr Müller schmunzeln. In der südrussischen Buchhandlung hatte die Verkäuferin noch einen hölzernen Rechenschieber neben der Kasse stehen. Einen *Abakus!* Nein, es war kein Museum, sondern ein Verkaufsladen.

Was können Sie besser machen?

Wenn Sie es leid sind, der Willkür lustloser postsowjetischer Verkäuferinnen ausgeliefert zu sein, können Sie auch im Internet einkaufen. Oder eben in den teuren, westlichen Supermärkten, in denen sie bedenkenlos auch nachts um zwei Uhr noch ihren laktosefreien Joghurt aus Finnland bekommen. Die Auswahl ist wirklich überwältigend, vor allem in den Hypermärkten.

In der Provinz ticken die Uhren meist jedoch noch ein wenig anders. Mancherorts geht es zu wie in Moskau vor 20 Jahren. Dass sie sich die Nummer und Preise aller Artikel merken müssen, um dann an einer gesonderten Kasse zu bezahlen, kommt außerhalb der Metropolen durchaus noch vor. Also nicht wundern, sondern am besten schon mal eifrig russische Zahlen mit Kommastellen trainieren – oder einen Notizblock mitnehmen!

Doch warum ist Russland mancherorts immer noch eine Servicewüste? Die staatlichen Löhne waren zu Sowjetzeiten niedrig, persönliches Engagement schlug sich finanziell nicht nieder. Überhaupt war man Dienstleistungen gegenüber negativ eingestellt. Bei vielen Verkäuferinnen scheint sich leider noch kein wirklicher Mentalitätswandel vollzogen zu haben. Das gilt andersrum auch für Kunden, die mit Dienstpersonal, sei es mit Fahrern, Hausmeistern oder eben Verkäuferinnen, ziemlich ruppig umspringen – was übrigens auch im Ausland passieren kann, etwa an der Hotelrezeption!

Herr Müller ist zunächst erschrocken, dass er im Supermarkt einen abgelaufenen Saft gekauft hat. Doch stopp, nicht sofort wegwerfen, denn das war das Herstellungsdatum! Zu Sowjetzeiten spielte das Datum, das auf der Ware aufgedruckt war, noch eine andere Rolle: War es in den letzten Tagen vor Monatsende produziert worden, galt die Qualität meist als minderwertig – denn der Sollplan war für den laufenden Monat schon erfüllt worden – und nun kam es nicht mehr darauf an! Das gilt heute natürlich nicht mehr! Vor allem russische Milchprodukte wie Kefir aus dem Kaukasus sind zuweilen sehr schmackhaft! Also unbedingt probieren!

Herr Müller trifft die russische Seele

Himmelhoch-jauchzend und zu Tode betrübt

Herr Müller blättert die Präsentation für das neue Bohrfeld in Sibirien durch. Schnell wird er noch eine Kopie für Herrn Kusnezow machen und dann... Doch was ist das? Ein lautes Schluchzen hallt plötzlich durch den Gang! Das Geräusch scheint aus dem Büro seines Stellvertreters zu kommen. Nanu, ihm wird doch nichts zugestoßen sein? Zögernd klopft Herr Müller. »Ich habe die Präsentation...«. Doch weiter kommt er nicht. Herr Kusnezow sitzt mit verquollenen Augen hinter seinem Schreibtisch und weint bitter!

Herr Müller kramt erschrocken nach einem Papiertaschentuch, das er seinem russischen Kollegen hinhält. Dieser hebt den Kopf und springt auf, um Paul Müller überschwänglich zu umarmen.

»Scharik, Scharik!«

Herr Müller versucht, sich aus den Klauen seines emotional aufgeheizten Stellvertreters zu befreien. Dieser zieht ein Farbfoto aus der Schreibtischschublade. Zwei dunkle Augen starren Herrn Müller entgegen. Wuschiges Fell, vielleicht eine Terriermischung.* Jetzt dämmert ihm lang-

---

* Hunde bellen in Russland übrigens anders. Statt *wau-wau* stoßen sie dort die Laute *gaf-gaf* aus. Oder, wenn es sich um kleine Hunde handelt, dann *tjaw-tjaw*. Entsprechend heißen die Verben im Russischen *gawkatj* oder *tjawkatj*.

sam, was geschehen ist.

»Er war noch so jung!«, schluchzt Herr Kusnezow und wischt sich die Tränen mit dem Ärmel weg, um aus dem Zimmer zu verschwinden. Kurz darauf stellt er eine eisgekühlte Flasche Wodka mit zwei Gläsern auf den Tisch.

Hilfe! Alkohol während der Arbeitszeit! Er wird Herrn Kusnezow eine Abmahnung zustellen müssen! Aber gut, heute ist vielleicht eine Ausnahme.

Schon will Herr Müller anstoßen, als Herr Kusnezow sein Glas wegzieht. »Auf dass seine Hundeseele ewigen Frieden finden möge! Er wird für immer tief in unseren Herzen bleiben«, sagt Herr Kusnezow.

Paul Müller kommt aus dem Staunen nicht mehr raus, zu welch pathetischen Trinksprüchen und geballten Emotionsladungen sein sonst so farbloser Kollege in der Lage ist!

Was ist diesmal schiefgelaufen?

Herr Kusnezow trauert um seinen Hund Scharik. »Das Kügelchen«, so die Übersetzung des beliebten russischen Hundenamens, ist verstorben. Herrn Kusnezow scheint diese Nachricht völlig aus der Fassung gebracht zu haben. Dabei versteckt er seine Trauer nicht und lässt seinen Emotionen sogar vor Herrn Müller freien Lauf. Herr Müller ist erschrocken über diese sehr expressive Gefühlsladung: Er empfindet das Verhalten seines russischen Stellvertreters als unberechenbar, extrem und unkalkulierbar. Zudem dieser noch mit Alkohol anrückt!

Aber Herr Müller, ein Wodka auf die Seele der Toten, das muss einfach sein! Es wird allerdings nicht angestoßen, wenn man das Glas auf die Verstorbenen hebt!

Durch Herrn Kusnezows Gefühlsausbruch lernt Herr Müller einen Teil der mystischen, rätselhaften russischen Seele kennen. Das Phänomen der *russkaja duscha* wird in der Literatur, Philosophie und Musik häufig erwähnt. Doch kaum jemand kann in einem Satz erklären, was es damit eigentlich auf sich hat! Die russische Seele zeigt in gewisser Weise den Volkscharakter der Russen auf, aber auch das vorherrschende Weltbild. Sie gilt als ein Stück Identität und lässt sich am ehesten als eine Art Mosaik mit vielen kleinen Steinchen beschreiben: So werden in diesem Zusammenhang immer wieder Begriffe wie Fähigkeit zu starken Emotionen, Kraft, Stärke, Mut, Würde, Herzensgüte, Glaube, Fatalismus, Kollektivorientierung, Improvisationstalent, Irrationalität, Ergebenheit und Leidensfähigkeit in einem Atemzug genannt. Schwermut und eine gewisse Melancholie kippen nach einigen Gläsern Wodka in Weltschmerz um, dann wird die Sinnlosigkeit des Daseins manchmal jämmerlich beklagt.

Die russische Tageszeitung »Prawda« schrieb vor einigen Jahren, dass die nördliche Natur den Russen zur Leidensfähigkeit erzogen habe. Oftmals würden die Ausländer den Russen jedoch verängstigte, fast sklavische Ergebenheit zusprechen. Das sei nicht richtig, denn selbst die stoische Geduld vieler Russen habe ihre Grenzen. Der Schriftsteller und Philosoph Alexander Radischtschew (1749-1802) führt diesen Gedanken in einem Reisebericht noch weiter: »Ich habe anhand einer Vielzahl von Beispielen gemerkt, dass das russische Volk sehr geduldsam ist und bis zum Ende ausharrt; aber wenn deren Geduld zu Ende ist, kann niemand dafür haften, dass dies nicht in Grausamkeit umschlägt.«

Hier zeigt sich eine gewisse Unberechenbarkeit, die zuweilen überrascht: Ein zunächst verschlossenes, fast grimmiges Äußeres kann sich auf den zweiten Blick urplötzlich wandeln und einen weichen, fast sentimentalen Kern enthüllen.* Dieses unberechenbare Auftreten, eine Art innere Zerrissenheit, wird oft auch damit erklärt, dass Russland zwar ein europäisches Gesicht, zuweilen jedoch auch eine asiatische Mentalität habe. Diese rührt noch aus der Zeit der Mongolenherrschaft, allerdings haben auch andere asiatische Völker ihre Spuren hinterlassen. Die Nahtstelle zwischen Ost und West sorge für die Zerrissenheit vieler Russen, so eine Auffassung.

Eine andere Variante besagt, dass der französische Diplomat Eugène-Melchior marquis de Vogue (1848-1910), der einige Jahre in Russland verbrachte, den Begriff geprägt haben soll. Er verglich die russische Seele mit einer landestypischen Suppe, vermutlich einer *Okroschka*.** Darin seien Fisch, Gemüse, Kräuter, Bier, Saure Sahne und Senf miteinander vermengt. Also schmackhafte und abscheuliche Produkte, sodass man niemals wissen könne, was man

---

* Dass viele Russen in der Öffentlichkeit ruppig wirken und manchmal fast grimmig dreinschauen, hat Herr Müller bislang ja mehr als nur einmal festgestellt. Doch inzwischen weiß er, dass sich hinter dieser harten Schale ein weicher Kern verbirgt, den man mit einigen freundlichen Worten und zuweilen auch nur einem Lächeln knacken kann. Selbst Natascha war bei der Begrüßung zunächst kühl, hat sich jedoch recht bald als einfühlsame und warmherzige Assistentin entpuppt.

** *Okroschka* (vom Wort *kroschitj* = krümeln) ist eine kalte Suppe und vor allem im Sommer eine herrliche Erfrischung. Der französische Diplomat führt in seinem Buch Bier als Suppengrundlage auf, heute ist das Rezept jedoch auf Grundlage des russischen Brotgetränks *Kwas* bekannt. Hinzu kommen, je nach Rezept, gekochte Kartoffeln, Eier, Wurst, Buttermilch, saure Sahne (oft auch Kefir oder Buttermilch), Gurke, Radieschen, Dill, Schnittlauch, Pfeffer und Salz sowie eben Kwas oder auch mal Mineralwasser.

daraus herauslöffelt, schreibt der Diplomat 1886. Ebenso verhalte es sich mit der russischen Seele, die ein Kessel mit den verschiedensten Zutaten sei, hier würden sich Tristesse, Wahnsinn, Heldentum, Schwäche, Mystik und Vernunft wiederfinden. Zudem vereinige die russische Seele das Irdische, aber auch das Göttliche.

Winston Churchill (1874-1965) muss das ähnlich empfunden haben. Der britische Staatsmann sagte einmal über Russland »*It's a riddle wrapped in a mystery inside an enigma*«. Damit meinte er, dass das Land mit einem schwer lösbaren Puzzle vergleichbar sei.* Und immer wieder hört man vom *gorjatschee russkoje serdse*, dem »heißen russischen Herz«, das die Welt nicht mit dem Verstand, sondern auf Herzensebene wahrnimmt.

Was könnten Sie besser machen?

Versuchen Sie es lieber erst gar nicht, die russische Seele enträtseln zu wollen. Sie würden dafür vermutlich eine Doktorarbeit schreiben müssen und wären immer noch am Anfang ihrer Betrachtungen. Auch wenn Sie das Phänomen wohl niemals verstehen werden, so klappt die deutsch-russische Völkerverständigung auch mit ein wenig Entgegenkommen, Verständnis und Toleranz...

Sie können sich der russischen Seele allerdings ein klein wenig annähern: Lesen Sie volkstümliche Märchen, in

---

* Churchill sagte in einem Radiobeitrag im Oktober 1939 wörtlich: »*I cannot forecast you the action of Russia. It is a riddle, wrapped in a mystery, inside an enigma; but perhaps there is a key. That key is Russian national interest.*«

denen die Hexe Baba Jaga oder der Waldschrat vorkommen, hören Sie melancholische Volkslieder, die meist den Abschied besingen – denn hier ist die gesamte Volkskunde, Kulturgeschichte und Historizität versammelt. Beschaffen Sie sich russische Literatur, die es auch in deutscher Übersetzung gibt. Vor allem Klassiker von Lew Tolstoj, Fjodor Dostojewskij, Anton Tschechow, Alexander Puschkin, Michail Ljermontow, Nikolaj Gogol* und Iwan Turgenjew sind winzige Mosaiksteine, die jedoch fest zur russischen Seele gehören. Lauschen Sie den Kompositionen von Sergej Rachmaninow oder Pjotr Tschajkowskij, die ebenfalls Teil dieses Phänomens sind. So verstehen Sie vielleicht im Ansatz, was die russische Seele so einzigartig macht!

Prägen Sie sich vor allem folgende Strophe des Dichters Fjodor Tjuttschew (1803-1873)** ein, die in Russland fast jedes Kind rezitieren kann:

>*Verstehen kann man Russland nicht,*
>*und auch nicht messen mit Verstand.*
>*Es hat sein eigenes Gesicht.*
>*Nur glauben kann man an das Land.«*
>
>(1866)

---

* Besorgen Sie sich »Die toten Seelen« (1842) von Nikolaj Gogol, einem der bekanntesten russischen Schriftsteller des 19. Jahrhunderts. Darin wird Ihnen die russische Mentalität einen Schritt näher gebracht. Es handelt sich um eine Novelle, die leicht zu lesen ist und nicht Wochen in Anspruch nimmt.

** Tjuttschew war als Diplomat längere Zeit bei der russischen Gesandtschaft in München. Zum 200. Geburtstag im Dezember 2003 wurde zu seinen Ehren ein Bronzedenkmal im Münchner Dichtergarten enthüllt.

Herr Müller geht alleine essen

Einer gegen alle: Das Kollektiv geht vor!

Herr Müller hat Lust auf *Schtschi*. Dieses unaussprechliche Wort mit den vielen Zischlauten ist sein neuer Favorit auf der Speisekarte. Natascha hatte ihn vor Kurzem auf den Genuss gebracht. Es geht doch nichts über eine gute russische Kohlsuppe!

Der Geschäftsmann macht sich auf den Weg ins Restaurant. Heute wird er alleine zu Mittag essen. Eine gemütliche Bauernstube mit Rechen, Heuwagen und Bedienungen in Bauerntrachten empfängt ihn. Er scheint der einzige Gast zu sein. Prima, dann wird das Essen ja recht zügig auf den Tisch kommen!

Genau in diesem Augenblick nehmen sicher ein Dutzend Männer und Frauen am Nebentisch Platz. Wie gut, dass er ihnen zuvor gekommen war, sonst müsste er nun sicher eine ganze Weile warten. Sein Magen knurrt. Wo war denn nur die Kellnerin, die ihn gerade eben noch zum Tisch begleitet hat? Herrgottsakrament, da stehen gleich drei Bedienungen an der Bar, ohne sich zu rühren. Er wird hier noch verhungern!

Am Nebentisch wird geplaudert und gelacht. Immer noch macht keine der drei Frauen Anstalten, Herrn Müller zu bedienen. Doch was war das? Stattdessen stürmen diese nun geschlossen zum Nebentisch, um die Bestellungen auf Notizblöcke zu schreiben. Und Herr Müller harrt unterdessen alleine an seinem Tisch aus. Er will sich sofort beschweren, dass man ihn so dreist ignoriert. Eine Verschwörung? Das ist ja unglaublich, wie unhöflich die Russen sein konnten!

Was ist diesmal schiefgelaufen?

Das Restaurant hat nur zwei Gäste. Auf der einen Seite Herrn Müller, auf der anderen hingegen eine Gruppe von Männern und Frauen. Der Einzelne steht hier dem Kollektiv gegenüber. Nun liegt es aus russischem Blickwinkel auf der Hand, wer zuerst zu bedienen ist. Im Kommunismus wurde die Gemeinschaft groß geschrieben, der Einzelne hatte weniger Stellenwert als die Gruppe, die Schutz und Solidarität bot. Entsprechend ist die Nachbarschaftshilfe bis heute stark ausgeprägt, man hilft gerne und bringt auch finanzielle Opfer.

Der Gemeinschaftssinn reicht teilweise allerdings so weit, dass die Wertschätzung des Einzelnen auf der Strecke bleibt. Entsprechend herrschen manchmal fatale Einstellungen vor: So sieht man in der Metrounterführung oft Kriegsveteranen mit amputierten Beinen, die dennoch weiterhin ihre Militäruniformen tragen – auch wenn sie nun Invaliden sind und betteln müssen. Mit der Uniform zeigen sie stolz, dass sie zum Wohl ihres Vaterlandes beigetragen haben.* Selbst wenn die Renten unverändert auf

---

* Oft sieht man Invaliden, die an der sowjetischen Invasion in Afghanistan mitgewirkt haben. Diese begann Ende 1979 und dauerte fast ein Jahrzehnt.

einem fast menschenunwürdigen Minimum stagnieren und der Staat mit leeren Kassen argumentiert, so würde niemand auf die Idee kommen, die aufwendige Sanierung von Plätzen und Gebäuden zu beklagen. Denn der Staat, das große Russland und letztlich damit auch die Gemeinschaft, müssen schließlich glänzen. Dafür hat der Einzelne eben Opfer zu bringen!

Der Kollektivorientierung der meisten Russen steht der Individualismus, wie er in Westeuropa gehegt wird, gegenüber: Hier sorgt der Staat nur für die Rahmenbedingungen, damit es dem Einzelnen gut geht, der hingegen im Mittelpunkt steht. Der Gemeinschaftssinn wird hier durch die Mitgliedschaft in einem Sport- oder Musikverein gestillt.

Was können Sie besser machen?

Sind Sie gesellig? Dann machen Sie es wie die meisten Russen: Reisen Sie in der Gruppe! Aber das werden Sie vermutlich als Tourist ohne Sprachkenntnisse in Russland ohnehin tun. Im Kollektiv werden Sie eher wahrgenommen, sei es im Museum oder beim Abendessen im Hotel. Als Einzelreisender kann es Ihnen passieren, dass Sie, ähnlich wie Herr Müller, erst an die Reihe kommen, wenn die Gemeinschaft versorgt wurde. Oder dass die Kellner schlicht denken, dass Sie auf Ihre Begleitung warten – vor allem allein reisende Frauen werden das Problem kennenlernen. »Nein, ich warte auf niemanden!« Diesen Satz muss man dann schon mal deutlich vorbringen, um vom Kellner überhaupt wahrgenommen zu werden!

Herr Müller zieht das Glück an

Nicht nur schwarze Katzen sollte man meiden

Der kleine Bronzehund wirkt abgegriffen. Zumindest seine Schnauze, die er den vorbei eilenden Passanten entgegen reckt.

Kein Wunder, dass die so glänzt, wenn sie unablässig angefasst wird! Natascha überredet Herrn Müller, das auch einmal zu probieren. Sie hat sich von ihm breitschlagen lassen, mit der Metro zum *biznis-lunch* zu fahren.* Nun betrachten die beiden das Bronzehündchen in der Station *Ploschtschad Rewoluzii*, dem Revolutionsplatz, im Herzen von Moskau.

»Die Schnauze ist doch voller Keime und Bakterien«, mäkelt Herr Müller.

Natascha lässt nicht locker. »Keime oder Glück?«

Herr Müller seufzt und legt seine Hand auf das kalte Tier, sodass es das Schicksal fortan gut mit ihm meinen soll.

Die beiden schieben sich die Rolltreppe zum Ausgang hinauf. Autsch! Herr Müller spürt etwas unter seiner Kreppsohle. Da muss er wohl jemandem auf den Fuß getreten sein. Die Rache spürt er nur wenige Sekunden später. Er verzieht das Gesicht. Autsch! Ein spitzer Absatz

---

* Ein Business-Lunch in Moskau schon den Geldbeutel um die Mittagszeit und wird von vielen Restaurants angeboten: Meist gehören Suppe und Salat zu einer Hauptspeise, Vegetarier haben hier oft das Nachsehen.

landet auf seinem Fuß. Das war nun wirklich nicht fair, er ist doch nicht absichtlich auf den Fuß getreten.

»Tut mir leid!«, sagt Natascha neben ihm. »Ich musste einfach zurücktreten, um der Freundschaft willen, so will es der Brauch.«

Herr Müller schluckt. Ob das ein Abmahnungsgrund ist?

Natascha steuert ein kleines Bistro an. Am roten Samtvorhang ist eine Spinne eifrig damit beschäftigt, sich ihr neues Imperium zu weben. Die junge Frau lächelt verträumt. »›Je mehr Spinnweben, desto wärmer wird der Sommer‹, sagen die Russen.«

Herr Müller legt seinen Büroschlüssel auf den Tisch und beginnt sich an der Nase zu kratzen.

»Nein!«, entfährt es Natascha. Ein Schlüssel auf dem Tisch bringe finanzielle Probleme mit sich. Und dass er sich soeben an der Nase gekratzt habe, sei ein Zeichen, dass er sich betrinken werde!

Herrn Müller seufzt. Wenn ihn Natascha weiterhin so belehren würde in puncto russischer Aberglauben, müsste er sich wirklich ein Bier gönnen. Schließlich wurde ihm eben ein Rausch vorhergesagt, da kann er ja jetzt auch getrost zum Alkohol greifen!

Oder ersatzweise zur Zigarette. Herr Müller zieht seine Packung Zigaretten aus der Hosentasche und kramt in seinem Sakko nach einem Feuerzeug. Vergeblich. Er hält seine Zigarette schließlich in die Flamme der Kerzen auf dem Tisch.

Nataschas Augen sind mit einem Mal tellergroß geweitet – sicher hat er nun schon wieder das Unglück auf sich gezogen! Bei ihm zuhause gibt es ja diesen Seemanns-

Aberglauben, aber das nimmt doch keiner mehr wirklich ernst, oder?

Was ist diesmal schiefgelaufen?

Gut, dass sich unser Gelegenheitsraucher die Zigarette nicht wirklich an der Kerze angezündet hat! Sonst hätte er gleich sieben Seeleute auf dem Gewissen gehabt! Aber ok, er hatte ja zuvor das kleine Bronzehündchen an der Schnauze angefasst und dürfte nun Glück haben. So besagt es der russische Aberglaube. Überhaupt gibt es, wie in jeder Kultur, auch in Russland einige Orte im Land, die Glück bringen: So soll Fortuna lachen, wenn man eine Münze auf den Roten Platz in Moskau wirft, da sich hier der Mittelpunkt der Erde befinden soll! Ebenso werden bestimmten Wasserquellen positive Energien zugesprochen, und nicht wenige Russen fahren mit Kanistern dorthin, um sich Wasser abzufüllen und damit im Haus böse Geister abzuwehren.

Mit Natascha wird Herr Müller übrigens auch keinen Ärger haben: Wenn Sie in Russland jemandem auf den Fuß treten, sollten Sie sich darauf gefasst machen, dass Ihnen das Gleiche widerfährt. Mit seiner Revanche sorgt der andere dafür, dass die guten Beziehungen weiterhin fortbestehen. Zurücktreten ist also durchaus salonfähig!

Auch Beschimpfen ist in Russland erlaubt. Zumindest, wenn man das Glück anrufen will. Denn wer vor einer Prüfung steht, muss beschimpft werden, dann klappt das Examen auch. Und wenn Sie wirklich einmal etwas zu Hause vergessen haben, sollten Sie es auch dort liegen lassen, wenn es nicht gerade Reisepass und Fahrkarte sind.

Denn die guten Geister haben Sie ja bereits zum Abschied aus der Wohnung begleitet! Um das Unglück abzuwenden, falls Sie doch zurückkehren, müssen Sie dabei unbedingt in den Spiegel schauen.

Solche Geister gibt es in Russland überall. Sehr verbreitet, auch im offiziellen Geschäftsleben, ist übrigens das Verbot, sich die Hand über der Türschwelle zu geben: Denn dadurch bildet man eine Brücke für die finsteren Mächte der Außenwelt, die nun ungestört ins Haus eindringen können!

Aberglaube und Mystik sind Komponenten der rätselhaften russischen Seele. Der Hang dazu wurzelt noch in der Welt der heidnischen Altslawen, die gleich von mehreren Gottheiten und Geistern regiert wurden. Die meisten Russen sind auch heute recht abergläubisch, unabhängig von ihrem Bildungsstand oder ihrer gesellschaftlichen Position! Überall werden Zeichen aus dem Jenseits wahrgenommen. Über solche Vorahnungen unterhalten sich die Russen auch gerne. Sie werden erstaunt sein, wie viele Regeln es gibt!

Der Hang zum Aberglauben mag ein wenig verwundern, da die Sowjetideologie für alles eine rationale Erklärung hatte, die im Marxismus wurzelte. Trotz dieser rationalen Herrschaftsform konnten sich jedoch böse Geister, Waldschrate, schwarze Katzen und andere Phänomene ihren festen Platz im Alltag bewahren!

Mit dem Zerfall der UdSSR entstand dabei auch ein durchaus lukrativer Geschäftszweig. Über Nacht tauchten zahllose Wunderheiler und Wahrsager auf, die ihre Dienstleistungen in den Kleinanzeigen-Spalten der Zeitungen anboten. Die wirtschaftliche Instabilität und gesellschaftliche Unsicherheit, die der politische Wandel mit sich brachte, bescherte ihnen regen Zulauf. Dabei werden oft auch konkrete Dinge wie die Heilung vom Alkoholismus oder das Zurückholen des Ex-Partners versprochen. Und selbst rationale Geschäftsleute oder Politiker nutzen die Kraft des Handauflegens oder Pendels, um sich beraten zu lassen.*

Manche Variante des Aberglaubens ist auch an eine bestimmte Jahreszeit gekoppelt: Als beste Zeit zum Orakeln gelten beispielsweise die *Swjatki*, die Heiligen Tage. Diese erstrecken sich, nach dem »alten« Kalender, zwischen dem orthodoxen Weihnachtsfest (7. Januar) und der Taufe Jesu (19. Januar). In dieser Zeit wird das Orakel gerne befragt: Zieht man die Stiefel aus und wirft sie hinterrücks über die Schulter, so wird der künftige Bräutigam aus der Richtung kommen, in die die Stiefelspitzen zeigen.

Was können Sie besser machen?

Dem russischen Volkscharakter wird oft nachgesagt, schicksalsergeben zu sein. Dennoch ist man der Vorbestimmung nicht völlig ausgeliefert, denn das Schicksal kann natürlich immer abgewendet werden. Wenn etwa eine schwarze

---

* Überhaupt ist der Kontakt mit dem Jenseits und höheren Mächten durchaus salonfähig: So erzählte der Präsident der südrussischen Steppenrepublik Kalmückien, Kirsan Iljumschinow, einmal in einer TV-Talkshow, dass er zu Besuch auf einem UFO gewesen sei. Wesen in gelben Weltraumanzügen hätten ihm ihr Raumschiff gezeigt und vermutlich per Gedankenübertragung mit ihm kommuniziert. Nun stellen Sie sich die Reaktionen vor, wenn die deutsche Bundeskanzlerin ganz selbstverständlich in einer Fernsehsendung erzählen würde, dass sie einmal auf einem UFO gewesen sei?!

Katze ihren Weg kreuzt, dann sollten Sie sich an den Hemdknopf fassen oder drei Mal über die linke Schulter spucken. Oder zumindest so tun, als würden Sie spucken, vor allem in geschlossenen Räumen.* In der Regel gilt auch, dass sich Böses durch Fluchen vertreiben lässt. Nur sollte man auch hier aufpassen, dass man seine Geschäftspartner oder Bekannten nicht vor den Kopf stößt, indem man aus heiterem Himmel mitten auf der Straße anfängt, wie ein Kutscher zu fluchen.

Haben Sie Gefallen an den mystischen Figuren gefunden, die den russischen Aberglauben begleiten? Dann sollten Sie Volksmärchen oder Erzählungen russischer Dichter lesen. Denn darin begegnen Ihnen die bekanntesten Erscheinungen wie die Hexe Baba Jaga, der Waldschrat oder der Hausgeist Domowoj, der im eigenen Heim für Frieden sorgt.

Was passiert, wenn…

… die Nase juckt? Dann werden Sie sich betrinken!

… Sie einen Schlüssel auf den Tisch legen? Das bringt Unglück!

… Sie Ohrenglühen haben? Jemand spricht gerade über Sie!

… Sie am Abend den Müll hinausbringen? Dann tragen Sie das Glück buchstäblich aus dem Haus!

… Sie leere Flaschen auf dem Tisch stehen lassen? Dann droht (dem Gastgeber) eine finanzielle Misere!

… Sie einen schlechten Traum hatten? Einfach im Waschbecken mit viel Wasser wegspülen!

… ein Messer auf den Boden fällt? Dann erscheint ein Mann!

---

* In Russland kann es Ihnen durchaus passieren, dass Ihnen jemand im Vorbeigehen fast vor die Füße spuckt. Oder sich die Nase ohne Taschentuch schnäuzt, direkt auf den Boden – natürlich nur im Freien. Das wirkt jedoch auf ausländische Besucher manchmal ziemlich befremdlich.

... jemand auf Reisen geht? Dann dürfen Sie nichts in dessen Zimmer verändern, bis er nicht wieder gesund zurückgekehrt ist! *Oder:* Setzen Sie sich vor der Abfahrt des Reisenden eine Minute auf den Koffer, um ihm dadurch zu einer glücklichen Reise zu verhelfen!

... jemand über das Wetter von morgen spricht? Dann wird es nicht gut!

... Sie als unverheiratete Frau an der Tischecke sitzen? Dann werden Sie nie heiraten!

... ein Teller einen Sprung hat? Weg damit, das bringt Unglück!

... eine Frau mit leeren Eimern an Ihnen vorbeiläuft? Das bringt sicher kein Glück!

... Sie jemandem eine Uhr schenken? Dann nehmen Sie ihm sein Glück, denn die Glücklichen zählen keine Stunden!

... Sie ein Messer geschenkt bekommen? Dann müssen Sie dem Schenkenden eine symbolische Kopeke geben, denn dann ist es kein Geschenk mehr, sondern ein Tauschgeschäft. Denn: Spitze Gegenstände sollte man nicht verschenken!

Herr Müller lernt Väterchen Frost kennen

Warum feiern die Russen eigentlich zwei Mal Neujahr?

Seine Wangen glühen, fast fühlt sich Paul Müller wie in einem Märchen. Der sattgrüne Tannenbaum in der Ecke droht unter der Last von bunten Glaskugeln, Schneeflocken aus Watte, Pappmaschee-Figuren und Lichterketten fast zu verschwinden.* Stolz präsentiert ihm sein Freund Kostja den roten Stern** auf der Spitze des Baumes, während Anja noch Lametta zur Dekoration über die Tanne wirft. *Doschdik*, der kleine Regen, werden die glitzernden Fäden genannt, erklärt sie Herrn Müller mit leuchtenden Augen. In der Wohnung seiner Freunde hängen Schneeflocken aus Papier an den Fenstern, die mit der Schere kunstvoll zurechtgeschnitten wurden. Anja läuft nervös um den Baum herum und erzählt immer wieder, dass in dieser Nacht etwas ganz Besonderes passieren werde. Kostja nickt, ja, Silvester sei so eine Nacht, auch er glaube daran.

Da klingelt es auch schon an der Tür. Freunde und Verwandte strömen in die Wohnung, Anja trägt nach den *sakuski*, wie die üppige Vorspeisentafel genannt wird, Fleisch, Fisch

---

* Kerzen sind eher seltener auf einer *jolka* anzutreffen.

** Der rote Stern symbolisiert jenen auf dem Kreml-Turm, wird seit dem Zerfall der Sowjetunion jedoch zunehmend durch gläserne Baumspitzen ersetzt.

und Huhn herbei. Mit vielen Trinksprüchen verabschiedet sich die fröhliche Silvesterrunde vom alten Jahr.

Kurz vor Mitternacht schaltet Kostja den Fernseher ein: Der Präsident hält seine traditionelle Neujahrsansprache, und die Festgesellschaft schart sich mit schweren Bleikristallgläsern um den Röhrenfernseher herum. Auf dem Monitor erscheint das Ziffernblatt des Kreml, der Countdown wird eingeläutet: 3... 2... 1... Überall knallen Sektkorken, Kostja und Anja heben ihre Gläser.

»*S Nowym godom* – Frohes Neues Jahr!«

Ihre beiden Neffen dürften heute ausnahmsweise einmal länger aufbleiben, erklärt Kostja mit strengem Blick. Denn in der Nacht zum 1. Januar legt *Djed Moros*, wie Väterchen Frost auf Russisch genannt wird, Geschenke unter die *jolka*, den geschmückten Baum. Und genau in diesem Augenblick, als Kostja Herrn Müller aufklärt, klopft es laut. Der Weihnachtsmann! Herr Müller ist gerührt. Der grimmige Alte mit seinem weißen Rauschebart trägt jedoch keinen roten Anzug, sondern einen blauen! Und alleine ist er auch nicht gekommen... wer ist denn diese holde junge Schönheit mit den langen blonden Zöpfen?

»Das ist *Snjegurotschka*«, flüstert Kostja.

Die beiden Neffen bekommen bunte Päckchen, müssen jedoch zuerst noch ein Gedicht vortragen. Herr Müller versteht zwar wieder einmal nichts, dennoch glühen seine Wangen.

Kostja bemerkt seine Freude und stupst ihn an: »Paul, in zwei Wochen müssen wir dann noch einmal feiern, *staryj Nowyj god*, das alte neue Jahr! Und Du kommst auch wieder zu uns!«

Herr Müller überlegt kurz. Nochmals Neujahr feiern? Die Russen sind ja auch seltsam. Feiern gleich zwei Mal Silvester und stellen sich dabei einen Weihnachtsbaum auf... und warum kommt Neujahr überhaupt vor Weihnachten, das Kostja erst am 7. Januar feiern wird?

Irgendwie scheinen sich die Russen komplett verrechnet zu haben...!

Was ist diesmal schiefgelaufen?

Eigentlich nichts. Herr Müller hat sich diesmal brav zurückgehalten und das russische Silvesterfest einfach beobachtet, ohne sich in einem Fettnäpfchen zu suhlen. Nur die Rechenspiele lassen ihn in dieser Nacht kein Auge zumachen. Zwei Mal Neujahr innerhalb von zwei Wochen? Sollte das irgendwie mit dem alten Kalender zusammenhängen? Ein Volk, das die Oktoberrevolution im November feiert, ist schließlich alles zuzutrauen!*

Da ist der deutsche Geschäftsmann auf der richtigen Fährte, denn die russisch-orthodoxe Kirche hält bei der Berechnung der Feiertage an der »alten« Zeitrechnung fest, dem Julianischen Kalender! Das weltliche Leben wurde hingegen dem Gregorianischen Kalender angepasst, die Umstellung erfolgte nach der Oktoberrevolution (am 14. Februar 1918). In der atheistischen Sowjetunion hatte das christliche Weihnachtsfest nichts verloren.** Die Bräu-

---

* Die Oktoberrevolution von 1917 wurde am 7. November gefeiert. Dies ist seit einigen Jahren jedoch kein offizieller Feiertag mehr im neuen Russland.

** Weihnachten ist erst seit 1991 wieder ein offizieller Feiertag, prunkvoller gefeiert wird allerdings nach wie vor an Silvester.

che wurden allerdings mit ins Neujahrsfest übernommen – daher kommt *Djed Moros* an Silvester und eben nicht an Weihnachten. Entsprechend beginnt in Russland alles erst dann, wenn deutsche Christbäume schon fast wieder ihre Nadeln verlieren: eben kurz vor dem Jahreswechsel. Silvester gilt übrigens als der wichtigste weltliche Festtag der Russen. Die Städte werden meist schon Anfang Dezember feierlich geschmückt, und überall ragt ein bunt behängter Nadelbaum auf dem Hauptplatz empor, die *jolka*.* Der höchste im Land steht auf dem Roten Platz in Moskau.

Herr Müller hat *Djed Moros* gesehen, der die Geschenke bringt! Diese legt er entweder spät nachts unter die *jolka*. Oder er kommt persönlich, meist ein Nachbar oder Bekannter, dem die Kinder ein Lied oder Gedicht vortragen müssen. Sein Besuch erinnert an Nikolaus, wie er in Deutschland am 6. Dezember erscheint. Begleitet wird Väterchen Frost in Russland aber nicht von Knecht Ruprecht, sondern von seiner anmutigen Enkelin *Snjegurotschka*, dem Schneeflöckchen. Manchmal ist auch ein kleiner Junge dabei, *Nowyj God*, das Neujahr.

Zur russischen Silvesterfeier gehört, neben reichlich Essen und Trinken, die Neujahrsansprache des Staatspräsidenten. Diese schaut man sich kurz vor Mitternacht im Fernsehen an, bevor man sich mit *Sowjetskoje schampanskoje*, russischem Sekt, zuprostet. Dieser kommt in der Regel

---

* *Jolka* nennt man auch feierliche Konzerte, die in diesem Zeitraum in Betrieben, Kindergärten und anderswo stattfinden. Das rührt daher, dass meist solch ein Neujahrsbaum im Mittelpunkt steht, um den herum vor allem der Nachwuchs einen Reigen (*chorowod*) tanzt. Meist verkleiden sich die Kinder zu solchen Konzerten, etwa als Schneeflöckchen. Und natürlich kommt *Djed Moros* zu Besuch!

als »halbsüße« oder »halbtrockene«, wenn nicht gar »süße« Variante auf den Tisch. »Brut« oder »trocken« als Sektsorte ist nicht sehr beliebt in Russland! Sollten Sie ein Freund von Liebfrauenmilch und ähnlichen »lieblichen« Weinsorten sein, werden Sie sich bei russischen Tischgesellschaften wie ein Fisch im Wasser fühlen!

Übrigens: So wie in Deutschland das »Dinner for One« als Kultfilm an diesem Abend gilt, haben auch die Russen ihren eigenen: *Ironija sudby*, Ironie des Schicksals, eine heitere Verwechslungsparodie aus Sowjettagen.*

Nach der Neujahrsnacht ist der Zauber jedoch längst nicht vorüber! Vielmehr ist das erst der Auftakt für eine lange Festwoche. In den vergangenen Jahren hatte der Kreml einige Brückentage so gelegt, dass die komplette Woche arbeitsfrei war, bis zum 7. Januar. Am Vorabend des orthodoxen Weihnachtsfestes empfängt man Freunde zum Essen oder geht in die Kirche. Die Kinder bekommen kleinere Geschenke wie Äpfel oder Nüsse, mit dem Begleitgruß »*S roschdestwom Christowym*«! Mit Christi Geburt!

Wer dann noch nicht genug hat vom Feiern: Am 13. Januar folgt noch das »alte« Neujahrsfest, das allerdings nicht arbeitsfrei ist – aber dennoch gerne mit einem guten Tröpfchen begangen wird! Der weihnachtliche Festtagszyklus wird übrigens mit Christi Taufe am 19. Januar abgeschlossen.

Lebkuchen werden in Russland nicht nur zur Weihnachtszeit verkauft: Vielmehr kann man sich auch im Hochsommer mit *prjaniki* eindecken. Typisch ist *kutja*,

---

* Filmbeschreibung siehe Kasten im Kapitel »Herr Müller sucht eine Wohnung«.

eine Art Weihnachtsbrei aus Getreide, mit Rosinen und
Mohn. Dieser soll Hoffnung symbolisieren!

Steckbrief Djed Moros

Deutscher Name: Väterchen Frost

Helferin: Enkelin *Schnjegurotschka* (Schneeflöckchen), mit langem
blondem Zopf, Pelzhut, Pelzmantel mit Perlen, manchmal auch einem
Diadem oder Krönchen auf dem Kopf; gelegentlicher Begleiter ist auch
der kleine Junge *Nowyj God* (Neujahr)

Liefertermin für Geschenke: Neujahrsnacht (31. Dezember)

Kleidung: Russische Pelzmütze, Pelzmantel (nicht immer rot-weiß, sondern auch blau-weiß)

Schuhe: *Walenki*, typisch russische Filzstiefel

Transportmittel: Eine *Trojka*, ein Dreiergespann aus weißen Pferden
(manchmal auch Rentiere)

Hilfsmittel: Großer Geschenkesack; Zepter (*possoch*)

Traditioneller Wohnort: Tief in der Taiga

Erstwohnsitz: Weihnachtsbriefamt in 162390 Welikij Ustjug, Oblast
Wologda, Russland*; 950 Kilometer nordöstlich von Moskau; die gut
besuchte Residenz war 1998 auf Initiative des Moskauer Oberbürger-
meisters Jurij Luschkow gegründet worden.

Zweitwohnsitz: Moskau (Wolgogradskij prospekt 168D, Metro: Kusminki); im Südosten der Hauptstadt kann sich *Djed Moros* seit 2005 von
seinen Reisen ein wenig erholen und ist mit den öffentlichen Verkehrsmitteln zu erreichen; auch am Zweitwohnsitz verfügt er über Holzhaus,
Theater und Postamt.

Weitere Wohnsitze: Archangelsk, am Weißen Meer; hier residiert ein
lokales Väterchen Frost, der auch Holzhaus, Briefkasten und Rodel-
bahn im Garten hat.

* In Russland werden Adressen übrigens »verkehrt herum«
geschrieben. Zuerst kommen abfolgend Land, Region, Post-
leitzahl und Stadt, dann erst die Straße und zu guter Letzt der
Name (im Dativ!). Für Internet-User: www.dedmoroz.uvao.ru
(Kusminki, Briefe können auf der Website online verschickt
werden) oder www.dedmorozonline.ru (Welikij Ustjug, auch
mit virtuellem Wunschzettel). Leider nur Russisch!

Herr Müller mischt sich unter die Walrösser

Eislöcher sind zum Baden da

Paul Müller zieht sich seinen Schal über die Nase. Ein Eisbär würde in dieser frostigen Winternacht vermutlich leichtfüßig Polka tanzen und sich juchzend im Schnee wälzen. Der deutsche Geschäftsmann stößt hingegen nur kleine Flüche aus. Herrgottsakrament! Warum hat er sich nur dazu überreden lassen? Bei dieser Polarkälte würde er sich jetzt lieber bequem auf der Couch ausstrecken, als hier im Stadtwäldchen in Kältestarre zu verfallen!

Anja lächelt ihn unter ihrer dicken Pelzmütze aufmunternd an. Ihr Mann Kostja streift sich gerade die Cordhosen vom Leib. Zum Vorschein kommt eine dunkelblaue Badehose. Und das ist so ziemlich das einzige Kleidungsstück, das seinen Körper gerade wärmt. Bei 20 Grad! Unter Null, versteht sich. Das Minus vor der Temperaturangabe könne man sich allerdings getrost schenken, wenn man vom russischen Winter spreche, hatte ihm Natascha neulich erklärt. Das leuchtet auch Herrn Müller ein. Denn der hiesige Winter schien von Plusgraden genauso weit entfernt zu sein wie er in diesem Augenblick vom Spaßfaktor. Er schlottert ja schon beim bloßen Anblick von Kostja. Und das trotz warmer Unterhose aus Angorawolle!*

* In Russland gibt es ein Sprichwort: »Es gibt kein schlechtes Wetter, es gibt nur falsche Kleidung«.

Die Uhr zeigt Mitternacht, es geht los: Ein Priester mit einem schwarzen Umhang kniet auf dem Eis, murmelt etwas und taucht dabei ein großes, silbernes Kreuz ins dunkle Wasser. Ein Gebet? Die Menschenmenge antwortet kollektiv etwas, das wie »*gospodi*« klingt.*

War das nicht das Wort für »Herr«, fragt sich Herr Müller.

Der Priester steht nun direkt neben dem dunklen Loch, das in die dicke Eisdecke des Sees gestoßen wurde. Und schon springen die ersten Männer ins kalte Nass. Einer mit dickem Bauch und Stiernacken schnaubt und prustet wie ein Walross, als sein Kopf wieder an der Wasseroberfläche auftaucht. Auch Kostja ist unter den Eisbadenden und stößt leise Schreie aus. Vor Entzücken oder vor Kälte? Da soll mal einer schlau werden aus den Russen!

Nun kommt Bewegung in die Menschenmenge: Frauen mit Kopftuch und knöchellangem Rock klettern die vereiste Trittleiter hinab, um im Eisloch unterzutauchen. Ganz in der Nähe halten Helfer Stangen zum Herausholen der Badenden bereit – falls jemand schwach werden sollte. Herr Müller ist überzeugt, dass er schockgefrostet drei Tage reanimiert werden müsste, falls ihn jemand überreden würde, auch nur den kleinen Fußzeh ins Eiswasser zu strecken! Hatte er nicht neulich in einem Wissenschaftsmagazin gelesen, dass man möglicherweise bald auch Menschen einfrieren könne, um sie Jahre später wieder zum Leben zu

---

* Richtig, Herr Müller. Ihre Russischkenntnisse machen Fortschritte. Während der Priester die Fürbitten am Eis betet, antworten ihm die Gläubigen um das Eisloch herum *Gospodi pomiluj*, wörtlich »Herr, erbarme Dich«.

erwecken?* Die Russen scheinen der Forschung bereits um Jahre voraus zu sein...

Ein leises Knacken holt Herrn Müller in die Realität zurück. Das mögliche Schockfrosten seiner menschlichen Artgenossen im Versuchslabor ist schlagartig vergessen. Durch die Eisplatte zieht sich ein feiner Riss. Die Ordnungshüter drängen die Menschen hinter eine Absperrung zurück. Herr Müller bekommt buchstäblich nasse Füße. Anja sieht seinen erschrockenen Blick. »Keine Sorge, das Eis ist noch nie eingebrochen«, tröstet sie den frost- und wassergeplagten Deutschen.

Kostja ist unterdessen aus dem dunklen Loch geklettert, um nun juchzend von einem Fuß auf den anderen zu treten. Anja hält ihrem Mann eine Thermoskanne mit heißem Tee hin und wirft ihm ein Handtuch über. Schnell noch taucht sie eine Plastikflasche ins kalte Nass und lässt diese in einer Tüte verschwinden. Herr Müller ist sich nun nicht mehr so sicher, ob seine Nasenspitze noch da ist, und tastet vorsichtig nach ihr.

Sein quälender Blick erheitert Kostja und Anja. »Paul, Du wirkst so erfroren, als hättest Du gerade drei Stunden selbst gebadet!«, scherzt sein russischer Freund.

Doch Herrn Müller ist das Lachen vergangen. Warum kann seine Firma denn nicht auf einer netten, warmen Südseeinsel Erdgas fördern? Irgendetwas schien mit dem

---

* Bei der sogenannten Kryokonservierung werden menschliche Spermien, Embryonen oder pflanzliche Zellen durch Einfrieren in flüssigem Stickstoff aufbewahrt. In ihrem Zustand der Kältestarre werden sie in entsprechenden Kryobanken gelagert, um später eingesetzt zu werden. Im Bezug auf einen kompletten Menschen ist diese Konservierung allerdings noch ein Zukunftsszenario.

Temperaturempfinden der Russen nicht zu stimmen!

Schon ein seltsames Volk, denkt er sich, während er missmutig neben Anja und Kostja durch das dunkle Silberwäldchen* zum Auto trottet.

Was ist diesmal schiefgelaufen?

Eisbaden ist ein russischer Volkssport. Die meisten Männer steigen vermutlich nur in das Eisloch hinab, um sich als echte Kerle zu beweisen. Die gläubigen Frauen, die man in Russland an Kopftüchern und knöchellangen Röcken erkennt, hingegen eher aus religiöser Motivation. Und manchmal sieht man noch den Priester hinterher springen, nachdem dieser seinen Dienst getan hat. Doch halt! Bevor irgendwer in das geweihte Eisloch hinabsteigt, muss er sich zunächst bekreuzigen. Und im Wasser selbst dann drei Mal mit dem Kopf eintauchen. Wer danach noch nicht schockgefrostet ist, wird in diesem Jahr auch sicher keinen Schnupfen mehr bekommen, sagt man. Wichtiger ist jedoch, dass sich die Badenden im Eisloch von ihren Sünden rein waschen – denn das ist der eigentliche Sinn, zumindest an einem Tag im Jahr, dem wichtigsten Eisbadetag in Russland: In der Nacht zum 19. Januar, wenn die orthodoxe Kirche einen ihrer bedeutendsten Feiertage begeht – *Kreschtschenje*, die Taufe Jesu im Fluss Jordan. Dabei fordert der Kirchenritus die sogenannte Große Wasserweihe**, bei der das Kreuz dreimal ins Wasser

* Der *Besdonnoje*-See (»Bodenloser See«) liegt im Silberwäldchen, *Serebrjanny Bor*, ein beliebtes Naherholungsgebiet westlich von Moskau.

** Bei der sogenannten »Kleinen Wasserweihe« werden nur die Gläubigen in der Kirche oder die Gegenstände in einem Haushalt mit Wasser besprenkelt.

getaucht werden muss. Die Gläubigen tun es Jesus nach, der im Jordan getauft wurde, und springen in einen Fluss, notfalls auch in einen See. Mit einem nicht ganz unerheblichen Unterschied: Der Jordan führt ganzjährig warmes Wasser, auch im Januar! Der Brauch verbreitete sich von Jerusalem über Konstantinopel bis nach Russland, das zu diesem Zeitpunkt im Kälteschlaf schlummert. Entsprechend muss zunächst ein Loch in das Eis geschlagen werden, um die symbolische Taufe vorzunehmen. In Moskau kümmern sich etwa 3.000 Polizisten und Rettungssanitäter um mehrere Tausend Badegäste. Am beliebtesten ist das Silberwäldchen mit dem Besdonnoje-See, wo auch schon Zar Iwan der Schreckliche seine Feinde ertränkt haben soll.

Doch wie funktioniert das Eisbaden? Kein halbwegs zurechnungsfähiger Mensch würde bei minus 20 Grad Celsius ins Wasser steigen. Oder doch? Zumindest nicht zwischen Flensburg und Garmisch-Partenkirchen. Das Eisbaden unterliegt einem einfachen physikalischen Gesetz: Je kälter die Luft draußen ist, umso wärmer kommt den Badenden das Eiswasser vor. Und dieses hat so um die vier, fünf Grad, sagt zumindest Herrn Müllers Freund Kostja. Die Eisbadenden werden in Russland im Plural übrigens *Morschi* genannt, die Walrösser.

Viele Gläubige nehmen sich nach dem Ritual des Priesters das geweihte Wasser in Plastikflaschen mit nach Hause. Damit wird die Wohnung besprengt, um böse Geister abzuschrecken. Oder um Auto oder Computer damit zu segnen. Zum Einsatz kommt es auch bei Krankheit oder Angst – wo immer man auf den Beistand von oben hofft.

Was können Sie besser machen?

Nein, nachfolgend soll jetzt keine Empfehlung gegeben werden, wie erfrischend und gesund das Eisbaden doch sein kann. Und wie wohl man sich danach fühlt. Allein schon bei den Erzählungen russischer Walrösser friert die Autorin und beginnt mit den Zähnen zu klappern. Und hat dabei vollstes Verständnis für den armen Herrn Müller. Und da gewisse Spezies, die ein weißes Fell haben, oder echte Walrösser (die mit den Schnurrbarthaaren) dieses Buch ohnehin nicht in die Hand bekommen werden, wird an dieser Stelle auf einen »Ratgeber Eisbaden« verzichtet. Entsprechend wird auch die Zahl potenzieller Leserbriefe im Vorfeld eingedämmt, die ellenlange Aufzählungen über erfrorene Körperteile enthalten könnten.

Gut, wenn Sie während Ihres Russland-Aufenthalts nun unbedingt etwas mit Eislöchern zu tun haben möchten: Versuchen Sie es doch einfach mal mit Eisangeln. Das ist auch ein beliebter russischer Volkssport, doch dabei können Sie Ihre langen Unterhosen getrost anbehalten. Nehmen Sie sich einen Campinghocker mit, eine Flasche Wodka und setzen sie sich mit der Angel in der Hand meditativ vor ein Eisloch auf einem gefrorenen Fluss. Irgendwann wird sich schon etwas tun, Sie müssen nur Geduld mitbringen. Entweder sind Sie dann betrunken oder mitsamt Campinghocker festgefroren. Oder Ihre Scholle hat sich durch einen Temperaturanstieg gelöst und Sie treiben jetzt auf dem offenen Meer – und können die restlichen Kapitel dieses Buches nicht mehr lesen. Oder es hat tatsächlich ein Fisch angebissen und Sie können die Geschichte eines

Tages noch Ihren Enkelkindern erzählen.

Ist Ihnen das Eisloch-Angeln zu statisch, dann melden Sie sich doch für den kältesten (Halb-)Marathon der Welt an! Dieser findet alljährlich auf einer Länge von 21 Kilometern in der westsibirischen Stadt Omsk statt. Auch deutsche Läufer sind hier jedes Jahr mit von der Partie. Der »wärmste« Lauf fand übrigens 2008 bei minus acht Grad Celsius statt, der »kälteste« bei minus 39 Grad Celsius sieben Jahre zuvor. In der Regel misst man in Omsk im Januar minus 15 Grad Durchschnittstemperatur. Wärmer als beim Eisbaden wird es allemal!

Herr Müller behauptet sich als Chef

Andere Länder – andere Arbeitsmoral

Irina Petrownas braune Rehaugen schauen ihn traurig an. Paul Müllers Blick schweift zu Herrn Kusnezow und Natascha, die das Gespräch übersetzt. Vielleicht war er mit seiner Marketingchefin doch ein wenig zu hart ins Gericht gegangen? Herr Müller wischt die Gedanken sofort wieder weg. Mitleid hat im Geschäftsleben nichts zu suchen.

»Irina Petrowna, die Präsentation hätte *selbstverständlich* in einem gängigen Präsentationsformat vorliegen müssen!«, rügt Herr Müller die junge Frau nun ziemlich direkt.

Herr Kusnezow spielt mit seinem Kugelschreiber, Natascha übersetzt Herrn Müllers Kritik mit kühler Mine.

Irina Petrowna findet rasch ihre Fassung wieder und setzt zur Gegenwehr an. »Aber Herr Müller, Sie haben mir nichts von diesem Format gesagt!«

Paul Müller wird nun langsam ungeduldig. Wer um Himmels willen hat eine Marketingchefin eingestellt, die sich nicht einmal mit den gängigsten Präsentationstechniken auskennt? Und wo ist überhaupt ihr Assistent, dieser... wie heißt er gleich noch einmal? Michail Jewgenjewitsch?

Genau in diesem Augenblick platzt der junge Mann mitten in die Besprechung hinein. Seine Krawatte sitzt zwar tip-top, allerdings können die roten Augen nicht darüber hinweg täuschen, dass der Marketingassistent ein anstrengendes Wochenende hinter sich hatte.

»Ich war noch bei der Bank, entschuldigen Sie bitte!«, sagt Michail Jewgenjewitsch mit ernster Mine, bevor er sich in einen Stuhl am Besprechungstisch fallen lässt. Seine Stimme klingt fast unterwürfig.

Herr Müller ist sauer. Das hat doch nichts mehr mit Wertschätzung zu tun! Zuerst werden seine Anweisungen nicht befolgt, die er, nun gut, nicht so ausdrücklich geäußert hatte… aber die eine Marketingchefin wissen sollte… und dann kommt ihr Assistent fast eine halbe Stunde zu spät. Aber bevor er jetzt in die Luft gehen würde… »Was steht noch auf der Agenda?«, will er wissen.

Nun ja, Galina Iwanowna aus der Marketingabteilung, die werde wohl nicht mehr kommen, da sie eine andere Stelle gefunden habe, erklärt Irina Petrowna.

Herr Müller stutzt. Sicher hatte er die junge Frau ein paar Mal gesehen, aber war sie nicht neulich erst eingestellt worden? Tja, da kann man wohl nichts machen. Aber was ist der Grund für die schnelle Kündigung? Hat sie sich nicht wohlgefühlt in der Firma?

»Irina Petrowna, die Präsentation *muss* morgen fertig sein, egal wie Sie das anstellen!«, schließt Herr Müller das Gespräch recht bestimmt.

Die junge Frau nickt. »Jetzt weiß ich auch genau, was ich zu tun habe«, verabschiedet sich die Marketingchefin, bevor sie aus dem Besprechungszimmer verschwindet.

Herr Müller fühlt sich, als würden ihm seine Angestellten an diesem Montagmorgen komplett auf der Nase herumtanzen. Wo ist dieser Michail Jewgenjewitsch nun jetzt schon wieder? Ein Blick auf die Straße bringt es an den Tag: Da steht er! Mit Irina Petrowna und Natascha! Sie lachen, schwatzen und rauchen. Nanu, hatten die drei Kollegen nicht noch vor wenigen Minuten so bedrückt und fast unterwürfig in der Besprechung gesessen? Und nun scheinen sie so ausgelassen? Sollte hier eine Verschwörung gegen ihn geplant sein? Er würde sich gleich mal Natascha vorknöpfen...

Was ist diesmal schiefgelaufen?

Irina Petrowna hat als Marketingchefin eine Führungsposition in der Firma inne. Sie ist jung, gut ausgebildet und motiviert. Und sicher beherrscht sie auch die Erstellung professioneller Präsentationen. Allerdings hätte sich Herr Müller als Chef bei der Aufgabenverteilung deutlicher ausdrücken müssen, welches Format er sich vorstellt. Denn Eigeninitiative gehört nicht unbedingt zu den Stärken vieler russischer Mitarbeiter. Das hängt mit der Angst vor Fehlern zusammen, aber auch mit einer gewissen Zurückhaltung, Entscheidungen weitgehend selbstständig zu treffen. Aufgaben müssen genau definiert werden, dann klappt (fast) alles!

Das Arbeitsverhältnis ist in der Regel stark hierarchisch geprägt: Anweisungen werden von oben nach unten delegiert, flache Mitarbeiterstrukturen wie in Westeuropa findet man in Russland kaum. Der Chef hat das Sagen, die Autorität und die Macht. Und das wird bedingungslos akzeptiert, fast schon mit einem gewissen Hang zur Unterwerfung. Herr Müller ist an diesem Montagmorgen allerdings ein wenig unfair. Er unterstellt seinen Mitarbeitern, dass nichts richtig laufen würde. Und zweifelt sogar an ihrem Einsatz. Damit dürfte er keine breite Unterstützung in der Bevölkerung finden, denn zwei Drittel aller Russen bezeichnen sich selbst als *workaholic*.*

Vor allem bei Termindruck sind die Mitarbeiter oft zu großem Arbeitseinsatz bereit, auch wenn der Zeiger der Uhr schon weit in Richtung Mitternacht vorrückt. Dies gilt im Besonderen für die junge, aufstrebende Elite in den Ballungszentren, die die westliche Maxime »Zeit ist Geld« schon längst verinnerlicht hat. Diese Generation hat zudem neue Berufe, die es in der Sowjetunion nicht gab, wie etwa den PR-Manager**, schnell adaptiert. Und steht ihren westlichen Kollegen im Hinblick auf das persönliche Engagement im Beruf in nichts nach.

Die Kehrseite der Medaille ist, dass mit dem Zerfall der Sowjetunion viele Berufe wegbrachen und ganze Branchen, wie etwa Militär- und Rüstungsexperten, sich komplett neu orientieren mussten – da man schlicht keine Verwendung mehr für sie hatte. Viele Wissenschaftler wanderten ins Ausland ab, vor allem nach Westeuropa und Nordamerika verzeichnete man einen *Brain Drain*.

---

* Bei einer Online-Umfrage hatte das Internetportal Superjob.ru im Frühjahr 2010 die Frage gestellt, wer sich selbst als »Workaholic« einschätze: 16 Prozent stimmten mit »Ja« ab und mehr als 50 Prozent mit »Vermutlich ja«. Die meisten selbst ernannten fleißigen Bienchen sind dabei in der Gruppe der über 50-Jährigen aufgetreten: Hier bezeichneten sich sogar 77 Prozent als Workaholic. Was diese darunter verstehen, zeigten Sätze wie »Obwohl ich nur bis 18 Uhr arbeiten muss, gehe ich nie vor 20.30 Uhr« oder »Ich schwitze das ganze Jahr«.

** Die mangelnde Erfahrung mit manchen Berufen wie etwa im Bereich Public Relations/Öffentlichkeitsarbeit führt zu Missverständnissen: So wird diese Branche oft mit Propaganda verwechselt.

Waren es zu Sowjetzeiten noch zwei Millionen Wissenschaftler brach diese Zahl mit der Perestrojka um fast zwei Drittel ein!

In der Sowjetunion herrschten andere Maxime. Der Staat garantierte nicht nur das Recht auf Arbeit, sondern forderte dies auch von seinen Bürgern regelrecht ein. »Wer nicht arbeitet, soll auch nicht essen!«, so die damalige Propaganda. Die Maxime führte entsprechend zu einem aufgeblähten Apparat an Werktätigen. Viele Mitarbeiter in den Betrieben waren im Grunde genommen überflüssig, sie mussten oft sinnlosen Arbeitsinhalten nachgehen und hatten entsprechend wenig Motivation. Dies brachte eine gewisse Verdrossenheit mit sich, was sich letztlich auch in der Qualität der Produktion niederschlug.

Die verdeckte Arbeitslosigkeit in der Sowjetunion wird mit mindestens einem Drittel angegeben. Persönliches Engagement war nicht gefragt, man konnte damit weder die Karriereleiter erklimmen, noch zu mehr Geld kommen.[*] Und so kam es zu der weit verbreiteten Einstellung, dass man schließlich nicht lebe, um zu arbeiten – sondern umgekehrt. Da die Zeit irgendwie im Betrieb verbracht werden musste, machte man das Beste daraus – und sei es nur, dass man zum Teetrinken mit den Kollegen hinging. Was natürlich nicht auf das gesamte *kolektiv*, so die russische Bezeichnung für das Arbeitsteam, übertragen werden kann – weil es auch sehr viele fleißige Mitarbeiter gab und gibt, die in keiner Weise arbeitsscheu sind.

---

* Sicher gab es ein Anreizsystem bei der Planerfüllung, doch dies führte auch nicht zu einer Ankurbelung der Arbeitsmoral, wie die Sowjetregierung schon bald feststellen musste.

Fabriken waren übrigens Volkseigentum, Vieles wurde dort einfach mitgenommen. Niemand hat es als Diebstahl empfunden, wenn sich z. B. eine Textilarbeiterin ein Stück Stoff eingepackt hat, um sich zu Hause etwas daraus zu nähen oder es auf dem Schwarzmarkt einzutauschen.

Dass die Marketingassistentin Galina Iwanowna die Firma wieder verlässt, sollte Herrn Müller nicht grämen. Das hat sicher nichts mit dem Unternehmen zu tun. Der Planungshorizont in Russland ist längst nicht so langfristig wie in Deutschland, was auch mit dem fehlenden Vertrauen vieler Russen in die Zukunft zusammenhängen mag. Entsprechend gering ausgeprägt ist die Loyalität zum Arbeitgeber, eine hohe Personalfluktuation kennzeichnet viele Betriebe, die Denkweise ist »Jetzt«-bezogen. Das Job-Wechsel-Dich-Spielchen hängt mit besseren Gehältern beim neuen Arbeitgeber zusammen, zudem senken extrem kurze Kündigungsfristen die Hemmschwelle, sich öfter mal vom Arbeitgeber zu verabschieden. Viele Mitarbeiter haben auch zwei oder drei Arbeitsstellen, zwischen denen sie pendeln. Das ist oft nötig, vor allem in den teuren Großstädten, um sein Auskommen zu sichern.

So wenig ausgeprägt die Loyalität gegenüber dem Arbeitgeber ist, so trifft dies nicht auf die Kollegen zu. Natascha und Herr Kusnezow würden der russischen Kollegin nie gegenüber ihm als Chef in den Rücken fallen, auch wenn Herr Müller mit seiner Kritik recht haben mag.

Was können Sie besser machen?

Machen Sie sich auf eine andere Arbeitsweise gefasst: Gerade im Berufsleben prallen die bürokratische, verknöcherte Sowjetunion und das moderne, dynamische Russland aufeinander. Während vor allem junge Mitarbeiter hoch motiviert sind, kämpft die ältere Generation noch mit dem Geist der alten Zeit, als sich ihr persönlicher Einsatz für den Betrieb doch ziemlich in Grenzen hielt.

Die Stellensuche unterscheidet sich mit Internetportalen oder Jobagenturen kaum vom westlichen Ausland, allerdings spielen persönliche Beziehungen eine viel größere Rolle. Viele Stellen werden entsprechend an Verwandte und Freunde »vermittelt«. Meist gilt solch eine Empfehlung mehr als ein gutes Diplom. Das persönliche Netzwerk kommt etwa auch bei der Einstellung von Reinemachefrauen in der eigenen Wohnung zum Tragen, wo Vertrauen dazu gehört: Meist werden solche Mitarbeiterinnen von anderen Ausländern empfohlen, die schon gute Erfahrungen mit ihnen gemacht haben. Hören Sie sich um, aber prüfen Sie die neuen Mitarbeiter dennoch nach eigenen Kriterien.

Wittern Sie nicht überall eine Verschwörung, wenn sich Ihre Mitarbeiter gut verstehen und die Raucherpausen gemeinsam verbringen. Die russische Gesellschaft ist stark auf das Kollektiv und die Gruppe ausgerichtet.* Entsprechend fördern Raucherpausen die Gemeinschaft. Sorgen Sie dafür, dass sich Ihre Mitarbeiter wohlfühlen: Wird ein Geburtstag im Büro gefeiert, so sollten Sie hin-

---

* Das hat Herr Müller auch schon im Kapitel »Herr Müller geht alleine Essen« festgestellt.

zukommen und ein paar nette Worte sagen, das wird vom Chef erwartet.

Und noch etwas: Legen Sie Besprechungen nicht unbedingt auf Montagmorgen, wenn viele Mitarbeiter noch die Folgen ihrer Wochenendfeiern verarbeiten, wie Michail Jewgenjewitsch – und keinesfalls zu früh! In vielen Büros in Moskau beginnt der normale Werktag erst um 10 Uhr und dauert dafür entsprechend bis 18 Uhr. Das mag auch damit zusammenhängen, dass viele Menschen in Moskau oft ein, zwei oder mehr Stunden Arbeitsweg auf sich nehmen müssen.

Herr Müller lernt die hohe Kunst des Improvisierens

Warum einen Aschenbecher kaufen, wo es doch Bierdosen gibt?

Kostja sitzt rauchend am Küchentisch, während Anja gerade den Schnittlauch auf dem Fensterbrett neben ihm stutzt. Dieser sprießt aus einem Tetrapak. Saftige Orangenhälften verraten, dass der improvisierte Pflanzentopf in seinem früheren Leben einmal eine Saftverpackung war. Kostja greift schweigend nach einer Bierdose und drückt seinen Zigarettenstummel an der Oberfläche aus, bevor er ihn in die Öffnung hineinfallen lässt. Anja breitet daumendicke Fischstücke auf der Arbeitsplatte aus und greift in den Küchenschrank. Mit einer durchsichtigen Plastikschaufel, vormals eine PET-Flasche, nimmt sie ein wenig Mehl aus einer Dose. Kross gebraten landet der panierte Fisch kurz darauf auf Herrn Müllers Teller. Kostja schiebt ihm einen Serviettenhalter hinüber, aus dem kunstvoll drapierte, weiße Servietten herausragen. Doch auch der Ständer scheint nicht immer dazu vorbestimmt gewesen zu sein: Denn es ist einfach eine in der Mitte auseinander geschnittene, rote Plastikflasche, die kurzerhand umfunktioniert wurde! Vermutlich war hier einmal Ketchup drin gewesen.

Herr Müller blickt sich in der Küche des befreundeten Ehepaares um. Die beiden scheinen ja wirklich sehr umweltfreundlich zu sein und alles doppelt und dreifach zu verwerten. Einfallsreichtum haben die Russen ja auch durchaus, das muss man ihnen lassen!

Was ist diesmal schiefgelaufen?

Not macht erfinderisch. Sieben Jahrzehnte hatte Schmalhans die Hosen an, zumindest bei der Produktvielfalt in sowjetischen Geschäften. Oder die Läden wurden mit Gütern fernab des tatsächlichen Bedarfs beliefert. Einen schönen Aschenbecher einfach mal kurz in der Einrichtungsboutique an der nächsten Ecke kaufen? Fehlanzeige. Stattdessen mussten sich die Sowjetbürger in ihrem Land selbst behelfen. Und entwickelten dabei ein unheimliches Gespür für die Kunst des Improvisierens.

Der gewünschte Aschenbecher ist schnell selbst geschaffen – aus einer leeren Bierdose (wobei es solche Dosen zu Sowjetzeiten nur in den Berjoska-Läden gab, wo Westwaren für Devisen verkauft wurden, also den »Intershop«-Läden). Die PET-Plastikflasche kann, geviertelt, eine sehr praktische Mehlschaufel sein. Oder, halbiert, auch als Serviettenständer, Blumenvase oder Münzbehälter dienen. Und selbst alte Zeitungen sind nicht einfach Altpapier, sondern dienen, sorgfältig in Streifen geschnitten, der Notdurft auf der Toilette. So wird entsprechend weniger weggeworfen, denn alles kann irgendwie nochmals verwendet oder repariert werden. Und wenn es eben nur notdürftig ist, etwa mit Klebeband statt mit einem Nagel. Fällt eine Keramik-Tischleuchte auf den Boden und zerspringt, dann setzt man sich eben mit Kleber wieder hin und puzzelt so lange, bis man die Einzelteile wieder zusammengesetzt hat.

Das Improvisieren zeigt sich auch bei der Organisation. Eine spontane Feier ist schnell auf die Beine gestellt, jeder steuert etwas bei, und schon ist die Festtafel bereit, als habe man sie tagelang geplant. Man hilft sich oft gegenseitig aus, wenn mal etwas nicht zur Hand ist, das gehört ebenso dazu.

Das Talent hat jedoch auch seine Grenzen: Manchmal wird eben nur improvisiert, statt das Problem wirklich zu beheben und an der Wurzel zu packen. Schlaglöcher werden gekonnt und meisterhaft jeden Tag umfahren, anstatt sich daran zu machen, sie aufzuschütten. Die langfristige Beseitigung von Ursachen wird dadurch manchmal unterlaufen. Das führt auch dazu, dass man oft hört: »*Posmotrim* – Schauen wir mal!*«* Denn alles wird schon irgendwie werden. Das mag auch daher rühren, dass die Zukunft nicht planbar ist. Die Russen sind in dieser Hinsicht eher dem Schicksal ergeben als die Deutschen. Morgen kann sich ja ohnehin schon alles ändern!

Was können Sie besser machen?

Schneiden Sie sich am Besten eine kräftige Scheibe Improvisationstalent von den Russen ab. Denn in einiger Hinsicht sind diese deutlich umweltbewusster, wenn auch aus anderen Beweggründen heraus, nämlich aus einer Mangelwirtschaft. Warum sollten Sie jedoch nicht ihre Tomatensetzlinge zunächst in ausgespülten Joghurtbechern züchten, bevor sie diese in der Erde einpflanzen? Es müssen nicht immer gleichfarbige schwarze Pflanzentöpfchen sein, die man auch noch kaufen muss. Zu Sowjetzeiten waren solche Einwegbehältnisse übrigens nicht verbreitet: Die Milch gab es in der Glasflasche statt im Tetrapack zu kaufen. Und statt Plastikbechern standen an öffentlichen Sodaautomaten echte Gläser bereit, die man darunter stellen konnte, um sie für wenige Kopeken mit einem Erfrischungsgetränk zu füllen.

Herr Müller geht ins Mausoleum

Wieso Lenin keine Ruhe findet

Mit weit aufgerissenen Augen liegt er auf dem Rücken. Und scheint auf alle Ewigkeit dazu verdammt zu sein, stumpf an die Decke zu starren. Er wirkt fahl im Gesicht, ausgetrocknet und wirklich alles andere als gesund! Ein Kopf wie aus Wachs!

Herr Müller steht vor dem beleuchteten, durchsichtigen Sarkophag aus Panzerglas und betrachtet die Mumie. Irgendwie kommt ihm der tote Lenin wie eine Puppe vor, er scheint stark geschrumpft zu sein. Seine Beobachtungen muss Paul Müller natürlich sofort Natascha in voller Lautstärke mitteilen, die sich angeboten hatte, ihn zu begleiten.

»Warum begräbt man den alten Herrn denn nicht einfach?«, fragt er seine Assistentin, deren Blick sofort verlegen auf den Boden fällt.*

Der deutsche Geschäftsmann kann sich vom Anblick des mumifizierten Weltrevolutionsführers kaum lösen. Er betrachtet ihn minutenlang, die linke Hand lässig in der Hosentasche, während er mit der rechten an seinem Handy herumnestelt. Noch schnell einen Schnappschuss, den er seinen Freunden in Karlsruhe zeigen würde und dann...

---

* Das russische Staatsfernsehen wollte Ende 2008 in einer Umfrage wissen, wer die bedeutendsten Russen aller Zeiten seien. Dabei kam Lenin auf Platz sieben.

Doch da spürt er plötzlich einen Atemhauch im Halbdunkel, unmittelbar vor seinem Gesicht. Nanu, sollte Lenin etwa zu Leben erwacht sein? Er betrachtet die Gesichtszüge der Mumie, die jedoch starr bleiben. Herr Müller blinzelt im dämmrigen Raum, steht da nicht jemand vor ihm? Noch ehe er den Gedanken ausführen kann, bekommt er eine gewaltige Abfuhr, die er wieder einmal nicht versteht. Braucht er aber auch nicht, allein der Klang ist alles andere als freundlich, das versteht er auch ohne Russischkenntnisse. Ein älterer Herr. Der Wärter? Was will der nur von ihm? Ist hier etwa ein Sensor angebracht, der seine Gedanken lesen kann und weiß, dass Herr Müller gerade ziemlich respektlos über Lenin nachgedacht hat?

Was ist diesmal schiefgelaufen?

Wladimir Iljitsch Uljanow (1870-1924), genannt Lenin, schien es schon zu Lebzeiten geahnt zu haben. Und stellte in einer seiner Schriften die zentrale Frage, die seine Mumie nun schon seit geraumer Zeit aufwirft: »*Schto djelat* – Was ist zu tun?«

Die Antwort, wie man mit dem toten Gründer der Sowjetunion verfahren solle, spaltet die Bevölkerung: Zwei Drittel aller Russen fordern, dass Lenin endlich seine letzte Ruhe finden möge. Vor allem Liberale und Menschenrechtler sprechen sich für eine Beerdigung der Mumie aus. Doch solange sich ein Drittel der Bevölkerung dagegen wehrt, größtenteils Kommunisten und Ewiggestrige, wird sich vermutlich keine Regierung die Finger an dieser heiklen Frage verbrennen.

Dass Lenin in dem aufgebahrten Schrein so gepflegt wirkt, kommt nicht von ungefähr: Konstante sieben Grad und beste Konservierungstechnik tragen dazu bei, dass der 1924 verstorbene Revolutionsheld möglichst immer gleich aussieht. Zwei Mal wöchentlich untersucht ein Dutzend Wissenschaftler seinen Leichnam.* Und einmal im Jahr gibt es das Komplettprogramm für die Mumie: Dann stehen Besucher des Mausoleums wochenlang vor verschlossenen Türen. Denn Lenin ist nicht da. Sein Leichnam verlässt das schmucklose Granit- und Marmorbauwerk vor der Kremlmauer, um sich mit einer Kräuterlösung neu einbalsamieren zu lassen. Das Balsamierungsmittel hat es allerdings in sich: Es dringt tief in die Kleidung ein und zersetzt diese. Daher benötigt Lenin alle drei Jahre ein neues Sakko. Und geht dabei durchaus mit der Mode: Trug er unter kommunistischer Herrschaft zunächst 17 Jahre lang eine Uniformjacke, so ist er mittlerweile in teuren Schweizer Zwirn gehüllt, der zumindest teilweise resistent gegen das Balsamierungsmittel ist.

Die globale Wirtschafts- und Finanzkrise machte der letzten geplanten Neueinkleidung 2009 allerdings einen Strich durch die Rechnung: Für Lenins neue Kleider war einfach kein Geld da! Man behalf sich, indem man den alten Anzug reinigte, der nun noch einmal im Einsatz ist. Dass die Mittel knapp sind, verwundert nicht, denn die staatlichen Töpfe trockneten schon sehr bald nach dem

---

* Der Revolutionsführer hatte noch zu Lebzeiten verfügt, dass kein Personenkult um seine Person betrieben werden dürfe. Sein Nachfolger Stalin hielt sich jedoch nicht daran, ließ ein Mausoleum errichten und den toten Lenin einbalsamieren – gegen den Willen dessen Angehöriger.

Zerfall der Sowjetunion ein. Um Lenins Wohlergehen kümmert sich seither eine Stiftung, die von privaten Förderern unterstützt wird. Hinzu kam, dass die Ehrenwache vor dem Mausoleum schon in den frühen 1990er Jahren abgezogen wurde und nun am Grabmal des unbekannten Soldaten ausharrt, nur wenige hundert Meter entfernt an der Kremlmauer.

Ganz so einsam wie heute war Lenin allerdings nicht immer. Denn zu Sowjetzeiten prägten lange Schlangen vor dem Mausoleum das Bild des Roten Platzes. Menschen aus der gesamten Sowjetunion pilgerten zu der kommunistischen Wallfahrtsstätte. Heute kommen größtenteils Ausländer, Schlangen gibt es längst keine mehr. Gesellschaft hatte Lenins erleuchteter Sarkophag übrigens auch zwischen 1953 und 1961: Damals wurde Stalins Leichnam ebenfalls im Mausoleum aufgebahrt. Die Inschrift auf dem schlichten Bauwerk wurde entsprechend in *Lenin-Stalin* geändert. Heute ist nur noch der Schriftzug *Lenin* in kyrillischer Schrift darauf zu lesen. Im Zuge der Entstalinisierung wurde Stalin auf dem Ehrenfriedhof entlang der Kremlmauer beerdigt, gleich hinter dem Mausoleum.

So präsent Lenin auf dem Roten Platz noch ist, musste er vielerorts von seinem Steinsockel weichen. Nach dem gescheiterten Putsch von 1991 wurden viele Lenin-Statuen abgetragen, Straßen und Plätze umbenannt.* Doch eben nicht überall, denn wer sollte den einstigen Revolutions-

* Ganz so konsequent scheint man auch bei der Umbenennung von Städtenamen nicht gewesen zu sein: Aus der zweitgrößten russischen Stadt Leningrad wurde zwar St. Petersburg, jedoch heißt das umliegende Verwaltungsgebiet immer noch *Leningradskaja oblast*.

führer ersetzen? Vor allem in der Provinz ist Lenin noch recht präsent, sei es mit langem oder kurzem Mantel, mit dem er meist abgebildet wird. In der südrussischen Stadt Elista, in der buddhistisch geprägten Kalmücken-Republik, wurde die zehn Meter hohe Statue nicht abgetragen, dafür jedoch an den Rand des Hauptplatzes geschoben – um Raum für eine buddhistische Pagode zu schaffen.*

Was können Sie besser machen?

Ein wenig Ehrfurcht kann nicht schaden. Zumindest in den heiligen Hallen einer vergangenen Epoche. Fotografieren ist ebenso verboten wie lautes Reden oder sich unangebracht dicht oder lange neben Lenins Sarkophag zu stellen, womöglich noch mit den Händen in den Hosentaschen, wie unser Herr Müller. Wer demütig vorbei schleicht, dürfte die Blicke des Wachpersonals nicht unnötig auf sich ziehen. Im Mausoleum sollten Männer Hüte abnehmen, schweigen und um den Sarkophag gehen, nicht stehen bleiben!

Damit Sie sich eine unnötige Anreise sparen: Das Mausoleum hat nur jeden Dienstag, Mittwoch, Donnerstag und Samstag von 10 bis 13 Uhr geöffnet. Der Eingang erfolgt

---

* So ganz wollte man sich in Elista nicht von Lenin verabschieden. Denn immerhin ist er ja fast ein Landsmann der Kalmücken, der Titularnation dieser Teilrepublik Russlands. Und so bot die Regierung der armen Steppenrepublik eine Million US-Dollar für Lenin. In Kalmückien entdeckt die Bevölkerung unterdessen ihren buddhistischen Glauben neu, in den letzten Jahren entstanden einige Tempel, Pagoden und Buddha-Statuen. Doch warum das Interesse an Lenin? Seine Großmutter soll Kalmückin gewesen sein, entsprechend sei Lenin ihr Landsmann, so das Argument!

von der Seite, die der Kremlmauer zugewandt ist, durch eine Taschenkontrolle mit Metalldetektoren. Und bitte nicht wie Herr Müller Handy, Video oder Fotoapparat dabei haben. Größere Taschen und Rücksäcke dürfen nicht mitgeführt, sondern können im Historischen Museum abgeben werden. Der Eintritt ist frei, auch wenn manchmal Leute versuchen, Karten zu verkaufen.

Die Oktoberrevolution

Am 7. November wird sich Herr Müller vermutlich wundern. An diesem Tag, der in Russland seit einigen Jahren kein offizieller Feiertag mehr ist, ziehen viele (meist ältere) Menschen mit Lenins Porträt durch die Straßen. Was ist an diesem Tag passiert?

Am 25. Oktober (7. November nach dem »neuen« Kalender) wurde die Sozialistische Sowjetrepublik ausgerufen. Vorsitzender des Rates der Volkskommissare wurde Lenin, der bis zu seinem Tod 1924 an der Spitze des Staates stand. Bereits die Februarrevolution von 1917 hatte ihre Schatten für die politischen Umwälzungen vorausgeworfen: Arbeiterfrauen protestierten damals gegen die schrecklichen Lebensbedingungen. Zar Nikolaus II schickte Soldaten, die sich auf die Seite der Demonstranten schlugen. Mit dem Ergebnis, dass der Imperator abdanken musste. Die bürgerliche Übergangsregierung konnte Hunger und Rubelabwertung nicht stoppen, entsprechend kam es im Oktober 1917 unter Lenins marxistisch-kommunistischen Bolschewiki zu erneuten Protesten, die in der Oktoberrevolution mündeten – und zur gewaltsamen Machtübernahme der Bolschewiki führten.

Herr Müller zu Gast bei Freunden

Wie kommt der Hering unter den Pelzmantel?

Anja streckt Herrn Müller freudig ein Paar braun karierte Filzpantoffeln entgegen.

»Nein danke«, lehnt dieser ab. Diese Blöße kann er sich nicht geben! Seine Socken dampfen nach dem langen Bürotag so stark, dass ein mittelreifer Schweizer Bergkäse neidisch werden würde.

Kostja schiebt Herrn Müller sofort ein gut zur Hälfte gefülltes Wasserglas hin. »Das ist ein *schtrafnoje*, Du musst es jetzt trinken, weil Du zu spät gekommen bist!« Sein Ton duldet keinen Widerspruch.

Ein halbes Dutzend Augenpaare, das sich um Kostjas und Anjas Wohnzimmertisch versammelt hat, beobachtet ihn. Das ist ja purer Alkohol! Wodka!* Aus einem Glas, das in Karlsruhe vermutlich für eine ganze Fußballmannschaft gereicht hätte! Herr Müller setzt an und kippt das Glas in einem Zug herunter. Sofort greift er nach der Wodkaflasche auf dem Tisch und schenkt sich nach.

Die Gäste verstummen, aber nur für einige Sekunden, dann geht der Plausch weiter.

* Der russische Chemiker Dmitrij Iwanowitsch Mendelejew (1834-1907) – ja, jener mit dem Periodensystem der Elemente, dass Sie in der Schule auswendig lernen mussten – legte fest, dass Wodka 40 Prozent Alkoholvolumen haben muss!

Die Tischoberfläche blitzt unter zahllosen winzigen Schälchen mit *sakuski*, kalten Vorspeisen, kaum noch hervor. Wieder einmal hat sich Anja selbst übertroffen: Gefüllte Auberginenröllchen, Salzgurken, Rote-Beete-Salat mit Mayonnaise, roter und schwarzer Kaviar[*], Pilze in Sahnesauce, Kohlsalat mit Moosbeeren, Piroggen.

Uff, der Karottensalat mit Koriander ist ja ganz schön feurig! Herr Müller greift zu seinem überdimensionalen Glas, um nachzuspülen und den Brand zu löschen. Dabei schüttet er das »Wässerchen«, so die wörtliche Übersetzung von Wodka, mit einem Mal in den Rachen. Das tut gut! Er schenkt sich gleich noch einmal nach. Die Tischgesellschaft starrt Herrn Müller betreten an, als habe er nun doch seine dampfenden Schuhe ausgezogen. Hat er irgendwo einen Klecks Mayonnaise am Kinn? Irgendwas scheint er falsch zu machen! Komisch, diese Russen! Erst schieben sie einem einen Eimer Wodka unter die Nase, den man austrinken muss, um die Wohnung wieder lebend verlassen zu dürfen... und kaum schenkt man sich ein, schauen einen alle entsetzt an! Gastgeber Kostja fasst sich als Erster wieder: »Auf die deutsch-russische Völkerfreundschaft!«, ruft er über den Tisch.

Anja erklärt Herrn Müller auf gebrochenem Deutsch, dass er nun unbedingt ihren Hering unterm Pelzmantel probieren müsse.

---

[*] Der rote Kaviar stammt meist von der Lachsforelle und ist preisgünstiger als die schwarze Variante. Diese liefern verschiedene Störarten, die unter anderem im Kaspischen Meer leben. Als qualitativ hochwertigster Stör gilt der *Beluga*, daneben sind *Ossjotr* und *Sewruga* bekannt. Kaviar wird auf oft Weißbrot mit einem Zitronenschnitz serviert und nie mit einem Silberlöffel gegessen!

Herr Müller ist verwirrt! »Anja, aber ich... ich esse doch nur... nur Fisch, keine anderen Tiere, schon gar keine Felltiere«, stammelt er. Wieder befürchtet er das Schlimmste. Sicher wird er nun einen Hering verspeisen müssen, an dem noch ein Stück Pelzmantel klebt. Und an den Tierborsten wird er sich verschlucken und jämmerlich ersticken! Die Pelze verfolgen ihn ja schon seit seiner Ankunft in Moskau! Ob das ein Zeichen ist, dass er in seinem nächsten Leben als Bär oder Fuchs auf die Welt kommen wird?

Anja schiebt Herrn Müller eine Mischung aus Roter Beete, Mayonnaise und Ei auf den Teller, verziert mit Petersilie. Herr Müller stochert misstrauisch darin herum. Da ist ja auch der ominöse Hering... Doch wo bleibt der olle Pelzmantel? Vielleicht wird Kostja gleich mit solch einem Bekleidungsstück auftauchen, das sich Herr Müller dann umlegen muss. Und dazu vermutlich einen kaukasischen Säbeltanz hinlegen. Bei den komischen russischen Bräuchen kann man ja nie wissen!

Was ist diesmal schiefgelaufen?

Wer zu spät kommt, den bestraft nicht das Leben – sondern die versammelte Tischgesellschaft. In Russland ist es üblich, dass der Unpünktliche ein *schtrafnoje* trinken muss. Und das ist ungefähr die doppelte oder dreifache Menge dessen, was man üblicherweise einschenken würde. Denn die Tischgesellschaft hat ja schon »Vorsprung«, da muss der Nachrücker seine Ration folglich »aufholen« – und wird eben »bestraft«!

Wodka wird in Russland übrigens in Gramm ausgeschenkt: Früher waren *sto gram* (100 Gramm) das Mindestmaß, inzwischen kann man im Lokal auch die Hälfte bestellen. Klassisch wird aus Wassergläsern mit Längsschliff getrunken: Hier passen 167 Milliliter rein – das ist genau ein Drittel einer klassischen Halbliterflasche. Denn zum Wodka trinken braucht man einen Dritten, so will es der Brauch! *Soobrasim na troich*, sagen die Russen dazu.

In der Sowjetunion kostete eine Flasche Wodka wohl drei Rubel, so konnte jeder der Drei seinen Beitrag leisten. Heute ist es eigentlich egal, wie viele mittrinken. Verdächtig ist nur, wenn einer alleine trinkt, denn dann gilt das Wodka trinken nicht mehr als *kulturnoje pijanstwo*, kulturelles oder gepflegtes Trinken, sondern schlichtweg als *alkogolism*, Alkoholismus. Überhaupt wird nur zu besonderen Anlässen getrunken, denn generell gilt: »Trinken ohne Anlass ist Trunksucht!« Und so wird stets gefragt, auf was man eigentlich trinke: »*Sa schto pjom?*«

Ein Grund findet sich allerdings in der Regel immer, sei es der Berufsfeiertag der Kosmonauten oder das chinesische Neujahrsfest.

Vor dem Trinken muss jedoch erst der Toast abgewartet werden, dann trinkt man gemeinsam (und schenkt auch anderen ein, nicht nur sich selbst, Herr Müller!). Meist übernimmt ein *Tamada* die Koordination der Trinksprüche. Das ist ein alter Brauch, der aus Georgien stammt. Der erste *toast* geht in der Regel auf den Gastgeber, der dritte auf die Frauen, die dabei sitzen bleiben dürfen, während nur die Männer aufstehen. Der im Westen bekannte Klassiker »*na sdorowje*« ist Klischee, denn er heißt im Russischen »*sa sdorowje*«. Häufiger hört man unter Freunden jedoch »*pojechali* – los geht's!«, »*sa nas* – auf uns!« oder »*sa druschbu* – auf dic Freundschaft!«.

Und der legendäre Hering, nun was hat der eigentlich unter dem Pelzmantel zu verloren? *Seld pod schuboj*, so der russische Name, gehört zu den Klassikern jeder Vorspeisentafel. Wer das Gericht einmal gesehen hat, ahnt sofort, warum es so heißt: Die Rote Beete, die mit Mayonnaise vermischt wurde, ist de facto der »Pelzmantel«. Wer weiter stochert, findet darunter dünne Heringsstreifen mit zerkleinerten Eierstückchen. Sie müssen also keine Sorge haben: Um den »Hering unterm Pelzmantel« zu essen, müssen Sie keine *schuba* aus Zobel, Fuchs oder sonst einer Tierart anziehen oder gar vertilgen!

Was können Sie besser machen?

Herr Müller, das geht nun gar nicht: Schuhe aus! Wer den russischen Winter einmal selbst erlebt hat, wird verstehen, dass man sich den Schmutz nicht in die Wohnung holen will. Selbst wenn die Füße noch so dampfen, die Pantoffeln von Gastgebern sollte man nie ablehnen!

Trainieren Sie schon mal Ihre Armmuskeln: Denn ein *toast* kann sich oftmals mehrere Minuten hinziehen – und so lange muss das Glas in die Höhe gehalten werden! Legen Sie sich am Besten schon zuvor einen Trinkspruch parat, denn die gesamte Tischgesellschaft ist reihum mit dem Toast-Aufsagen dran. Prägen Sie sich die Einleitung »*Dorogyje drusja* – Liebe Freunde« gut ein – das kommt auch bei Geschäftspartnern gut an.

Eigentlich muss der eingeschenkte Wodka in einem Zug geleert werden, so will es der Brauch. Als Ausländer dürfte Ihnen jedoch niemand böse sein, wenn Sie das nicht schaffen. Als Durstlöscher für zwischendurch stehen in der Regel Säfte auf dem Tisch bereit. Bloß nicht: Zwischendurch selbst am Alkohol nippen! Außerdem müssen angebrochene Flaschen in der Regel auch ausgetrunken werden.

Langen Sie also beim Hering unterm Pelzmantel kräftig zu, um an diesem Abend trinkfester zu werden!

Volkskrankheit Alkoholismus

Dass die Wodkaflasche den Russen schon in die Wiege gelegt wird, ist wissenschaftlich ungefähr so haltbar wie die Behauptung, dass alle Deutschen Lederhosen tragen, den ganzen Tag schunkeln und ihnen der Maßkrug gewissermaßen am Arm festgewachsen ist! Schwachsinn! Denn auch in Russland gibt es Phasen, etwa während der Fastenzeit, bei denen kollektiv auf Alkohol verzichtet wird.

Dennoch hat die russische Gesellschaft ein ernsthaftes Problem mit der Volksdroge Alkohol: Zwei Millionen Menschen (von 142 Millionen Einwohnern) gelten als abhängig, so die offizielle Statistik. Mediziner schätzen hingegen, dass mindestens jeder Zehnte allzu enge Bande zur Flasche eingegangen ist. Pro Jahr konsumiert jeder Bürger Russlands etwa 17 Liter reinen Alkohol (in Deutschland liegt der Pro-Kopf-Verbrauch bei gut zehn Litern!). Vor allem die russischen Männer saufen sich im wahrsten Sinne des Wortes zu Tode, was längst schon medizinisch nachgewiesen wurde.* Ihre durchschnittliche Lebenserwartung liegt bei knapp 59 Jahren, das sind sechs Jahre weniger als noch in der späten Sowjetunion! Damit rangiert Russland am unteren Ende, verglichen mit anderen Industrienationen. Frauen in Russland überleben ihre Männer deutlich und erreichen ein Durchschnittsalter von 72 Jahren.**

---

* Die Londoner Schule für Hygiene- und Tropenmedizin untersuchte in der russischen Teilrepublik Udmurtien, westlich des Urals, 1.750 Todesopfer. Diese waren männlich und zwischen 25 und 40 Jahren alt. Über 40 Prozent der Todesfälle konnten auf übermäßigen Alkoholkonsum zurückgeführt werden. Beim Konsum von illegal gepanschtem Alkohol lag die Todesquote neun Mal höher als bei Abstinenzlern. Jedes Jahr sterben mehr als 20.000 Russen an Alkoholvergiftung, 75.000 hingegen an den indirekten Folgen des Alkoholkonsums.

** 1980 erreichten die Frauen in der Sowjetunion noch ein Durchschnittsalter von 75 Jahren.

Kampagnen, mit denen der Alkoholkonsum in Russland eingedämmt werden sollte, scheiterten in der Vergangenheit immer wieder. Unter Michail Gorbatschow führte die Sowjetunion 1985 eine große Anti-Alkoholkampagne ein, das »trockene Gesetz – *suchoj sakon*«. Die Prohibition führte zu leeren Regalen und langen Warteschlangen vor den Geschäften. Und kurbelte letztlich nur das illegale Schnapsbrennen an. Der *samogon*, wie der Selbstgebrannte in Russland heißt, bescherte dem Staat immense Verluste – denn produziert wurde weiterhin, aber eben illegal, am Staatssäckel vorbei und ohne Kontrollinstanzen, was den Ausstoß von gepanschtem Alkohol nur erhöhte. Bedeutende Weinanbaugebiete, etwa in Georgien, wurden durch die weggebrochenen Absatzmärkte fast zerstört.

Bis heute hat der Kreml kein wirkliches Konzept, wie man Herr über die Trunksucht im Land werden könnte. Den jüngsten Vorstoß machte Premier Wladimir Putin, der angekündigt hatte, den Alkoholverbrauch bis 2020 um die Hälfte einzudämmen. Wie? Durch die Ausrottung illegaler Brennereien auf dem Land und ein strikteres Reklameverbot.

Wieso haftet das unvermeidliche Wodka-Klischee jedoch so stark an den Russen? Eine Begründung mag ihre Wurzeln noch im Zweiten Weltkrieg haben. Sowjetischen Soldaten stand eine bestimmte Tagesration Spiritus zu. Diese wuchs kontinuierlich mit der Zahl der gefallenen Kameraden, da den verbliebenen Soldaten dann eine entsprechend größere Menge zustand. Der Alkohol sollte den kämpfenden Soldaten den Umgang mit dem Kriegstrauma erleichtern.

Als die Waffen wieder schwiegen, blieb die Gewohnheit jedoch bestehen: Viele ehemalige Soldaten hatten ein Trinkproblem, das an spätere Generationen weitergegeben wurde – da Alkohol im Alltag stets präsent war. Doch auch das widrige Klima, vor allem im hohen Norden, wo der Tag in den langen Wintermonaten oft nur wenige Stunden dauert, spielt eine Rolle. Mangelnder Sonnenschein führt zu Schwermut, der die Russen zur Flasche greifen lässt. Auch die Tristesse des Alltags, vor allem auf dem Land, ist einer der Gründe.

Herr Müller in den Klauen des Katers

Der Tag danach: Gleiches mit Gleichem auskurieren

Natascha war sofort in den Supermarkt geeilt, nachdem sie den leichenblassen Herrn Müller erblickt hatte. Sie reicht ihm nun eine Flasche mit einem joghurtähnlichen Getränk, das an türkischen Ayran* erinnert. Sofort geraten Herrn Müllers Magensäfte wieder in Wallung. Wie damals auf der Karlsruher Kirmes, als er es nach der Achterbahnfahrt gerade noch hinter die nächste Schießbude geschafft hatte, um seinen Mageninhalt der Schwerkraft hinzugeben.

»Das soll helfen?«

Natascha nickt überzeugt. *Tan* sei sehr gut gegen Kater! Das stünde schließlich auch wörtlich auf dem Etikett, so seine Assistentin.

Mit Schütteln erinnert sich Paul Müller an die Wodkamengen von gestern Abend. Nie mehr würde er Alkohol trinken!

Sein Vorgänger, Herr Lehmann, betritt das Büro. Er zieht die Nase nach oben und schnippt sich mit den Fingern lachend an den Hals. Sicher hat er die Alkoholfahne gerochen! »Das haben wir doch alle schon mal erlebt hier

---

* Ayran stammt aus dem Kaukasus und Anatolien und besteht aus einem vollfetten Joghurt aus Schaf- oder Kuhmilch, der mit Wasser verdünnt und leicht gesalzen wird.

in Russland. Am besten damit weitermachen, womit man aufgehört hat«, so sein Ratschlag, ehe wieder aus der Büro-tür verschwindet.

Herr Müller überlegt einen Augenblick. Was meint er nur damit? Das Klingeln seines Handys holt ihn in die Realität zurück. Kostja meldet sich am Telefon. »Paul, wie geht es Dir? Hör zu, wir müssen uns Entkatern, wie sagt man das auf Deutsch? Du weißt schon, *dawaj raspachme-limsja*. Um acht Uhr bei uns zu Hause?«

Ehe Herr Müller einwenden kann, dass er plant, den Abend mit Kamillentee und Wärmflasche im Bett zu ver-bringen, um den Ach-so-scheußlichen Katzenjammer zu überwinden, hat Kostja schon mit dem allrussischen Zustimmungswörtchen *ladno* aufgelegt. »Entkatern« hat er gesagt. Was um Himmels willen meint er nur damit? Das hat sicher nichts Gutes für seine Leber zu bedeuten!

Was ist diesmal schiefgelaufen?

Herr Müller hat Besuch von einem dicken Kater, der heute Morgen allerdings nicht schnurrt, sondern grimmig die Zähne fletscht und die Krallen blitzen lässt. Die Symptome einer Dehydrierung lassen seine Schläfen eifrig pochen. Dagegen hilft nur eins: viel Trinken!

Dieses Patentrezept gegen den Kater scheint in Russ-land allerdings eine kleine Abwandlung erfahren zu haben. Denn was Kostja mit »Entkatern« meint, bedeutet schlichtweg, dass man weitertrinken müsse – allerdings Alkohol! Während die Russen sogar ein eigenes Verb in ihrem Wortschatz besitzen, *raspachmelitsja*, behelfen sich die Deutschen unterdessen mit der Umschreibung »Konter-Bier«. Gleiches gilt es mit Gleichem zu heilen, so auch der indirekte Ratschlag von Herrn Lehmann. Also auf den gestrigen Wodka sollte heute Morgen ein erneuter Wodka folgen. Eine Entkaterungsmethode, mit der man garantiert ohne Umwege in die harte Trinksucht schlittert!

Herrn Lehmanns Geste, das Schnippen des Fingers gegen den eigenen Hals, verrät ihn als Insider. Damit wird angezeigt, dass jemand Alkohol konsumiert (oder hat). Diese Geste entstand noch unter Zarin Elisabeth (1709-1761), die einmal einen besonders tüchtigen Arbeiter auszeichnen wollte. Als Dank für seine Dienste stellte sie ihm eine Urkunde aus, die ihm in jeder Gaststätte des Landes ein Freigetränk sichern würde. Unschicklich verlor der tüchtige Arbeiter das Dokument jedoch. Als er zur Zarin zurückkehrte und ihr den Verlust eingestand, war diese verärgert und befahl prompt, dem tüchtigen Arbeiter das Gratis-Trinkrecht in den Nacken eintätowieren zu lassen, damit ihm der Nachweis nicht erneut abhanden komme. Und jedes Mal, wenn er fortan eine Kneipe betrat, schnippte er mit dem Finger an den Hals. Sobald der Gastwirt das Zeichen sah, wusste er sofort Bescheid. Die Geste hat sich bis heute hinüber gerettet, auch wenn die Zarenzeit nun schon eine ganze Weile zurückliegt.

Was können Sie besser machen?

Natürlich soll Ihnen der Fettnäpfchenführer jetzt kein Trainingsseminar vorschlagen, wie Sie Ihre Leber binnen kurzer Zeit garantiert zerstören können. Schminken Sie sich in Russland alle guten Vorsätze jedoch schon mal ab. Wenn Sie bei Bekannten eingeladen sind, werden Sie es wohl kaum schaffen, trocken zu bleiben. Es gibt nur einige wenige Ausreden, die akzeptiert werden. Lernen Sie am besten den Standardsatz »*Ja sa ruljom* – Ich bin am Steuer« auswendig!

Falls Sie kein Autofahrer sind und Ihre Bekannten das auch wissen, können Sie die Einnahme von Medikamenten vortäuschen. Oder Sie versuchen den Anschein zu erwecken, trockener Alkoholiker zu sein. Natürlich sollte das nicht direkt angesprochen werden, denn allzu offen kommt das Tabu-Thema Alkoholismus in Russland nicht auf den Tisch. Wenn Sie jedoch mit traurigem Blick sagen, dass Sie nicht trinken *dürfen* (die Mimik muss jedoch für sich sprechen, also dass Sie es aber gerne *würden*), dann ist den Anwesenden alles klar. Sparen Sie sich hingegen Einwände, dass zu viel Alkohol schädlich sei, für den Arbeitgeber oder den Hausarzt auf – aber nicht für die feuchtfröhliche Trinkrunde!

Ansonsten bleibt Ihnen vermutlich nur die richtige »Vorbereitung« auf einen Abend bei Freunden: Schenken Sie sich vor dem Ausgehen ein Gläschen Olivenöl ein. Wenn Ihnen der intensive Geschmack nicht zusagt, dann essen Sie eine Dose Ölsardinen oder die seit Sowjetzeiten überaus beliebten *Rischskije schproty* (Rigaer Sprotten). Wer es süß mag, kann auch flüssige Schlagsahne trinken. Manche Russen schwören auch auf zwei rohe Eier. Die Fettschicht, die sich im Körper bildet, trägt dazu bei, dass der Alkohol langsamer durch die Magen- und Darm-Schleimhäute sickert, also entsprechend länger benötigt, um in die Blutbahn zu gelangen. Diese Art der »Präparation« hat jedoch eine Kehrseite: Denn Hochprozentiges wird dadurch langsamer abgebaut, folglich braucht man auch entsprechend länger, um wieder nüchtern zu werden!

Und vergessen Sie eine weitere Trinkregel nicht: »Senke niemals das Prozentvolumen...!«* Wer also mit Wodka beginnt, sollte nicht auf Wein, Bier oder andere Getränke mit einem geringeren Alkoholgehalt umsteigen. Im deutschen Sprachraum mag folgende Trinkregel sinngemäß etwa vergleichbar sein: »Wein auf Bier, das rat` ich Dir – Bier auf Wein, das lass‘ sein!« Mittlerweile ist ja durchaus bekannt, dass die Mischung von Alkohol eher unbedeutend ist und diese »Patentrezepte« ein Ammenmärchen sind. Doch auch wenn beides nicht mehr dem Stand der Wissenschaft entspricht, richten sich die meisten Trinkgelage immer noch nach diesen »Richtlinien«.

Gut, die Vorbeuge-Tipps haben nichts geholfen und Sie haben schon über die Stränge geschlagen? Dann versuchen Sie es wie Herr Müller mit russischen Volksrezepten wie Milch, dem Sauermilchgetränk *Tan*, Sauerkraut, *Kwas* oder Tomatensaft. Beliebt ist auch *Rassol*, eine Suppe mit Sauerkraut, Marinade und eingelegten Gurken. Überhaupt helfen Salzgurken dem dehydrierten Körper, seine ausgelaugten Reserven an Salz und Mineralien wieder aufzufüllen – vor allem der Sud der Salzgurken. Um den Kreis zu schließen: Ein »Haustipp« ist auch ein Glas Wodka mit einigen Löffeln Schmand (Smetana), Honig, Eis und Zitrone – das Ganze ist langsam zu trinken.

---

* Auf Russisch: *Umenschit gradusow nelsja!*

Das schmeckt Ihnen alles nicht so recht? Gut, dann bleiben Sie bei der einfachsten Regel, mit der wir hier auch begonnen haben, und beherzigen diese: »Hundert Gramm Wodka am Morgen vertreibt Kummer und Sorgen!«

Herr Müller gewöhnt sich an die russische Kälte

Wie reguliert man eigentlich russische Heizungen?

Der Schweiß rinnt ihm von der Stirn, versickert im Kopfkissen. Herr Müller wälzt sich unruhig im Bett. Hat er nur schlecht geträumt oder ist er tatsächlich schon in der Vorhölle gelandet? Und hatte ihn Natascha neulich nicht gewarnt, als eine schwarze Katze seinen Weg gekreuzt hat? Er hatte ihren Hinweis einfach in den Wind geschlagen und nicht drei Mal über die linke Schulter gespuckt, sondern nur gelacht. Sollte ihn jene Katze nun etwa ins Jenseits befördert haben? Mit einem Schlag ist der Karlsruher Geschäftsmann hellwach. Nein, es blitzen ihm keine grünen Katzenaugen auf der Schulter eines alten Hutzelweibs entgegen, das ihm nicht wohl gesonnen ist. Und es züngeln auch keine Flammen um sein Bett, die Satan persönlich anfacht. In seiner Wohnung ist es einfach entsetzlich heiß!

Herr Müller streift sich den Pyjama vom Körper. Immer noch nicht besser! Er reißt das Fenster auf. Ein kalter Lufthauch strömt in die Wohnung. Das tut vielleicht gut! Er wird sofort die Heizung herunterdrehen. Doch womit? Nun gut, er ist nicht der geborene Handwerker, doch wie ein Regler an einem Heizkörper auszusehen hat – so viel technisches Verständnis wird er ja noch aufbringen können. Doch wo ist dieser Regler nur? Vielleicht gibt es einen zentralen Schalter im Flur? Sicher haben fünf Kesselarbeiter im örtlichen Heizwerk in den letzten Tagen reichlich Überstunden schieben müssen, um seine Wohnung so stark aufzuheizen!

Er gibt auf. Morgen wird er Natascha fragen, wie um Himmels willen man die Fernheizung in einer russischen Wohnung regulieren kann. Herr Müller kramt eine Decke aus dem Schrank und wirft diese über den Heizkörper. Dann reißt er sämtliche Fenster in der Wohnung weit auf. Doch sofort plagt ihn auch schon das schlechte Gewissen und er fürchtet, von westlichen Umweltschützern stranguliert, geteert und gefedert zu werden, falls diese auch nur einen flüchtigen Blick in seine Moskauer Wohnung erhaschen können.

Da fährt ihm der Schreck plötzlich durch die Glieder: Das Außenthermometer auf dem Fensterbrett zeigt 20 Grad unter Null. Herr Müller reibt sich die Augen. Vielleicht ist es kaputt? Solch ein grimmiger Frost – und er fühlt sich bei geöffnetem Fenster pudelwohl? Er, der selbst in Karlsruhe – immerhin eine der wärmsten Städte Deutschlands – selbst noch im Mai lange Unterhosen trägt? Sein Temperaturempfinden scheint in Moskau jedenfalls gründlich durcheinander geraten zu sein. Bei seinem nächsten Besuch in Deutschland muss er unbedingt seinen Hausarzt konsultieren. Vermutlich wird er sich nach einem weiteren Jahr in Russland vergnügt unter die Walrösser begeben und sich freuen, nackt in ein Eisloch springen zu dürfen.

Während er noch überlegt, schlummert er ruhig ein – während klirrend kalte Luft durchs Fenster hineinströmt.

Was ist diesmal schiefgelaufen?

Nein, keine Sorge. Herr Müller hat weder Fieber, noch hat sich sein Temperaturempfinden so drastisch verändert, wie er vermutet. Auch ist er noch nicht in der Vorhölle gelandet, sondern wird uns noch einige Episoden lang begleiten. Schuld an seinen Hitzewallungen ist die Fernheizung, die es zu gut meint mit den Russen. Die Temperatur lässt sich bei älteren Heizkörpern tatsächlich nicht regulieren, sondern eben nur durch das Öffnen des Fensters. Vor allem ältere Wohnungen haben dabei eine kleine Luke im oberen Abschnitt, die separat vom Hauptfenster geöffnet werden kann, die sogenannte *fortotschka*.*

Herrn Müllers Heizregulierungsmethoden klingen nicht sehr umweltfreundlich? Stimmt! In Russland wurde jedoch schon in der Vergangenheit sehr großzügig mit den eigenen Naturressourcen umgegangen. Denn nicht nur Öl, Gas und zahlreiche Bodenschätze sind in gigantischen Mengen vorhanden, sondern auch das entsprechend weite Land. All das gibt es im Überfluss!

Diese Einstellung brachte einen gewissen Raubbau an der Natur mit sich: Bei der Erschließung von Gasfeldern im hohen Norden kümmerte man sich oft wenig darum, ob man nun die Weidegebiete von Rentieren gefährdete oder die Sauberkeit eines Flusses. Atommüll wurde einfach verkippt, Uranabfälle in der Ostsee versenkt. Nowaja Semlja

---

* In sehr kalten Zeiten oder Gegenden wird das Fenster oft auch mit einem Gemisch aus Mehl und Wasser als Dichtmasse isoliert. Zudem ist Mehl in jedem Haushalt vorhanden, im Gegensatz zu teurer, synthetischer Dichtmasse.

im Nordpolarmeer gilt als eine der gefährlichsten Atommülldeponien der Welt, in der Barentssee wurden Zehntausende von radioaktiven Containern versenkt.

Schwer kontaminiert ist auch der südliche Ural, seit es dort 1957 zum Super-GAU in der Kernanlage Majak (»Leuchtturm«) kam, bei dem schätzungsweise 120.000 Menschen verstrahlt wurden. Es war vor Tschernobyl 1986 das größte bekannte Atomunglück, das von der Sowjetmacht jedoch Jahrzehnte lang als »Geheimakte« behandelt und vollkommen vertuscht wurde!

Und bis heute ist die umstrittene Papier- und Zellulosefabrik im sibirischen Baikalsk Umweltschützern ein Dorn im Auge, denn diese leitete mehrere Jahrzehnte schädliches Abwasser der Bleichanlage in den Baikalsee. Die Aktivisten erstritten vor Gericht, dass die Fabrik Filter einbauen musste – ein schrittweiser Erfolg. Premierminister Wladimir Putin beruhigte sein Volk jedoch, dass der Baikalsee doch nicht so verschmutzt sei, wie zunächst angenommen. Entsprechend durfte die Fabrik wieder produzieren, der Streit dauert an.

Das Umweltbewusstsein steckt in Russland buchstäblich noch in den Kinderschuhen. Altöl wird oftmals einfach in einen See oder in den Wald gekippt. Alte Kühlschränke werden auf wilden Deponien abgeliefert, kurzum: einfach in der freien Natur abgestellt. Den Motor eines Autos bei stundenlangem Warten ausschalten? Dann würde der Fahrer darin frieren müssen. Und wer weiß, ob das Fahrzeug am nächsten Morgen noch anspringt.*

---

* Im Übrigen gibt es in Russland auch bewachte Parkplätze, auf denen sich Mitarbeiter nur damit beschäftigen, die Autos im Zwei-Stunden-Takt anzuwerfen, damit Schmierstoffe und Batterie nicht einfrieren.

In krassem Gegensatz zum schwach ausgeprägten Umweltbewusstsein der Russen steht hingegen deren recht ausgeprägte Naturverbundenheit: kaum jemand, der nicht von der unendlichen Weite der Wälder schwärmen würde. Kaum eine Familie, die nicht pünktlich zur Eröffnung der Datschensaison Anfang Mai aufs Land hinaus strömt. Pilz- und Beerensammeln gilt als Volkssport, an den Wochenenden zieht es viele Russen in die freie Natur. Und überhaupt taucht die Liebe zu den endlosen Birkenwäldern in vielen romantischen Gedichten auf.

Was können Sie besser machen?

Russland leidet unter seinen ökologischen Erblasten: In der Regel sollte Leitungswasser nicht getrunken werden, da die bakterielle Belastung oder Verschmutzung vielerorts schlichtweg zu hoch ist. Durch die Folgen von Majak und Tschernobyl sind bis heute verstärkt Krebserkrankungen in manchen Regionen spürbar. Tschernobyl, das heute zur Ukraine gehört, hat dazu beigetragen, dass einige Gebiete in Westrussland ebenfalls noch kontaminiert sind. In der Gegend um Brjansk wird der übermäßige Verzehr von Beeren und Pilzen nicht empfohlen, allerdings gibt es staatliche Prüfstellen.

Übrigens sind in neueren Wohnungen auch Heizkörper eingebaut, die sich regulieren lassen. Ein nachträglicher Einbau von Regulierungsknöpfen im großen Stil ist vor wenigen Jahren hingegen gescheitert.

Herr Müller hat eine Verabredung

Getrennte Rechnungen? Bye-bye love!

Sie heißt Irina, sieht aus wie ein Super-modell und wird den heutigen Abend mit ihm verbringen. Herr Müller wischt sich die Schweißperlen von der Stirn und lockert seinen Krawattenknoten. Eine blonde Grazie aus Archangelsk am Weißen Meer. Schon malt sich der Karls-ruher aus, wie hoch Nataschas nächste Gehaltserhöhung ausfallen würde. Denn sie hatte ihm nicht nur die Verab-redung mit ihrer Bekannten organisiert, sondern auch ein neues Sushi-Restaurant empfohlen.* Herr Müller bietet Irina seinen Arm zum Einhaken an. Fast wäre die junge Frau in der Tür eingeklemmt worden, so unachtsam ist Herr Müller eben vorausgerannt. Aber gut, seine emanzi-pierte Ex-Frau wollte niemals die Tür aufgehalten bekom-men. Das ist er ja gar nicht mehr gewohnt!

Mit gelangweilter Mine kommt ein Kellner in Schwarz-weiß auf die beiden zu. Herr Müller verpasst ihm sofort den Spitznamen Pinguin. Er berührt Herrn Müllers Jacke am Ärmel. Warum will ihn der Pinguin anfassen? Aha, *garderob*. Nein, nein, nicht nötig! »Ich nehme die Jacke mit

---

* Vor der Finanzkrise hat fast täglich ein neues Restaurant in Moskau er-öffnet. Vor allem Sushi-Restaurants sind überaus beliebt in Russland. In den preislich günstigeren Ketten, die es nicht nur in der gesamten Stadt gibt, sondern auch in Provinzstädten in der Region bilden sich manch-mal Warteschlangen. Serviert wird oft bis tief in die Nacht hinein.

an den Tisch«, sagt Herr Müller auf Englisch und stolziert quer durch das Restaurant, Irina trippelt hinter ihm her.

Der Pinguin wirkt mürrisch.

Ein Fensterplatz hat es Herrn Müller angetan. Er hängt die Jacke über die Lehne, lässt sich auf den Stuhl fallen und beginnt, in der Karte zu blättern. Prima, das Restaurant scheint ja gar nicht so teuer zu sein. Er bestellt einmal Kappa-Maki*, dann noch die vegetarische Platte. Und ein Bier. Irina bleibt an einem leuchtenden Cocktail hängen, der vermutlich sämtliche Verbraucherschutzverbände in ganz Baden-Württemberg auf die Barrikaden gerufen hätte, die gegen den übermäßigen Einsatz von Lebensmittelfarben vorgehen.

Die Unterhaltung verläuft schleppend in bruchstückhaftem Englisch.

»Do you like beer?«

Herr Müller nickt eher gelangweilt. Dafür ist ihr Anblick umso bezaubernder. Diese Augen! Aber hat ihm Natascha nicht erzählt, dass Irina gut Englisch könne? Das komplette Gegenteil ist der Fall. Die einzige Dynamik beim Essen beschränkt sich auf das Bewegen des Bestecks.

Als sich die beiden nach dem Essen schließlich nur noch anlächeln oder vielmehr anschweigen, bestellt Herr Müller die Rechnung.

»Half, half?«, fragt er seine Begleiterin, die ihn verständnislos anschaut. Herr Müller interpretiert diesen Blick völlig anders und ist überzeugt, dass Irina für das getrennte Bezahlen Verständnis hat – Moskau ist ja schließlich ein

---

* Das sind die vegetarischen Maki-Röllchen: Reis, Algen und Gurke. Herr Müller ist ja Fast-Vegetarier.

teures Pflaster. Und er ist ja auch kein Oligarch, sondern nur Repräsentanzleiter.

Der Pinguin erscheint mit einem einzigen Kassenbeleg. Herr Müller beginnt sofort mit dem Aufsplitten... Doch da gefriert dem Karlsruher fast das Blut in den Adern. Was ist das denn für ein Rechnungsbetrag? Der Pinguin muss sich vertippt und komplett verrechnet haben! Und sein Trinkgeld kann er gleich mal komplett vergessen!

Was ist diesmal schiefgelaufen?

Herr Müller scheint es ausgerechnet bei seiner ersten Verabredung in Moskau darauf angelegt zu haben, dass aber auch wirklich alles schief läuft. Gut, dass er Irina nicht auch noch einen Handschlag gegeben hatte.* Aber er weiß ja inzwischen, dass so etwas bei russischen Frauen nicht unbedingt angebracht ist. Der Abend beginnt eigentlich auch recht vielversprechend, Herr Müller geleitet Irina am Arm – um dann jedoch schon beim Betreten des Restaurants vollkommen zu vergessen, dass er ja nicht alleine gekommen war. Auf dem Fußballfeld wäre das glatt eine Rote Karte wert!

Dass sich unser Held dann auch noch weigert, seine Jacke an der Garderobe abzugeben, ist schon sehr peinlich. Vor allem für Irina, die die russischen Knigge-Regeln gewohnt ist. Denn in besseren Restaurants gibt es in der Regel eine bewachte Garderobe, in der auch nichts abhandenkommt.

---

* Das hatte er ja schon im Kapitel »Herr Müller stellt sich vor« schon festgestellt, dass man die Initiative zum Handschlag der Frau überlassen sollte.

Und nein, Herr Müller. Auch wenn Ihnen der Tisch am Fenster gefällt, so hätten Sie warten müssen, bis Ihnen der Kellner einen Tisch zuweist! Und die Speisekarte hätten Sie auch ein wenig intensiver studieren sollen, denn die Maki kosten nicht etwa zehn Rubel, sondern zehn US-Dollar.

In gehobenen Restaurants werden die Preise oft in »*y.e.*« angegeben, in *units*. Diese Verrechnungseinheit wurde in den 1990er Jahren eingeführt, als der Rubel täglich an Wert verlor. Gemeint sind jedoch in jedem Fall US-Dollar, auch wenn aus vermeintlich patriotischen Gründen »*y.e.*« angegeben ist. Die Unit-Angaben haben zudem einen weiteren Haken: Sie sind an einen *hauseigenen* US-Dollarkurs gekoppelt, der meist über dem amtlichen Notenbankkurs liegt. Bezahlt werden darf allerdings nur in Rubel, der einzigen und amtlichen Währung in Russland.

Was Irinas Englisch betrifft: Junge Russen, vor allem in den Metropolen, sprechen meist Englisch. Dies gilt natürlich nicht für die ältere Generation, vor allem nicht in der Provinz. Erwarten Sie hier lieber nicht zu viel Sprachverständnis. Doch selbst wenn Irina Herrn Müllers Englisch nicht verstanden hätte, würde sie das nie zugeben – um ihr Gesicht nicht zu verlieren. Einer Umfrage zufolge sollen übrigens nur 6,7 Prozent aller Russen Englisch sprechen, Deutsch nur ein Prozent.[*]

Noch etwas: Herr Müller hat Glück, solch ein nettes Date im modernen Russland zu haben. Denn zu Sowjetzeiten

---

[*] Diese Ziffern fielen bei einer Podiumsdiskussion des Berliner Journalistennetzwerks *n-ost* im südrussischen Rostow am Don, im Oktober 2009. Wer das noch einmal sagte, nun da muss die Autorin jetzt wirklich passen...

konnten sich nur Privilegierte entsprechende Restaurant-besuche leisten: Gute Lokale waren selten, wer einen Platz ergattern wollte, musste zudem dem Türsteher eine kleine »Aufmerksamkeit« zukommen lassen. Heute hat sich die Situation grundlegend geändert, und selbst in der Provinz finden sich McDonalds, Pizza, Pasta und Sushi.

Was können Sie besser machen?

Diesmal war Herr Müller ein prima Negativ-Vorbild. Sein Dating-Verhalten sollten Sie nur kopieren, falls Sie die Dame garantiert *nie* wieder sehen möchten! Obwohl das öffentliche Gesicht vieler Russen auf den ersten Blick recht abweisend wirkt, Russland manchmal an eine Servicewüste erinnert – so ist auf der anderen Seite doch eine unerwar-tet höflich-klassische Kavaliersschule sehr präsent: Der Frau wird in Russland selbstverständlich die Tür aufgehalten, aus dem Mantel geholfen und der Stuhl hingerückt. Wenn die Angebetete friert, opfert der gute russische Gentleman seine Jacke, um sie zu wärmen – auch wenn ihm dabei selbst kühl wird. Und wenn der Pelz die Liebste im überheizten Ein-kaufszentrum zu sehr wärmt, trägt er ihn über dem Arm. Am besten noch gemeinsam mit ihrer Handtasche, um ihr diese Last auch noch abzunehmen. Wer die alte Kavaliersschule mag, wird diese Facette der russischen Männer lieben!

Und gestehen Sie es ein: Garderoben sind eigentlich eine feine Sache. Denn mal ehrlich, hätten Sie Lust, während Sie gerade ihre Maki-Röllchen in Sojasoße eintunken, dass dau-ernd Zobel, Fuchs oder Kaninchen an Ihnen vorbeispazieren – in Pelzmantelform natürlich? Nein? Also geben auch Sie

Ihre Oberbekleidung an der Garderobe ab, statt damit quer durch das Restaurant zu laufen. Das wird als ziemlich unhöflich empfunden!

Kleinlichkeit wird in Russland nicht gerne gesehen, denn die russische Seele gilt als großzügig und teilt sehr gerne. Und dass ein Mann im Restaurant zahlt, wenn er eine Verabredung hat, ist in Russland selbstverständlich.* Individuelle Rechnungen sind in russischen Restaurants unbekannt. Wer mit Freunden unterwegs ist, bekommt eine Sammelrechnung für den gesamten Tisch vorgelegt. Aufsplitten nach tatsächlich konsumierten Gerichten pro Person ist ein absolutes Fettnäpfchen! Pfui, Herr Müller, wie kleinlich! In Russland gibt es nur folgende Varianten: Einer zahlt für die ganze Runde oder jeder Mann (!) gibt seinen Anteil dazu, also die Rechnung wird durch die Zahl der anwesenden Männer (!) geteilt.

Bevor Sie getrennt zahlen, lassen Sie es lieber bleiben und sich von Ihrem Bekannten oder Geschäftspartner einladen, sofern Sie ein Mann sind. Und revanchieren Sie sich beim nächsten Essen mit der Begleichung der gesamten Rechnung. Servicepersonal erhält bis zu zehn Prozent vom Rechnungsbetrag, wenn Sie mit dem Service zufrieden waren. Zu Sowjetzeiten war Trinkgeld dagegen verpönt.

Sushi ist sehr beliebt in Russland, vor allem in Moskau

* Falls Sie eine Frau sind, die einen russischen Mann zum Rendezvous trifft, dann suchen Sie lieber ein günstigeres Restaurant, statt ihm die Hälfte der Rechnung anzubieten – vermutlich würde er Ihnen das überhaupt nicht einräumen und zudem könnten Sie seine großzügige Seele kränken. Bei jungen Menschen, vor allem wenn diese im Ausland gelebt haben, sieht das unterdessen schon ein wenig anders aus. Da darf auch mal die Frau mitzahlen – das ist jedoch wirklich noch die Ausnahme.

gibt es Dutzende von guten japanischen Restaurants! Wenn Sie Ihr neues Date jedoch beeindrucken wollen, wählen Sie vielleicht einmal ein traditionsreiches Restaurant mit Zarenküche. Wie wäre es mit Sterlet, der kleinsten Störart, die klassisch zubereitet wird?

Herr Müller pflegt Kontakte

Woran erkennt man einen Oligarchen?

»Best club in town«, verspricht Herr Koroljow. Ein Abend in einem angesagten Moskauer Klub mit Champagner und den Geschäftspartnern von RosInGaz steht auf dem Programm. Nun ja, besser, als alleine mit dem russischen Fernsehprogramm auf der Couch. Diesmal scheint Herr Koroljow auch richtig gute Laune zu haben und begrüßt Herrn Müller fast so herzlich, als seien sie bereits gemeinsam zur Schule gegangen. Paul Müller ist verwirrt! Dieser launische Kerl!

An der Kasse streckt Herr Koroljow vier Dollarscheine hin. Herr Müllers Blick fällt zufällig darauf. Doch was ist das? Ein Schein hat jeweils drei Nullen hinter der vorderen Zahl. Das kann doch nicht sein? 4.000 US-Dollar Eintritt? Sie sind doch nur zu viert! Eine Art russisches Monopoly mit Spielgeld? Oder ist dieser Koroljow einfach nur ein aufgeblasener Angeber?

Eine Couch-Ecke ist schon reserviert. Zwei attraktive Blondinen lassen nicht lange auf sich warten: brusthohe Beine, seidig-schimmernde Haare bis zu den Hüften. Herr Müller kann sich kaum auf Herrn Koroljow und seine *anekdoty* konzentrieren, die er gerade mit schallendem Lachen zum Besten gibt. Der russische Partner bestellt munter eine Flasche Champagner – »*For start!*« – und zündet sich eine

Zigarre an, bevor er den Arm um die beiden Frauen legt.

Herr Müller nippt an dem Champagner, schön trocken. Sein Blick fällt auf das Etikett, französisch. Das perlende Getränk scheint Nataschas Monatslohn gekostet zu haben, wenn schon der Eintritt so teuer war. Doch damit nicht genug. Herr Koroljow lässt sofort eine ganze Armada von Shrimps, Garnelen, Krevetten und schließlich noch vier große Langusten auffahren – doch von jeder probiert er nur ein wenig. Herr Müller ist immer noch verwirrt! Solch eine Verschwendung. Dieser Russe scheint wirklich Geld im Überfluss zu haben! Na, wer weiß, woher? Sicher nicht auf legalem Weg. Und überhaupt ist dieser Koroljow ein Prahlhans, der sein Geld sinnlos verprasst...

Was ist diesmal schief gelaufen?

Die Russen leben nicht so lange, daher geben sie das verdiente Geld gleich wieder aus, sagte der Oligarch Roman Abramowitsch einmal. Und rechtfertigte damit seine Landsleute, zu deren Tugenden Sparen nicht unbedingt gehören mag. Das rührt aus der Vergangenheit: In der Sowjetunion verdiente zwar jeder Geld, allerdings war das Konsumangebot so reduziert, dass man seinen Verdienst überhaupt nicht ausgeben konnte. Hinzu kamen Wirtschaftskrisen, vor allem die Rubelabwertung von 1998, bei der viele Sparer ihr gesamtes Vermögen verloren haben. Das Vertrauen in die Zukunft ist erschüttert. Wer weiß, was der Morgen bringt, heute wird gelebt!

Moskau ist die Finanzmetropole Russlands. Mehr als 80 Prozent der Finanzreserven lagern hier. Jeder fünfte Rubel im Land wird in Moskau verdient. Die Zahlen lassen sich an folgendem Superlativ messen: Offiziell gibt es in Russland 80.000 Millionäre, von denen ein geschätztes Drittel in Moskau lebt. Und von den 62 Milliardären im Land ist über die Hälfte in Moskau ansässig – und das bei 10 Millionen Einwohnern in der Hauptstadt.*

Die Jahre nach der politischen Wende kennzeichnete das enge Zusammenspiel von Oligarchen und Regierung. Unter Präsident Putin kam es zu einer Verschiebung. Dieser sprach sich offen gegen eine politische Mitherrschaft der Oligarchen aus. Diese sollten sich von der Staatsmacht möglichst fernhalten und stattdessen verstärkt um das öffentliche Wohl kümmern.** Später kam es zu massivem Druck auf die Wirtschaftsbosse: Der Ölkonzern Gazprom erhielt Besuch von der direkt dem Präsidenten unterstellten Steuerpolizei – nur ein Beispiel.

Doch wer sind eigentlich die Oligarchen? Eine Gruppe von Menschen, die in den Jahren der Privatisierung zu ungeheuerlichem Reichtum gelangt ist. Diese Oligarchen sind auch in Russland wenig beliebt, da sie ihr Vermögen meist prahlerisch zur Schau stellen und andere verachten,

---

* Inoffiziell wird die Einwohnerzahl von Moskau auf bis zu 16 Millionen Menschen geschätzt.

** Trotz globaler Finanz- und Wirtschaftskrise gelang es den hundert reichsten Russen, ihren Reichtum 2009 zu verdoppeln, wie Forbes Russia ermittelt hatte. Im Frühjahr 2010 gab es 62 Milliardäre, während es 2009 noch 32 waren. Ihr Vermögen wird auf knapp 300 Milliarden US-Dollar geschätzt. Zu den bekanntesten Oligarchen gehört Roman Abramowitsch, Eigner von Chelsea, mit über 11 Milliarden US-Dollar Vermögen. Oleg Deripaska, reichster Russe 2008 hatte damals noch 30 Milliarden US-Dollar, inzwischen jedoch nur noch ein Drittel davon. Die Liste führt der Eigner des Metallurgiewerks Nowolpezk, Wladimir Lisin an, der jetzt 16 Milliarden US-Dollar besitzt.

die weniger haben. Gespart wird nicht, wer etwas hat, stellt dies unverblümt zur Schau. Eine Flasche Wein für 1.000 US-Dollar zum Abendessen? Kein Problem. In den Kasinos in Moskau, die 2009 allesamt per Ukas geschlossen wurden, blieb man unter sich: In speziellen VIP-Zimmern gab es Spieltische, bei denen der Einsatz mindestens 10.000 US-Dollar betrug – pro Runde! Und in der Luxusdisco Most (»Brücke«), einem noblen Moskauer Nachtklub, tanzt die Elite für läppische 1.000 US-Dollar Eintritt, die Herren wohlgemerkt, denn die Frauen haben freien Eintritt. Die russische High Society definiert sich durch Geld, nicht durch einen Adelsstand wie im alten Europa – denn dieser war im Kommunismus ohnehin abgeschafft worden.

Die Oligarchen rochen den Braten bereits früh und kauften Privatisierungsvoucher von Fabrikarbeitern auf. Diese wussten mit den Anteilscheinen, die sie von ihren Firmen erhalten hatten, ohnehin nur wenig anzufangen. Durch deren Ausgabe sollte das Staatsvermögen gerecht an alle Einwohner verteilt werden. Der Versuch schlug fehl, da die Russen den Umgang mit Wertpapieren nicht gewohnt waren und diese kurzerhand verkauften, oftmals für eine Flasche Wodka – obwohl der innere Wert durchaus mehrere Tausend Dollar betragen hatte. Oft kauften auch Fabrikdirektoren ihren Mitarbeitern die Anteile ab.

Die Oligarchen stiegen durch ihre Anteile innerhalb kurzer Zeit zu Tycoons der internationalen Geschäftswelt auf. Dabei gingen die Oligarchen nicht selbst von Haustür zu Haustür, sondern ließen meist alte Mütterchen, die sich ihre karge Rente aufbessern wollten, mit entsprechenden Schildern in den Metroeingängen stehen: »Kaufe Voucher«

war in den 1990er Jahren darauf überall zu lesen. Zum anderen wurden die staatlichen Wohnungen veräußert. Wer in den ersten Jahren eine Wohnung kaufte, zahlte dafür nur einen Bruchteil des heutigen Verkaufswertes.

Marken, eben jene identitätsstiftende Mehrwerte von Gütern, waren zu Sowjetzeiten faktisch unbekannt. Mit dem politischen Wandel kamen Importgüter ins Land. Und einzig das zählte: Die Herkunft der Güter, die zum entscheidenden Kaufargument wurden. Noch heute genießen beispielsweise Kosmetika aus der Schweiz oder Schuhe aus Deutschland einen deutlich höheren Stellenwert. Und das gilt letztlich auch als Kaufargument. Hauptsache nicht aus Russland, sondern aus dem Ausland. Selbst wenn es sich um die gleiche Shampoomarke handelt, die in Deutschland oder für den russischen Markt produziert wird, so sitzt das Misstrauen der Verbraucher tief: Viele glauben, dass das deutsche Produkt besser sein könnte.

Was können Sie besser machen?

Bereiten Sie sich schon zu Hause auf folgenden Witz vor und hüten Sie sich davor, jeden reichen Russen für einen Mafioso zu halten, der auf illegale Weise zu seinem Geld gekommen ist, denn das ist recht eindimensional. Sicher war die Privatisierung der Staatsbetriebe moralisch sehr bedenklich und ein Verrat an den eigenen Mitbürgern, aber eben kein Mafia-Geschäft.

Treffen sich zwei neureiche Russen.
»Schöne Krawatte!«

»Ja, gab es schon für 2.000 US-Dollar zu kaufen«, lacht der andere.

»Ich hätte Dir einen Ort nennen können, wo Du sie auch für 3.000 US-Dollar bekommen hättest.«

Herr Müller vergisst den Frauentag

Das Rückgrat der Gesellschaft

Paul Müller kommt ins Vorzimmer. Doch wo steckt Natascha eigentlich heute Morgen? Hinter einem Strauß gelber Mimosen, die aus einer Wasserflasche ragen, bewegt sich ihr brünetter Schopf. Nebenan lädt eine geöffnete Pralinenschachtel zum Naschen ein. Und dort blüht eine gelbe Rose auf dem Schreibtisch! Hat er etwa den Geburtstag seiner Assistentin vergessen?

Paul Müller stutzt. Sein Stellvertreter, Herr Kusnezow, streckt den Kopf in Nataschas Vorzimmer mit einer langstieligen pastellgelben Rose in der Hand. Er beglückwünscht die junge Frau, die ihn freudig anstrahlt. Auf Paul Müllers Stirn bildet sich eine tiefe Furche. Sollte sein Stellvertreter, der seines Wissens nach verheiratet ist, der jungen Assistentin etwa nachstellen? Ist er nicht ein wenig zu alt für sie? Was ist geschehen, dass dieser sonst so ruhige Mann über Nacht zum Rosenkavalier mutiert ist? Der Blick auf die Blumen und Pralinen lässt Paul Müller nichts Gutes ahnen. Da hat er doch sicher einen Festtag übersehen?

Was ist diesmal schiefgelaufen?

Herr Müller hat es wieder einmal geschafft und ein Vollbad in einem Fettnäpfchen genommen! Wir schreiben den

Vorabend des 8. März, befinden uns im Herzen von Russland, und unser Held hat es doch glatt fertiggebracht, mit leeren Händen im Büro zu erscheinen! Ziemlich mutig! Denn morgen steht der Internationale Frauentag ins Haus, einer der wichtigsten Feiertage in Russland – der arbeitsfrei ist. Entsprechend feiert das Kollektiv schon im Vorfeld. Und auch von Herrn Müller wäre eine kleine Aufmerksamkeit erwartet worden!*

Am 8. März werden die Frauen in Russland geradezu inflationär mit Blumen, traditionell mit Mimosen, aber auch mit völlig überteuerten Rosen, Pralinen oder Parfüm überhäuft. Und das nicht nur vom Liebsten zu Hause, sondern auch vom männlichen Arbeitskollektiv. Mit dem eher konservativen Muttertag kann der russische Frauentag nicht verglichen werden, eher schon mit dem Valentinstag. Gefeiert wird mit süßem Sekt und allerlei pathetischen Trinksprüchen, bei denen die Herren mit Superlativen alles andere als geizen. Das klingt in der deutschen Übersetzung dann etwa so: »Ein Hoch auf unsere liebsten, anmutigsten, schönsten, bezauberndsten, holdesten... *(denken Sie sich an dieser Stelle noch ein halbes Dutzend Superlative hinzu, die das Wesen einer Frau allerdings nur auf ihre Rolle als Mutter, Geliebte und ihre Schönheit reduzieren – und keinesfalls als ungerecht bezahlte Arbeitskraft im Betrieb!)* ...Damen auf diesem Planeten!« Kritik an den Rechten und der gesellschaftlichen Stellung der Frau kommt in den allrussischen Trinksprüchen allerdings nicht vor. Dabei wurde der Tag doch gerade aus diesem Grund vor einem Jahrhundert ins

---

* Die Herren haben übrigens auch ihren »Männertag«: am 23. Februar, dem Tag der Russischen Armee.

Leben gerufen! Und zwar von der deutschen Frauenrecht-lerin Clara Zetkin (1857-1933). Damals ging es primär um die Grundrechte von Frauen.

Die russischen Frauen sind das Rückgrat der Gesell-schaft: Die meisten sind erwerbstätig*, zudem Mutter und Ehefrau. Die Organisation des Alltags lastet meist kom-plett auf ihren Schultern, russischen Männern eilt nicht gerade der Ruf voraus, allzu hilfsbereit im Haushalt zu sein.** Dass Männer zunächst von ihren Müttern, später von ihren Frauen so verhätschelt werden, lässt sich noch auf die Nachkriegszeit zurückführen: Damals kamen 2,5 Frauen auf einen Mann, diese mussten sich also entspre-chend ins Zeug leben. Auch heute herrscht noch leichter Frauenüberschuss!

Im modernen Russland ist die Rolle der Familie als Fes-tung allerdings ins Wanken geraten: Viele werden mit den gesellschaftlichen Veränderungen nicht fertig, haben ihre Arbeit verloren, sind verarmt und in den Alkohol geflüch-tet – nicht nur die Männer.*** Der Frust entlädt sich zu

---

* In Top-Positionen liegt die Frauenquote in Russland beschämend niedrig. Und bei Entlassungen sind es ebenso Frauen, die zuerst ihren Arbeitsplatz räumen müssen: So wird die Zahl der Frauen unter allen Arbeitslosen auf zwei Drittel geschätzt. Nicht selten müssen Frauen auch zwei oder drei Beschäftigungen nachgehen, um die Familie er-nähren zu können.

** Die junge Sowjetunion propagierte das Bild der proletarischen Frau, die dazu beitrug, das Land aufzubauen. Die werktätige Mutter wurde zum Idealbild. Das zeigt jedoch, dass trotz Arbeit auch Küche und Kin-der traditionelle Frauendomäne blieben. In den Kriegsjahren unter Sta-lin verschob sich das Bild ein wenig hin zur liebevollen Mutter, da die Sowjetunion Nachwuchs brauchte. Die Mehrfachbelastung der Frau durch Arbeit und Familie wurde zur akzeptierten Gesellschaftsnorm in der UdSSR, die Frauenerwerbsquote lag bei 92 Prozent.

*** Die Leidtragenden sind nicht nur die Frauen: Vor allem in den Groß-städten leben Zehntausende sogenannter Sozialwaisen. Das sind Kin-

Hause: Nicht wenige Frauen werden in den eigenen vier Wänden brutal verprügelt oder gar ermordet.* Die körperliche Züchtigung von Frauen scheint nichts Ungewöhnliches zu sein, was noch aus alten Zeiten herrührt.** Dafür sprechen auch weit verbreitete Sprichwörter, die sich tief in den Köpfen beider Geschlechter festgebrannt haben: »*Ne bjot, snatschit ne ljubit* – Wenn er Dich nicht schlägt, liebt er Dich nicht!«. Das Land ist zwar nicht patriarchalisch geprägt, aber eben auch noch weit entfernt von einer gleichberechtigten Gesellschaft mit Frauen in Spitzenpositionen (und einer geschlechtsunabhängigen Entlohnung).

Der Lebenstraum der meisten Frauen ist traditionell: Ehemann und eigene Familie stehen oft ganz oben auf der Werteskala.*** Geheiratet wird früh – wer mit 25 noch Single

der, die zwar leibliche Eltern haben, die jedoch oftmals überfordert sind und sich nicht um ihren Nachwuchs kümmern. Die Sozialwaisen sieht man häufig in der Moskauer Metro, wo sie ein Nickerchen machen. Diese Kinder flüchten oft in den Rausch von Tüten mit Lösungsmitteln, andere rutschen in die Kriminalität ab. Die Waisenhäuser im Land sind allerdings hoffnungslos überfüllt, die Polizei fast machtlos gegen die Kinder – da diese oftmals, selbst wenn sie zu ihren Eltern gebracht werden, spätestens ein paar Tage später wieder durchbrennen.

* Internationale Organisationen gehen davon aus, dass jährlich 15.000 Frauen in den eigenen vier Wänden ums Leben kommen. Jeder vierte Mord im Land soll innerhalb der eigenen Familie passieren!

** Das Hausleben war bereits auf diese Weise im *Domostroj* geregelt, einem altrussischen »Hausbuch« aus dem 16. Jahrhundert, einer Art Sittenkodex, der besagt, dass man sich gegenüber dem Zaren (in der Sowjetunion übernahm die Partei dessen Rolle) und dem Familienoberhaupt demütig zu verhalten habe. Die Frau habe Verantwortung für den Haushalt und die Kindererziehung und könne bei Übertretung und Missverhalten »auch körperlich bestraft werden«, heißt es darin.

*** Die Kernfamilie wie im Westen, also Eltern und Kinder unter einem Dach, ist eher die Ausnahme. Es ist üblich, dass sich mehrere Generationen eine Wohnung teilen, oft bis zum Tod der eigenen Eltern. Diese werden nicht in Altenheime gesteckt, sondern übernehmen die Kindererziehung und werden später, wenn sie kränklich sind, zu Hause gepflegt – so funktioniert Altersvorsorge in Russland. Altenheime kann

ist, wird nicht selten nur mitleidig angeschaut. Wilde Ehen sind unüblich, gewartet wird nicht allzu lange, man lässt sich doch lieber gleich beim Standesamt *registrirowatsja*. Doch genauso unkompliziert, wie in Russland geheiratet wird, läuft es dann auch mit der Scheidung, die größtenteils auf Initiative der Frau erfolgt.* Sechs von zehn Ehen scheitern im modernen Russland, zurück bleiben viele Alleinerziehende.**

Die russische Gesellschaft ist in ihrem Innern allerdings recht prüde.*** Das zeigt der Umgang mit heiklen Themen wie Kondomen oder Verhütung generell. Sexualkunde hat in Schulen nichts verloren, viele Frauen erröten bei diesem Thema, das Resultat ist erschütternd: Die meisten HIV-Neuinfektionen betreffen heterosexuelle junge Frauen zwischen 14 und 29 Jahren, schätzt die russische Sanitätsinspektion.**** Die Dunkelziffer der HIV-Infektionen und AIDS-

sich kaum jemand leisten, zudem stehen diese mit Großküche und lieblosem Personal in schlechtem Ruf.

* In 70 Prozent der Fälle reicht die Frau die Scheidung ein.

** 1979 erreichte die Zahl der Scheidungen ein Drittel der Eheschließungen. Nach den politischen Umwälzungen im Land schnellte die Scheidungsrate rasant in die Höhe: Waren es 1990 noch 460 Scheidungen auf 1.000 Ehen, waren es zwei Jahre später schon 800 Scheidungen, die Zahl hat sich zwischenzeitlich auf gut 600 Scheidungen pro 1.000 Ehen eingependelt.

*** Die sowjetische Zensur war autoritär, die Sexualpolitik sehr prüde und Pornografie verboten. Formal gab es im Kommunismus keinen Sex, zumindest nicht auf den Bildschirmen. Der Erotikboom setzte erst mit der politischen Wende ein, Schwulenbars, Swingerklubs und Sexshops kamen auf (aber bitte immer noch versteckt im Hinterhof!).

**** Gleichgeschlechtliche Beziehungen sind immer noch ein Tabu-Thema. Viele Menschen stehen Schwulen und Lesben feindlich gegenüber, auch wenn sich diese zwischenzeitlich in den Metropolen einige Klubs und Discos erkämpfen konnten. Der Moskauer Oberbürgermeister Jurij Luschkow zeigt sich wenig tolerant: Solange er an der Macht sei, werde es auch keine offiziellen Schwulenparaden in seiner Stadt

Erkrankungen wird auf eine Million Menschen geschätzt, rein rechnerisch ist jeder 142. Bürger des Landes betroffen. Die Unwissenheit über Verhütung, Sex und Fortpflanzung führt jedoch auch zu vielen ungewollt schwangeren Minderjährigen.* Und dazu, dass Abtreibung in Russland bis heute die Familienplanung maßgeblich steuert und lange Zeit das meistverbreitete Verhütungsmittel war.** Jede Frau lässt, je nach Statistik, im Laufe ihres Lebens zwei bis vier Abtreibungen vornehmen. Auf 100 Geburten in Russland kommen nach Schätzungen der Weltgesundheitsorganisation 170 Abtreibungen!*** Nach wie vor bleibt die Empfängnisverhütung in der Hand der Frauen, auch wenn die Zahl der Schwangerschaftsabbrüche abnimmt.

Was können Sie besser machen?

Sollten Sie Ihre russische Herzensdame gefunden haben, erkundigen Sie sich vorher nach ihren Lieblingsblumen. Es sollen schon ganze Beziehungen in die Brüche gegangen sein, weil der Rosenkavalier mit der falschen Farbe aufgetaucht ist. Und bloß nicht geizen: Sicher kosten die Blumen um den 8. März herum ein halbes Vermögen. Und die

---

geben, so sein Machtwort, an dem er festhält. Ein Hoffnungsschimmer war das Musikduo *t.a.t.u.*, zwei junge Frauen, die sich vor laufender Kamera in ihren Videoclips küssten und aneinander schmiegten – Kritiker werfen ihnen allerdings vor, das (vermeintliche) Lesbentum als PR-Gag genutzt zu haben.

* Mitte der 1990er Jahre wurden 250 regionale Aufklärungszentren gegründet, viele Schriften wurden herausgegeben und die Mutter- und Kindersterblichkeit war leicht rückläufig.

** Zu Sowjetzeiten waren Kondome teils so dick wie Luftballongummi.

*** In Westeuropa liegt diese Ziffer bei 0,6.

Preise klettern proportional, je näher das Datum rückt – da müssen wir uns nichts vormachen. Außerdem kommt es zu Staus und Warteschlangen vor Blumenläden, weil der kollektive Ansturm auf Blumen, Pralinen, Schmuck und Co. einsetzt! Aber Sie wissen ja, die russische Seele ist niemals kleinlich. Also los, an zum nächsten Blumenhändler! Wenn Sie es gar nicht schaffen oder gerade auf Heimaturlaub in Deutschland sind, lassen Sie liefern. Inzwischen kann man in den Städten auch per Internet Blumen bestellen und vor die Haustür oder ins Büro liefern lassen. Ausreden zählen an diesem Tag nicht!*

* Umfragen haben ergeben, dass neun von zehn Männern in Russland an diesem Tag jemanden beschenken!

Herr Müller knüpft Seilschaften

Zeit- und Raumempfinden auf russische Art

Das Klingeln reißt ihn aus dem Schlaf. Der Wecker auf dem Nachtisch zeigt kurz nach Mitternacht. Verschlafen tastet Herr Müller nach seinem Handy.

»*Allo? Gospodin Mjuller?*«, brüllt eine Männerstimme am anderen Ende der Leitung.

Schlagartig sitzt der Deutsche aufrecht in seinem Bett. Das klingt nach diesem Herrn Koroljow. Aber warum um Himmels willen ruft er ihn zu so weit fortgeschrittener Stunde an? Vielleicht ist er betrunken und hat sich nur verwählt?

Doch Herr Koroljow klingt ziemlich nüchtern. »Wie geht es ihnen?«

Paul Müller ist überhaupt nicht zum nächtlichen Telefongeplänkel aufgelegt. »Gut, danke. Was gibt es?«, fragt er seinen Geschäftspartner kurz und direkt. Bloß nicht um den heißen Brei herumreden.

Doch Herr Koroljow scheint in Plauderlaune, erkundigt sich nach Herrn Müllers Wohlbefinden, schwärmt von dem Klub, in dem sie vor Kurzem waren. Und druckst ein wenig herum. Nun ja, er habe da gehört, dass es in Karlsruhe eine besonders gute Universität gäbe. Sein Sohn Sascha wolle »etwas mit neuen Technologien« studieren. Karlsruhe sei ja nicht so weit von Moskau entfernt, also besser als eine amerikanische Universität, da wolle er seinen Sohn doch lieber in der Nähe haben, erzählt Herr Koroljow. Ob sich Herr Müller nicht einmal genau erkundigen könne? Wenn möglich, nun ja, doch bitte *umgehend?*

Paul Müller traut seinen Ohren nicht! Da ruft ihn dieser aufgeblasene Geschäftspartner doch tatsächlich nach Mitternacht an, um ihn um einen privaten Gefallen zu bitten? Den er ihm vermutlich auch tagsüber nur mit Widerwillen erfüllen würde. Paul Müller beißt sich auf die Lippen. Mit diesem Koroljow darf er es sich nicht verscherzen, das würde Ärger in der deutschen Unternehmenszentrale geben – denn der Russe steuert das Explorationsprojekt in Sibirien maßgeblich!

»Gut, ich sage meiner Assistentin, dass sie Ihnen Informationsmaterial bestellen soll.«

Herr Koroljow schweigt einige Sekunden. Dann bedankt er sich knapp und legt den Hörer auf.

Herr Müller wundert sich. Nanu, da war dieser Russe zuerst so geschwätzig und dann mit einem Mal nicht mehr. Wusste er es doch, dass dieser Kerl einfach ziemlich launisch ist!

Was ist diesmal schiefgelaufen?

Die russische Seele ist großzügig, auch im Hinblick auf das Zeitgefühl: Feste Bürozeiten oder Wochenenden werden nicht so eng gesehen, da kann es schon einmal passieren, dass ein russischer Geschäftspartner auch zu den unmöglichsten Zeiten anruft, vor allem, wenn ein bevorstehender Termin naht. Und genau hier könnte Herrn Koroljow der Schuh drücken.

Konkret wird Herr Koroljow bei seiner Bitte nicht, er bleibt vage und bittet Herrn Müller nur, dass sich dieser »umgehend« kümmern möge. Dieser Begriff ist natürlich dehnbar wie eine Nylonstrumpfhose, zumindest aus russischer Sicht. Denn es kann durchaus sein, dass die Einschreibefrist für die Universität schon recht bald ausläuft – also der Termin unmittelbar bevorsteht. Häufig kommt auch das Wort *sejtschas* im Russischen vor, also »sofort«. Das kann allerdings auch als »jetzt gleich« oder »später« oder gar erst »am nächsten Tag« interpretiert werden. Die russische Seele sieht das nicht so eng!

Ebenso gönnerhaft verhält sie sich in puncto Raumgefühl. Die teils sehr großzügigen Entfernungsangaben hängen durchaus mit der Größe des Landes zusammen, das sich über neun Zeitzonen erstreckt.* Das spiegelt sich auch im Sprachgebrauch wieder: Eine Kleinstadt, die hundert Kilometer entfernt liegt, gehört fast noch zum Stadtgebiet. Ebenso liegt Karlsruhe in Herrn Koroljows Augen »nicht weit« von Moskau entfernt, also *ne daleko*! Sicher, zumindest gemessen an US-Universitätsstandorten, die für seinen Sohn Sascha als potenzielle Studienorte in Betracht kommen würden. So kann es auch passieren, dass Sie in Russland, um ein Lokal aufzusuchen, dass sich *w neskolkich schagach*, also »einige Schritte entfernt« befindet, doch lieber

---

* Bis Frühjahr 2010 waren es eigentlich elf Zeitzonen, doch Präsident Medwedjew ließ kurzerhand zwei streichen. Die Einteilung richtet sich übrigens nicht nach den Längengraden, sondern nach den Verwaltungsgebieten. Üblicherweise gibt es in einer administrativen Einheit nur eine Zeitzone, damit sich alle Städte und Dörfer nach der dortigen Gebietshauptstadt richten können. Keine Regel ohne Ausnahme: So verteilt sich Jakutien (Sacha) im Norden Sibiriens auf drei Zeitzonen – da die Verwaltungseinheit einfach zu groß ist.

Siebenmeilen-Stiefel anschnallen sollten. Und die Angabe *(sowsjem) rjadom*, also »(unmittelbar) nebenan«, kann sich durchaus als kleiner Spaziergang herausstellen, wenn nicht gar als strammer Fußmarsch!

Die russische Sprache hält einige Finessen bereit, mit denen man sich ein Hintertürchen offen hält: So heißt eine Verabredung *um* fünf Uhr im Russischen *w pjatj tschasow* – genau um fünf Uhr. Wenn man die Wortfolge allerdings nur geringfügig umstellt, *tschasow w pjatj*, dann ist eben nur die *ungefähre* Uhrzeit gemeint, also »etwa gegen fünf Uhr« – wobei es dabei auch halb sechs werden kann.

Doch warum ruft Herr Koroljow überhaupt an?

In Russland ist es schwierig, zwischen privaten und beruflichen Beziehungen zu trennen, denn oft werden Geschäftspartner zu Freunden. Das Geschäftsleben ist stark personalisiert, alles läuft über Beziehungen.[*] Wenn man den »Bekannten eines Bekannten« als neuen Partner empfiehlt, hat dies mehr Gewicht als ein vielleicht finanzkräftigerer Investor »von der Straße«, den jedoch niemand aus dem eigenen Umfeld kennt. Rational sind solche Entscheidungen nicht immer. Ebenso werden Ärzte, Wasserinstallateure und andere Dienstleister weitervermittelt. Denn aufgrund einer Empfehlung durch einen Bekannten

---

[*] Diese Beziehungsgeflechte führen in Russland dazu, dass Geschäfte oft personenabhängig sind. Man muss eben die richtigen Partner kennen, die einem lange Zeit verbunden bleiben. In Deutschland hält man dagegen eher an der Position des Partners fest. Und wenn dieser Ansprechpartner in einer Firma nicht mehr zuständig ist, dann verhandelt man eben mit dessen Stellvertreter oder dem neuen Mitarbeiter auf diesem Posten. Der Unterschied liegt entsprechend auf der Hand: In Russland wird eher personenabhängig, in Deutschland eher prozessorientiert kommuniziert.

können Sie in der Regel damit rechnen, besser behandelt zu werden. Schließlich will sich der »Empfohlene« nicht vor Ihrem Bekannten die Blöße geben.

Ohne Netzwerke wäre das Überleben in der sowjetischen Mangelwirtschaft unterdessen kaum möglich gewesen. Vor allem in der russischen Provinz, wo man umso stärker aufeinander angewiesen ist, da der nächste Arzt eine Autostunde entfernt praktiziert oder es im eigenen Dorf kein Lebensmittelgeschäft gibt. Herr Koroljow als Russe verstünde es kaum, wenn ihm Herr Müller die Bitte ausschlagen würde, sich nach den Ausbildungschancen für seinen Nachwuchs in Karlsruhe zu erkundigen. Umgekehrt wird er dafür auch immer für Herrn Müller da sein, da er in dessen Schuld steht. Und das ist nicht unpraktisch, denn Herr Koroljow hat wiederum sein eigenes Netzwerk, aus dem vielleicht eines Tages jemand Herrn Müller helfen kann. Etwa ein Bekannter, der bei einer Behörde arbeitet, oder ein guter Arzt. Dieser würde Herrn Koroljow dessen Bitte im Auftrag von Herrn Müller wiederum nicht ausschlagen, da er sicher auf irgendeine Weise in dessen Schuld steht oder sein Gesicht wahren möchte. Und so weitet sich das Beziehungsgeflecht munter aus.

Herr Koroljow ist hingegen ziemlich pikiert, dass Herr Müller eine Gefälligkeit, um die er ihn persönlich gebeten hatte, einfach auf seine Assistentin Natascha abwälzen möchte. Damit signalisiert Herr Müller seinem Geschäftspartner, dass es dieser eigentlich nicht wert sei, dass er die Dinge selbst in die Hand nehme. Hinzu kommt, dass Herr Koroljow sicher keine herkömmlichen Informationsbroschüren möchte, die er oder einer seiner Mitarbeiter selbst im Internet herunterladen könnten. Vielmehr wollte der russische Geschäftspartner Herrn Müllers Seilschaften ausloten und herausfinden, ob dieser seinem Sohn möglicherweise zu einem Studienplatz »verhelfen« könne. Herr Müller hätte ihm jemanden an der Universität Karlsruhe »empfehlen« sollen, der dafür sorgen würde, dass sein Sohn vielleicht ein wenig besser »behandelt« wird. So funktioniert es zumindest in Russland, auch bei den obligatorischen Aufnahmeprüfungen für die Universität wird nicht selten jemand »empfohlen«. Und im Notfall empfehlen sich die Eltern des potenziellen Studenten selbst – mit einem dicken Briefumschlag.*

Was können Sie besser machen?

»Hundert Kilometer sind keine Entfernung, hundert Rubel kein Geld und hundert Gramm kein Wodka«, besagt ein russisches Sprichwort. Und genau das sollten Sie sich auch vor Augen führen! Denn in Russland ist alles ein wenig größer, weiter, großzügiger. Auch das Zeit- und Raumempfinden. Beherzigen Sie das am Besten, wenn Sie das nächste Mal jemanden fragen, wie weit etwas entfernt oder wann mit etwas zu rechnen sei. Und stellen Sie sich auf eine großzügigere Denkweise ein, denn Sie wissen ja nun, dass Karlsruhe nur »unweit« von Moskau entfernt liegt.

---

* Korruption im Zuge der Aufnahmeprüfungen ist leider weit verbreitet. Die Höhe des Bestechungsgeldes richtet sich nach Studienfach und Universität. Oftmals werden auch Diplome gegen einen entsprechenden mit Geld gefüllten Umschlag »verkauft«. Auch in den Metrodurchgängen sieht man öfter Menschen mit selbst gebastelten Schildern, die *diplomy* (Diplome) anbieten.

Die Großzügigkeit der Russen gilt auch für Arbeitszeiten: Wundern Sie sich nicht, wenn Sie auch außerhalb der geregelten Bürozeiten Anrufe von geschäftlichen Partnern bekommen. Meist ist es dann ziemlich eilig, da man sich vorher nicht darum gekümmert hatte. Vor allem nicht, wenn es um Freundschaftshilfe geht, um die Sie durchaus von Ihren Geschäftspartnern gebeten werden können. Reagieren Sie gelassen, wer weiß, Sie werden diese vielleicht auch noch brauchen können.

Wie Du mir, so ich Dir! In Russland wird erwartet, dass man sich für einen erwiesenen Freundschaftsdienst revanchiert. Aber: Fordern Sie nicht nur von Ihren Bekannten, sondern erfüllen Sie Ihnen gelegentlich auch einen Gefallen. Das gilt natürlich auch andersrum: Lassen Sie sich nicht nur ausnutzen von Menschen, die nur den Kontakt zu Ihnen suchen, da sie sich ein Visum oder eine Einladung nach Deutschland auf schnellere Art erhoffen. Ein gutes Netzwerk ist unumgänglich in Russland, falls Sie vorhaben, sich länger dort aufzuhalten.

Herr Müller schwitzt in der Banja

Des Russen Freud`, des Deutschen Tod!

Herr Müller ist müde. Zuerst der Flug von Moskau nach Nowosibirsk, dann noch das langweilige Meeting mit einem Zulieferer. Nataschas Stimme reißt ihn aus seinen Gedanken. Eine sibirische *Banja* würde ihm sicher gut tun, eine russische Sauna! Sie könne ihm eine zeigen, die natürlich nur für Männer sei, und danach würde er sich wie neu geboren fühlen. Herr Müller ist begeistert. Eine Sauna!

Natascha lotst ihn durch mehrere Seitenstraßen, um schließlich vor einer alten Frau stehen zu bleiben, die zusammengebundene Birkenzweige auf einem Pappkarton ausgebreitet hat. Ohne *wenik* könne man nicht in die Banja! Und er solle seine Mütze keinesfalls vergessen, schärft ihm Natascha ein. Herr Müller ist irritiert, sicher, eine Kopfbedeckung hatte er ja seit seiner Ankunft meistens auf! Auch jetzt, auf dem Weg vom Hotel in die Banja. Manchmal ist seine junge Assistentin aber auch wirklich fast ein wenig zu fürsorglich!

Herr Müller hängt seine Kleidung im weitläufigen Umkleideraum auf und macht sich auf die Suche nach dem Schwitzraum. Doch was soll er nur mit diesen Birkenzweigen anfangen? Ist das als Dekoration für das Hotelzimmer gedacht?

Auf einer Holzbank steht eine Schüssel mit Wasser, in die einige Zweige eingeweicht liegen. Aha, denkt er sich. Vielleicht reinigt jemand das Geäst, aus welchem Grund auch immer. Eine Gruppe von Männern im Adamskostüm, nur mit Handtüchern um die Lenden, tritt aus einer Holztür hinaus. Auf ihren Köpfen thronen graue Filzhüte, die nach oben hin spitz zulaufen. Nanu, Österreicher in Sibirien? Wie albern, diese Tiroler Hüte auch in der Sauna aufzulassen.

Langsam tastet sich Herr Müller durch den spärlich beleuchteten Raum. In einer Ecke bedecken einige Steine ein großes Behältnis mit Wasser. Es riecht nach Wald. Herr Müller legt sich ausgestreckt auf eine Holzbank. Drei Männer sitzen ihm gegenüber, auch sie tragen diese albernen Hüte! Die Russen haben wirklich ein seltsames Temperaturempfinden! Sofort denkt Herr Müller wieder daran, dass Kostja bei minus 20 Grad nur mit einer Badehose bekleidet in ein Eisloch gestiegen war.* Doch dass diese Russen bei solch einer Hitze mit Filzhüten in der Sauna sitzen, kann Herr Müller nun wirklich nicht verstehen. Ein seltsames Volk!

Schon nach wenigen Minuten steht Herrn Müller der Schweiß auf der Stirn, er atmet schwer. Das war die Vorhölle! Auf einmal spürt er einen Peitschenhieb auf seinem Rücken. Autsch! Ist das nun der Teufel persönlich, der in die Brutstätte seltsamer, fast nackter Gestalten mit Filzhüten hinabgestiegen ist, um ihn körperlich zu geißeln? Und noch einmal...

* Siehe Kapitel »Herr Müller mischt sich unter die Walrösser«

Herr Müller schaut auf. Über ihm steht ein russischer Bär mit dickem Bauch – und vermutlich in Sibirien unvermeidlichem Filzhut. In der Hand hält er Birkenzweige. Zuerst lässt er die Blätter sanft auf Herrn Müllers Rücken kreisen, dann schlägt er plötzlich zu! Völlig unvermittelt! Autsch! Das peitscht vielleicht!

Für eine Nano-Sekunde überlegt sich Herr Müller, ob er dem Unbekannten nicht einfach einen Kinnhaken verpassen soll. Er beschließt aber, stattdessen die Flucht nach draußen anzutreten. Nichts wie raus hier. Hat er neulich nicht irgendwo gelesen, dass »des Russen Freud` des Deutschen Tod sei«? Wer weiß, wozu die Sibirjaken mit ihren Quälspielchen noch fähig sind!

Herr Müller verschwindet hastig in den Erholungsraum, ohne sich noch einmal umzuschauen. Die vier Männer, die zuvor aus dem Dampfraum gekommen waren, haben zwischenzeitlich Wodka, Gurken und Brot auf einem Tisch aufgetürmt. Nanu? Gibt es hier kein Essverbot? Die Männerrunde scheint geradezu ein richtiges Picknick in der Sauna zu veranstalten! Seltsam!

Ein eiskalter Wasserguss lässt Herrn Müller schockgefrieren. Schlägt sein Herz noch? Der Peiniger aus dem Dampfraum steht erneut vor ihm, diesmal allerdings mit einem gefüllten Waschzuber, den er gerade langsam über Herrn Müllers Körper entleert. Hilfe, warum malträtierte ihn dieser Mann? Was hat er ihm getan? Oder war er vielleicht in ein zwielichtiges Etablissement für Männer geraten, denen Quälen und Peitschen Freude bereitet? Und wer weiß, vielleicht verwenden die Sibirjaken ja Birken statt Latex für solche perversen Lustspiele! Mit Wellness hat das hier jedenfalls herzlich wenig zu tun! Der Inquisitor hat ihn im Visier, sicher wird auch bald der Sensenmann hier auftauchen und ihn in die ewige Hölle hinab ziehen. Nichts wie raus hier!

Was ist diesmal schiefgelaufen?

Jetzt hatte er wieder nicht auf sie gehört! Dabei hatte ihm Natascha doch erklärt, dass er seine Mütze mitnehmen solle. Was sie natürlich nicht weiß: In Deutschland geht man gewöhnlich ohne Filzhut oder Mütze in die Sauna. Der heiße Dampf in der russischen Banja, der auf über 100 Grad Celsius ansteigt, könnte jedoch Haare und Kopfhaut angreifen. Und davor soll die Kopfbedeckung schützen. Die russische Banja ist zudem längst nicht so trocken wie die finnische Sauna.

Geschwitzt wird nach Geschlechtern getrennt. Dabei gibt es strikte Rituale, auf die Herr Müller nicht im Geringsten vorbereitet war. Neben einer Kopfbedeckung gehört der *wenik* unbedingt hinzu: Das sind getrocknete Birkenzweige mit Blättern, manchmal auch Eiche oder Wacholder, die zunächst in Waschschüsseln eingeweicht werden. Sie verleihen der Banja ihren typischen Waldgeruch und dienen als »Peitsche«: Die befeuchteten Zweige klatschen langsam auf Rücken, Beine und Fußsohlen. Dabei müssen sie immer wieder ins Wasser getaucht werden, da sie sonst zu heiß werden. Dadurch wird die Zirkulation angekurbelt, die Poren öffnen sich und der Körper beginnt, verstärkt zu schwitzen. Was zunächst höllisch brennt, geht langsam in ein angenehmes Wohlbehagen über, spätestens, wenn mit dem Ausstreichen der Birkenzweige begonnen wird.* Dabei wird von den Füßen bis zum Halsansatz gekreist – und umgekehrt. Entsprechend liegt man meist auf dem Bauch, das hat Herr Müller intuitiv ja schon mal richtig gemacht. Meist schlägt man sich gegenseitig, um bestimmte Körperpartien besser zu erreichen. Der vermeintliche Peiniger wollte Herrn Müller also nur etwas Gutes tun!

Nach dem gemeinsamen Schwitzen geht es ans Abkühlen. Auch hier schrubbt man sich oft gegenseitig mit Seife und Waschlappen ab. Oder kippt sich kaltes Wasser aus dem Waschzuber über den Körper. Ganz Hartgesottene wälzen sich im Schnee.

Der nächste Schritt ist eine kräftige Mahlzeit, die meist im Vorraum eingenommen wird. Wer Geld hat, mietet sich ein eigenes Ruheabteil. Auf den Tisch kommen Salzgurken, Schwarzbrot und Speck oder Wurst – und natürlich Wodka oder Bier. Der Alkohol soll übrigens die Poren öffnen, was den Körper noch intensiver reinigt. Damit beginnt auch der kommunikativere Teil: Die Stimmung ist gelöst, man redet über alles. In der Banja werden Geschäfte abgeschlossen, es geht nicht so formal zu wie am Verhandlungstisch. Entsprechend ist die russische Banja weitaus mehr als nur eine Badeanstalt!

Was können Sie besser machen?

Machen Sie es nicht wie Herr Müller, sondern packen Sie eine Mütze ein oder besorgen Sie sich einen Filzhut.

---

* Dieses Ritual, das abhärten soll, wurzelt vermeintlich auch in der Leidensfähigkeit, die dem russischen Volkscharakter nachgesagt wird.

Birkenzweige bekommen Sie meist direkt vor der Banja, wo sie verkauft werden. Und vergessen Sie nicht, ihre Uhr abzunehmen, auch wenn diese wasserdicht sein mag. Es soll auch schon zu Tauschgeschäften mit Geschäftspartnern gekommen sein in der Banja: Ich gebe Dir meine Uhr, Du mir Deine – als Vertrauensbeweis!

Öffentliche Banjas gibt es im ganzen Land. Als eine der schönsten gilt allerdings die Sandunowskaja-Banja in Moskau. In dem alten Palais mit aufwendig sanierter Fassade und reichlich Marmor trifft sich, wer Geld hat. Auch der russische Nationaldichter Alexander Puschkin soll hier bereits geschwitzt haben.

Verwechseln Sie die folgenden Begriffe übrigens lieber nicht: Zu einer *Sauna* gehören in Russland erotische Dienste, eine *Banja* ist hingegen der Ort zum (Alleine)-Schwitzen. Sie verstehen...?! Nur für den Fall, dass Sie ihrem neuen Geschäftspartner gleich erzählen wollten, dass Sie sehr gerne in die Sauna gehen...

Herr Müller isst fleischlos

Vegetarier haben es nicht immer einfach

Herr Müller kann ihn einfach nicht vergessen. Zunächst war er noch skeptisch. Das lag aber eher an der zartlila Farbe, die sich vielleicht für einen Schokoladenhasen gehören mag – aber für andere Nahrungsmittel? Nicht unbedingt! Dann kostet er, nur ein winziges Löffelchen. Es zergeht auf der Zunge, wärmt wohlig seinen Magen, bringt seine Geschmacksnerven in Wallung. Kurzum: Um unseren badischen Protagonisten ist es geschehen! Zum Glück ist bald Mittagspause, er wird ihn erneut probieren müssen, denkt Herr Müller schwärmerisch.

Doch was versetzt unseren Helden in solch eine Ekstase? Herr Müller ist ein Opfer von Anjas Kochkünsten geworden. Sein Freund Kostja hatte ihn noch gewarnt, dass seine Frau den besten *Borschtsch* zwischen Kaliningrad und Kamtschatka zubereiten könne.* Und er sollte recht behalten. Die bekannteste aller russischen Suppen besteht nicht nur aus unglaublich vielen Konsonanten**, sondern

---

* Vermutlich hat jede russische Hausfrau ihr eigenes Rezept für das russische Nationalgericht. Die Grundlage ist jedenfalls immer Rote Beete, die der Suppe ihre sattlila Farbgebung verleiht. Dann noch Karotten, Zwiebeln, meist auch Weißkohl, Sellerie. Und Rinderbrust, es sei denn, die Köchin bereitet vegetarischen *Borschtsch* zu. Charakteristisch ist die lange Garzeit bei geringer Hitze.

** Nein, Herr Müller. Da haben Sie im Russischunterricht nicht aufgepasst. *Borschtsch* (kyrillisch *борщ* geschrieben, hat im Russischen

aus mindestens genauso vielen Zutaten. Und dann diese wahnsinnige Farbe.* Kurzum: Die Rote-Beete-Suppe ist *der* Inbegriff der russischen kulinarischen Errungenschaften, zumindest für Herrn Müller!**

Jetzt hält ihn kaum noch etwas auf seinem Bürostuhl, unser Held springt auf, um das nächste russische Restaurant anzusteuern. »*Borschtsch, bes mjasa* – Borschtsch, ohne Fleisch!«

Der Kellner runzelt die Stirn, nickt schweigend.

Nur wenige Minuten später steht der dampfende Teller vor Herrn Müller, dieser schlürft, genießt, verdreht die Augen vor Wonne. Doch plötzlich... *argmpf!* Was war das denn? So weich und fasrig? Herr Müller kaut, hält inne und begreift plötzlich. Das war Fleisch! Obwohl er gerade vegetarischen Borschtsch bestellt hatte! Wie kann so etwas denn passieren?

Die Zornesröte steigt ihm ins Gesicht, er winkt den Kellner heran. »*Eto sche m-j-a-s-o!*«***

Der Kellner schaut unseren Geschäftsmann verwirrt an, winkt dann mit einer kurzen Handbewegung ab, als habe

---

nur vier Buchstaben!). Allerdings wird der kyrillische Buchstabe »щ« (schtsch) im Deutschen eben in Form von sieben geschriebenen Konsonanten transkribiert. Einer gegen sieben!

* Die zartlila Farbe kommt wiederum von der *smetana* (Schmand, Saure Sahne), von der ein Klacks auf den Teller kommt.

** Nun ja, eigentlich soll ja der *Borschtsch* aus der Ukraine stammen. Aber seien wir mal nicht kleinlich und reißen Herrn Müller nicht aus seinen kulinarischen Tagträumen heraus.

*** Diesmal jedoch ohne Höflichkeitsfloskel. Herr Müller übt den gut einstudierten Satz: »Was ist das? Das ist doch Fleisch!« Lange hat es gedauert, doch dass *mjaso* Fleisch bedeutet, weiß unser Fast-Vegetarier inzwischen. Wenn es um so etwas geht, dann klappt es auch mit der russischen Sprache.

ihn Herr Müller gerade auf eine Fliege an der Wand aufmerksam gemacht. »*Nu, eto nitschego* – Ah, das ist doch nichts!« Ein Stückchen Fleisch in der Suppe, und nun sitzt dieser komische Ausländer hier und tobt? Die spinnen ja, die Westeuropäer!

Und Herr Müller? Der ist nun wirklich entzürnt, blättert erneut in der Karte. Bitte keine Fleischsuppe mehr. Aha, eine Beilage. *Kapusta po nemjezki*. Sauerkraut auf deutsche Art, das klingt gut. Aber *B-E-S M-J-A-S-A* – O-H-N-E F-L-E-I-S-C-H!

Der Kellner nickt unbeteiligt.

Eine viertel Stunde später steht ein Tellerchen Sauerkraut vor Herrn Müller. Doch *argmpf...* was machen diese zartrosa Stückchen auf dem Kraut... das wird doch nicht etwa...? Tatsächlich, Speck!

Wutentbrannt verlässt Herr Müller das Restaurant. Heute scheinen sich wirklich alle gegen ihn verschworen zu haben.

Was ist diesmal schiefgelaufen?

Dass Herr Müller als Fast-Vegetarier gelegentlich auch mal Fisch konsumiert, darunter eben auch Anjas legendären Hering unterm Pelzmantel, das wissen wir inzwischen. Doch heute scheint irgendwie der Wurm drin zu sein, und er bekommt zwei Mal ein »vegetarisches« Gericht mit Fleisch serviert. Nun ja, vegetarischer *Borschtsch* ist eher selten, Anja hatte ihren eigentlich nur Herrn Müller zuliebe ohne Fleisch zubereitet. Und Sauerkraut »auf deutsche Art« in Russland? Tja, vielleicht denkt der Restaurantbesitzer, dass ein wenig Speck in Deutschland einfach dazu gehöre.

Eigentlich hätte der Kellner hier reagieren müssen. Aber vermutlich war ihm nicht bewusst, dass Speck eben auch Fleisch ist. Denn das Verständnis für Vegetarier ist in Russland nicht unbedingt ausgeprägt. Selbst wenn Fleisch im *Borschtsch* ist, trotz vorherigen »vegetarischen Versprechungen« des Kellners, so kann es durchaus vorkommen, dass Sie ihn dennoch bezahlen müssen – denn was kann den das Restaurant oder gar der arme Kellner dafür, dass SIE kein Fleisch mögen? Es wird gewissermaßen ein Schuldiger gesucht, um die eigene Verantwortung abzuwälzen – notfalls auch der Gast!

Dabei hat der Vegetarismus durchaus Tradition im Land.

Drehen wir das Rad der Geschichte ein wenig zurück.[*] So lebte der russische Schriftsteller Lew Tolstoj (1828-1910) ab 1884 vegetarisch und verfasste sogar mehrere belehrende Schriften dazu, unter anderem eine Art »Bibel« des Vegetarismus.[**] Bereits 1891 wurde ein vegetarisches Restaurant in Moskau eröffnet, das den Behörden jedoch so suspekt erschien, dass sie es wieder schließen ließen. Wenige Jahre später entstanden in Moskau und St. Petersburg Vegetariergesellschaften, 1904 gab es bereits sieben

[*] Der Schweizer Slawistikprofessor Peter Brang hat ein beeindruckend umfassendes Buch über den Vegetarismus in Russland auf Deutsch herausgebracht. Darin schildert er die Geschichte dieser Ernährungs- und Lebensform sehr detailliert. Literaturtipp: »*Ein unbekanntes Russland. Kulturgeschichte vegetarischer Lebensweisen von den Anfängen bis zur Gegenwart*«, Böhlau, 2002.

[**] *Perwaja stupenj* (»Die erste Stufe«), so der Titel dieser »Vegetarier-Bibel« von Lew Tolstoj.

fleischlose Restaurants im ganzen Land. Später brach der Erste Weltkrieg aus, und die Kritik an einer fleischlosen Lebensweise wuchs: Überall fließe Menschenblut und man selbst gräme sich wegen des Blutes von Ochsen, hieß es in einem Zeitschriftbeitrag von 1915.* Allen Rügen zum Trotz wurden die vier Restaurants in Moskau auch während der Kriegsjahre weiter betrieben, hinzu kamen einige private Einrichtungen – das waren zahlenmäßig fast mehr als heute!

Mit der Gründung der Sowjetunion verschlechterte sich die Situation der Vegetarier, denn Vereinigungen, deren Statut nicht ausdrücklich von den Behörden bewilligt worden war, wurden verboten. Die Bolschewiki unterdrückten Sekten und Verbände, wozu auch der organisierte russische Vegetarismus gehörte. In den späten 1920er Jahr gab es noch mehrere fleischlose Restaurants, die von der Zentralmacht jedoch geschlossen wurden. Es folgten mehrere Jahrzehnte, in denen das Interesse am Vegetarismus buchstäblich kleingeredet wurde.** Sicher konnte der Staat nicht jeden Einzelnen kontrollieren, jedoch wurden keine Bücher oder Publikationen dazu veröffentlicht. Zumindest nicht offiziell!***

---

* Dieser war in der Zeitschrift *Juschnij kraj* (Südliche Region) im ukrainischen Charkiw erschienen.

** In der Großen Sowjetenzyklopädie von 1951 heißt es, dass »… der Vegetarismus auf falschen Hypothesen und Ideen beruhe und in der Sowjetunion keine Anhänger habe«. In den 1970er Jahren lockerte sich der Ton.

*** Schriften, die nicht systemkonform waren, erschienen auf nicht offiziellem Weg – dem sogenannten *samizdat* (»Eigenverlag, Eigenpublikation«). Die Inhalte wurden durch Abschreiben, Kopieren oder Abtippen verbreitet. Oft fanden auch private Lesungen statt, bei denen Schriftsteller, Musiker und andere Künstler, die nicht der Norm des

Erst im Zuge der Perestrojka kam es 1989 zur Wiedergründung der Vegetarischen Vereinigung in Moskau, die heute überregional aktiv ist. In den letzten Jahren entstanden weitere Vegetarierverbände, Zeitschriften, Reformhäuser und Restaurants im Land. Diese werden zum Teil von Anhängern der Hare-Krishna-Sekte betrieben, die auch gezielt unter Vegetariern Mitglieder anwerben. Dennoch bleibt das Interesse daran sehr gering, vor allem junge Menschen sowie die *inteligenzija*, das Bildungsbürgertum, interessieren sich für ein freiwilliges Leben ohne Fleisch.

Was können Sie besser machen?

Sie sind Vegetarier? Halten Sie sich am besten schon einige Argumente bereit für Debatten mit Ihren russischen Bekannten. Oft bekommt man zu hören, dass es in Russland mit seinen strengen Wintern schwierig sei, ganzjährig Obst und Gemüse zu züchten, und der Vegetarismus daher weder eine Grundlage noch Tradition im Land habe.* Allerdings sieht selbst die russisch-orthodoxe Kirche den bewussten Verzicht auf Fleisch, Fett und Milchprodukte vor. Und das gleich mehrmals im Jahr, während der Fastenzeiten vor Ostern oder Weihnachten. Dann halten zwi-

---

Sozialistischen Realismus entsprachen, ihre Werke einem breiteren Publikum zugänglich machten. Daneben gibt es noch *tamizdat* (»Dort-Publikation«), also die Veröffentlichung von nicht-systemkonformen Beiträgen im Ausland.

* Was allerdings die Existenz der Sekte »Kirche des letzten Testaments« widerlegt. Diese gründete 1991 die Vegetarier-Siedlung Tiberkul in Sibirien, in der 3.000 Anhänger in einer Landkommune streng vegetarisch leben. Die Vereinigung soll auch in Deutschland mehrere Tausend Anhänger haben.

schenzeitlich auch viele Restaurants ein sogenanntes *post-noje menju* bereit, eine Fastenkarte. Die ist dann garantiert fleischlos! Anderweitig können Sie vermutlich nur in vegetarischen Restaurants sicher gehen, dass ihre Gemüsebrühe *nicht* auf Fleischbasis hergestellt wurde, auch wenn es die Bedienung bei der Aufnahme Ihrer Bestellung mehrfach beteuert hatte. Dahinter steckt manchmal schlicht die Angst vor Gesichtsverlust: Eigentlich weiß man es nicht wirklich, stimmt im Zweifelsfall jedoch lieber zu, als sich vor dem Gast zu blamieren.

Da Herr Müller ja nur Fast-Vegetarier ist und manche Fischarten isst, dürfte er in russischen Restaurants nicht allzu hungrig bleiben. Fast jedes russische Restaurant hält ein Fischgericht bereit. Beliebt its etwa Zander, der häufig mit Käse und Mayonnaise überbacken wird. Am besten sollte er sich an die *sakuski*, die Vorspeisen, halten, wie marinierte Pilze und Salate. In den vergangenen Jahren sind allerdings viele internationale Restaurants entstanden, die Pizza, Pasta und andere fleischlose Spezialitäten servieren. Eine Fast-Food-Alternative ist die preisgünstige Imbisswagenkette *Kroschka Kartoschka*, die sich in Moskau in den vergangenen Jahren ausgebreitet hat. Dort werden Folienkartoffeln mit Käse, Pilzen oder Salaten serviert, ebenfalls fleischlos!

Herr Müller feiert Ostern

Wer hat die bunten Eier auf dem Friedhof versteckt?

Natascha hatte sich angeboten, Herrn Müller zu begleiten. Die junge Frau zieht ein weißes Kopftuch aus ihrer Handtasche, das sie am Hinterknopf zusammenknotet. Ihre Knöchel umspielt ein langer, schwarzer Rock. So züchtig hat der Karlsruher seine russische Assistentin noch nie gesehen!

Es ist Karsamstag, kurz nach elf Uhr abends. In der Moskauer Christi-Erlöser-Kathedrale, dem größten orthodoxen Sakralgebäude in Russland, ist es ziemlich voll. Herr Müller beobachtet alte Frauen mit hellen Kopftüchern, die honigfarbene Kerzen anzünden. Die deckenhohe Ikonenwand ist feierlich beleuchtet.* So viele Menschen in einer Kirche! Nun gut, eigentlich war er schon seit einigen Jahren in keinem Gotteshaus gewesen, aber Natascha hatte so geschwärmt. »An *Pascha* findet der wichtigste Gottesdienst des Jahres statt, sogar unser Präsident kommt in die Kathedrale«, hatte sie ihm den nächtlichen Ausflug schmackhaft gemacht. Warum gibt es hier aber eigentlich keine Bänke?

---

* Ikonen sind religiöse Abbilder, meist aus Holz und mit bis zu 30 sehr robusten Farbschichten, die auch auf dem Kunstmarkt einen hohen Stellenwert haben. Zu Sowjetzeiten wurden zahllose Ikonen zerstört oder gelangten ins Ausland. Mit der politischen Wende begann das Interesse zu steigen, die Heiligenbilder wurden zu begehrten Sammelobjekten und die Kunst der Ikonenmalerei neu entdeckt.

Soll er etwa die halbe Nacht hier herumstehen?

Einige orthodoxe Priester mit langen Rauschebärten treten vor die Ikonenwand, sie tragen weiße Gewänder. Einer von ihnen hält zwei lange Kerzen in der Hand, deren Flamme er an die Gläubigen weitergibt. Natascha flüstert, dass das der Patriarch sei. »*Christos woskres* – Christus ist auferstanden«, übersetzt Natascha.

Die Kirchengemeinde, größtenteils Frauen, antwortet etwas, das Paul Müller nicht wirklich versteht.

Um Mitternacht beginnen schließlich die Kirchenglocken zu läuten, der Patriarch und die Geistlichen ziehen durch die Kirche nach draußen, die Gläubigen schließen sich der Prozession mit Kerzen in der Hand an, während der Gesang eines Chors den Raum erfüllt... Auf einmal kann sich Herr Müller das Dauergähnen nicht verkneifen – und ist froh, dass Natascha nichts gegen einen vorzeitigen Aufbruch hat.

Nach einigen Stunden Schlaf sieht die Welt wieder sonniger aus! Freudig begrüßt Herr Müller Natascha, die ihn drei Querstraßen weiter zu einem Friedhof lotst. Auf Gräbern mit kniehohen Eisenzäunen blühen Plastikrosen. Doch dann reibt sich Herr Müller die Augen. Bunte Hühnereier auf einem Grab? Nanu! Hatte es der Osterhase hier besonders eilig gehabt und diese womöglich auf dem Weg verloren? Seltsam!*

---

* Als teuerste Ostereier gelten die Fabergé-Eier. Diese fertigten die Juwelierwerkstätten von Carl Peter Fabergé für die Zarenfamilie bis 1917 an. Die Goldeier gelten als Meisterwerke der Schmiedekunst und höchster Luxus.

Mit halb offenem Mund trottet er neben Natascha her. Überall liegen Ostereier! Komisches Versteck für die Kinder, warum denn ausgerechnet ein Friedhof? Ein älteres Paar hat sich auf einer Bank neben einem Grabmal niedergelassen und rote Eier neben einem Kuchen ausgebreitet. Herr Müller ist nun sichtlich verwirrt. Das sah nach einem Picknick aus! Und dazu gibt es... das ist doch Alkohol! Ha, jetzt hat er die Gewissheit! Da hat sich sein Klischee wieder einmal bestätigt, dass in Russland den ganzen Tag Wodka getrunken wird! Sogar auf dem Friedhof! Was für ein seltsames Volk! Kein Wunder, dass der Osterhase hier vor Schreck seine Lieferung auf den Gräbern verloren hat!

Was ist diesmal schiefgelaufen?

Wer den Gottesdienst in der Nacht zum Ostersonntag erleben will, braucht vor allem eins: Ausdauer! Denn die Messe dauert in der Regel von halb zwölf bis drei Uhr nachts! Natascha bindet sich ein helles Kopftuch um, wie es zur freudigen Auferstehungsfeier Jesu Christi passt, bloß kein dunkles! Rote Tücher, die Leben und Auferstehung symbolisieren, sind ebenfalls verbreitet. Frauen mit Kopftüchern und bodenlangen Röcken, Männer mit langen Hosen – die orthodoxen Kirchen werden in Russland in züchtiger Kleidung betreten!

Ostern, auf Russisch *Pascha* (gesprochen: Pas-cha), gilt als höchster Kirchenfeiertag, die Trauer ist vergangen, die Auferstehung wird gefeiert. Der Patriarch hält die Flamme der Auferstehung, jeweils eine Kerze in jeder Hand. Dazu verkündigt er: Christus ist auferstanden! (*Christos woskres!*), worauf ihm die Kirchengänger antworten, dass Christus wahrhaft auferstanden sei (*Woistinu woskres!*), was Herr Müller nicht verstanden hatte.

Das Datum von Pascha ist an den nachfolgenden Sonntag des ersten Halbmonds im Frühjahr gekoppelt. Daher wird das orthodoxe Osterfest alljährlich an einem anderen Termin gefeiert, kann jedoch durchaus mit dem westlichen Osterfest auf den gleichen Tag fallen.

Am Ostersonntag besuchen viele Familien in Russland ihre Verstorbenen auf dem Friedhof, um ihnen Eier und Kuchen auf die Gräber zu legen. Nicht selten wird dabei auch ein Wodka auf die Seele der Toten getrunken. Für die Verstorbenen wird ein wenig Alkohol auf die Erde gekippt. Dieser Brauch stammt noch aus Sowjetzeiten, denn damals ersetzte der Friedhofsbesuch den seinerzeit verpönten Kirchengang. Das österliche Friedhofsritual mutet fast wie ein Volkspicknick an, das von vielen Gläubigen kritisch beäugt wird.

Russische Gräber sind übrigens sehr häufig umzäunt. Damit soll wenigstens den Toten ein wenig Privatsphäre zugestanden werden, was viele Russen aufgrund von Wohnraummangel und dem allgegenwärtigen Großen Bruder zu Lebzeiten meist nicht hatten.

Fester Bestandteil des russischen Osterfestes sind hart gekochte, bunte Hühner- oder Gänseeier. Rot gilt dabei als symbolische Farbe, oft wird diese durch die Schalen von Schalotten gewonnen.* Die Eier werden dabei nicht

---

* Die Legende besagt, dass Maria Magdalena, nachdem sie am Ostermorgen das leere Grab Jesu vorfand, dem römischen Imperator Tiberius das erste Osterei beschert habe. Der Herrscher zweifelte an ihren

einfach mit dem Löffel oder Messer aufgeklopft, vielmehr schlägt man sie gegeneinander und beglückwünscht sich mit einem »*Christos woskres!*« und der Antwort »*Woistinu woskres!*« Die entsprechende kyrillische Abkürzung lautet *XB* (sprich: Che-We, für *Christos woskres*), sie wird gerne als Abziehbild auf die Eier geleht.

Der *kulitsch*, ein zylinderförmiges Osterbrot, das in seiner Form an einen italienischen Panettone-Hefekuchen erinnert, gehört auch unbedingt dazu. Ebenso *pascha* (ebenfalls gesprochen: pas-cha), die traditionelle Quarkspeise, die in eine pyramidenartige Kuchenform gepresst wird.

Eier, *kulitsch* und *pascha* werden vor dem Ostergottesdienst in die Kirche gebracht und auf einer langen Tafel aufgebahrt. Ein Priester segnet die hausgemachten Leckereien mit Weihwasser, das mit einer Quaste verspritzt wird. Genascht werden darf jedoch erst am Ostersonntag nach dem nächtlichen Gottesdienst. Viele Gläubige, vor allem in kleineren Gemeinden, frühstücken dann noch gemeinsam. Für die meisten ist es die erste richtige Mahlzeit nach 40 Tagen Fastenzeit.*

Eingeläutet wird diese Phase der kulinarischen aber auch moralischen Enthaltsamkeit übrigens mit der Butterwoche

---

Worten, dass ein Mensch auferstehen könne. Eher würde sich ein weißes Ei rot verfärben. Kaum hatte er seine Worte ausgesprochen, wechselte das Hühnerei der Maria Magdalena seine Farbe. Seither gelten rote Ostereier als ein Symbol für die Auferstehung Christi.

* Beim Osterfrühstück gibt es eine bestimmte Reihenfolge, die eingehalten werden muss: Zunächst muss jeder ein Stück *kulitsch* und *pascha* essen, dann ein Ei – und erst im Anschluss daran die übrigen Speisen auf der Festtafel. Nach dem gemeinsamen Frühstück erwarten die Gläubigen oft noch gemeinsam den Sonnenaufgang, man sagt, dass die Sonne an diesem Tag auf ganz besondere Weise mit ihren Strahlen spiele.

Masleniza, bei der im ganzen Land ausgelassene Schnee-spiele angesagt sind und traditionell *Blini* gegessen werden, luftige Buchweizenpfannkuchen. Diese sind besonders mit Kaviar und *smetana*, saurer Sahne, sehr schmackhaft. Danach wird fast sechs Wochen lang gefastet. In der Passionswoche unmittelbar vor *Pascha* wird die Ernährung oft noch bescheidener: Bei vielen Gläubigen kommen dann nur noch Erbsensuppe oder Kartoffeln ohne Fett auf den Tisch.

Die Christi-Erlöser-Kathedrale, ein weißer Prachtbau mit goldenen Zwiebelkuppeln nahe des Moskauer Kreml, ist das größte Gotteshaus im Land. 7.500 Gläubige passen hinein, hier soll sich auch die größte Hostienbäckerei der Welt befinden. Die Kirche in ihrer heutigen Form ist jedoch nur eine originalgetreue Kopie, die im Jahr 2000 nach fünf Jahren Bauzeit eingeweiht wurde. Das ursprüngliche Bauwerk war unter Stalin in den frühen 1930er Jahren gesprengt worden, als sich die junge Sowjetunion etablierte. Die Kommunistische Partei wollte an die Stelle der Kirche ihre Parteizentrale in den Himmel ziehen, doch das Fundament brach immer wieder ein! Man entschied sich schließlich, ein Freibad daraus zu machen. Wie von göttlicher Hand geleitet, hatten die Baumeister in den 1990er Jahren, beim Wiederaufbau der Kirche an gleicher Stelle, keine Probleme mit dem Fundament!

Die russisch-orthodoxe Kirche erlebt nach sieben Jahrzehnten Atheismus eine wahre Renaissance: Viele Menschen haben sich im neuen Russland taufen lassen, in Kirchen wird geheiratet, und bei der Einweihung von Fabrikgebäuden besprenkeln Priester das neue Objekt mit Weihwasser. Selbst der einst systemkonforme Geheimagent und heutige

Premierminister Wladimir Putin lässt sich zwischenzeitlich beim Bekreuzigen in der Kirche von Fotografen ablichten. Der orthodoxen Kirche in Russland lässt sich eine gewisse Nähe zum Staat nicht absprechen: Kein Politiker würde die geistliche Macht im Land allzu offen kritisieren, da diese enormen Einfluss hat.

So freundlich gesonnen war die Staatsmacht der Kirche gegenüber jedoch nicht immer: Wer sich zu Sowjetzeiten zum Glauben bekannte, konnte seine berufliche Karriere vergessen, nicht Parteimitglied werden und sich die lukrativsten Posten entsprechend abschminken. Dennoch ließen sich nicht wenige Menschen taufen, allerdings heimlich!* Unzählige Kirchen wurden als Lagerhallen, Werkstätten, Archive oder bestenfalls Museen zweckentfremdet. Viele Bauwerke wurden der Verwitterung preisgegeben. Bis heute herrscht hier großer Nachholbedarf, doch es fehlt an Mitteln, alle Kirchen grundlegend zu sanieren. Generell gilt die Kirche als bedeutende Hüterin der russischen Kultur, die Klöster, Kirchen, Fresken, Ikonen und Sakralschätze bewahren konnte – trotz Sowjetideologie.

Als sich die Sowjetunion auflöste, herrschte ein Mangel an Geistlichen, viele waren oftmals nicht richtig ausgebildet. Die jahrelange Abschottung und den Hunger nach westlichen Phänomenen machten sich in den 1990er Jahren auch einige Sekten und andere Glaubensgemein-

---

* Zu Sowjetzeiten bekannten sich 90 Prozent aller Russen zur »Staatsreligion« Atheismus. Eine offizielle Statistik gab es in der UdSSR allerdings nicht dazu. Religionswissenschaftler schätzen, dass zumindest jeder Vierte an kirchlichen Zeremonien teilnahm. Heute bekennen sich mit über 80 Millionen Menschen mehr als die Hälfte aller Bewohner Russlands zum orthodoxen Glauben. Schätzungen gehen jedoch davon aus, dass nur jeder Fünfte seinen Glauben aktiv praktiziert.

schaften zugute. So füllten manche US-Prediger ganze Sporthallen. Wenige Jahre darauf wurde allerdings das Religionsgesetz dahin gehend verschärft, dass es strengere Registrierungsregeln vorsah, um dem Wildwuchs fremder Religionen Einhalt zu gebieten. Davon betroffen waren auch die katholische und protestantische Kirche, der viele Polen und Deutsche aus Russland angehören.* Auch wenn zwischenzeitlich längst schon ausländische Gast-Priester die dortigen Gemeinden betreuen, so bleibt das Verhältnis des Moskauer Patriarchen zum Vatikan angespannt.

Was können Sie besser machen?

Russland ist das Land der Zwiebeltürmchen! Schauen Sie sich unbedingt einmal eine orthodoxe Kirche von innen an, mit einer oft imposanten Ikonenwand, Fresken und einem Meer brennender Kerzen erweckt diese Ehrfurcht. Zünden Sie dabei auch eine Kerze für die Verstorbenen an, diese werden an einer Kioskecke in der Vorhalle verkauft. Selbst in der entlegensten Dorfkirche werden Sie allerdings nicht allein sein, denn irgendwie gibt es überall alte Frauen, die die Kerzenhalter vom Wachs reinigen und manchmal auch

* Die Zahl der Lutheraner wird auf 1,5 Millionen, die Zahl der Katholiken in Russland hingegen auf eine Million Menschen geschätzt. Bedeutende Religionsgruppen sind auch die Muslime mit neun Millionen Anhängern (u. a. Tatarstan, Kaukasus-Republiken). Hinzu kommen 1,5 Millionen Altgläubige, die sich infolge der Religionsreformen von Zar Peter dem Großen von der orthodoxen Kirche abgespaltet hatten. Viele der Abtrünnigen waren damals nach Sibirien geflohen, ihre Haltung kennzeichnet bis heute eine asketische Lebensweise. Weitere bedeutende Religionen sind der Buddhismus (u. a. Kalmückien, Burjatien, Tuwa) mit 500.000 Menschen sowie das Judentum mit 50.000 Angehörigen, wobei viele bereits nach Deutschland oder Israel abgewandert sind.

Besucher darauf hinweisen, dass der Rock zu kurz sei. In gut besuchten touristischen Klöstern oder Kirchen gibt es Wickelröcke, die Sie sich über die Hüften hängen können und die bis zum Boden reichen. Und vergessen Sie als Frau keinesfalls, ein Kopftuch mitzunehmen! Am besten ein dünnes, das immer in der Handtasche bleibt, falls Sie spontan einmal eine Kirche aufsuchen möchten. In den Kirchen wird gestanden, die wenigen Bänke am Rand sind gebrechlichen Menschen vorbehalten. Sollten Sie kein Stehvermögen haben, können Sie auch früher gehen, niemand wird Sie deswegen schief anschauen.

Auch ein Spaziergang über einen russischen Friedhof empfiehlt sich am Ostersonntag, sie werden überrascht sein, wie lebhaft es auf den letzten Ruhestätten zugehen kann! Wundern Sie sich nicht, wenn an diesem Tag wildfremde Menschen auf Sie zukommen und Ihnen ein »*Christos woskres*« entgegenrufen. Oder Sie gar küssen möchten! Denn genau das ist Herrn Müller vor der Kathedrale passiert, als er überhaupt nicht verstand, was der Mann eigentlich von ihm wollte!

Herr Müller plant zur falschen Zeit

Ausnahmezustand: Das öffentliche Leben macht kollektiv Urlaub

Herr Müller wirft einen prüfenden Blick in seinen Terminkalender. »Ja, da wäre noch ein Zeitfenster«, sagt er. Am anderen Ende der Telefonleitung ist die Unternehmensleitung aus Karlsruhe, die sich gerade angekündigt hat.

»Vom fünften bis elften Mai? Sicher, das passt hervorragend, da habe ich noch keine Termine«, bestätigt Herr Müller, ehe er den Hörer auflegt. So, nun würde er noch knapp zwei Wochen Zeit haben, um ein nettes Rahmenprogramm zu organisieren. Ein paar Sehenswürdigkeiten in Moskau und möglichst viele Treffen mit Partnern und Zulieferern. Er wird gleich Herrn Koroljow anrufen, um ihn auf einen Termin festzunageln. Wäre sein Kollektiv in den kommenden Tagen auf Draht, würden sie alle Vorbereitungen schaffen können. Und seine Kollegen aus Baden-Württemberg wären begeistert. Natascha muss gleich die Einladungen für die Visa organisieren.

In diesem Augenblick klopft es an der Tür, die einen Spalt offen steht. Natascha schiebt sich zögernd hinein. »Seien Sie mir nicht böse, Herr Müller, aber ich habe Ihr Telefongespräch gehört«, sagt die Assistentin. »Das geht so nicht mit der Terminplanung!«

Herr Müller grübelt einen Augenblick. Was ist nun wieder falsch? Ratlos blickt er Natascha an – sein Wandkalender ist doch noch leer.

»Der Termin ist nicht möglich, in dieser Zeit ist Frühlingsurlaub.«

Herr Müller schaut sie fragend an. »Aber ich habe niemandem in dieser Zeit freigegeben. Wenn die Delegation aus Karlsruhe kommt, herrscht selbstverständlich Urlaubssperre, da brauche ich die gebündelten Kräfte hier vor Ort«, sagt er direkt.

Natascha blickt ihn mit großen Augen an. »Nein, die Regierung hat allen freigegeben, die Menschen fahren auf ihre Datschen, und niemand arbeitet in dieser Zeit, vermutlich nicht einmal der Präsident«, erklärt ihm die Assistentin.

Herr Müller schüttelt den Kopf. Die Regierung? Der Präsident? »Aber ich bin hier der Chef in diesem Laden, Herrgottsakrament«, entgegnet er barsch und in lautem Tonfall.

Natascha nickt und zieht rasch die Tür hinter sich zu.

Was ist diesmal schiefgelaufen?

Herr Müller kann manchmal aber auch ein richtiger Querkopf sein! Sicher ist er der Chef, und seine Mitarbeiter werden seine Anweisungen befolgen, denn das Hierarchiebewusstsein ist in Russland stark ausgeprägt. Aber das hätte er doch ein wenig netter sagen können! Vor allem hätte er Natascha noch ein wenig ausfragen müssen, was es denn mit den Ferien auf sich habe. Denn diese werden tatsächlich vom Kreml diktiert, und Russland fährt kollektiv auf die Datschen. Wer keine hat, kommt bei Freunden und Bekannten unter. Dass er seine Verhandlungen ausgerechnet in den Ferienzeitraum legen möchte, stört sicher nicht nur Natascha, sondern auch die übrige Belegschaft. Denn dieser Zeitraum ist traditionell reserviert, um die Datschensaison einzuläuten!

Wer in dieser Zeit in der Stadt bleibt, schaut sich die Militärparade am 9. Mai an. Dieses Datum wird in Russland als *Tag des Sieges** im Großen Vaterländischen Krieg (1941-1945)** gefeiert. Schwere Panzer und Abschussrampen rollen an diesem Tag über den Roten Platz in Moskau, während die Kavallerie in Uniformen vorbeimarschiert. Am Himmel ziehen Jagdgeschwader vorbei, denen Veteranen, die aus dem ganzen Land eingeflogen werden, ehrfürchtig hinterherschauen. An diesem Tag werden Auszeichnungsorden am Revers zur Schau getragen, die Städte sind feierlich mit Plakaten geschmückt und überall finden Konzerte statt. Die Kriegsveteranen treffen sich oft an Plätzen wie dem Ewigen Feuer oder am Grabmal des unbekannten Soldaten***, um auf die verstorbenen Kameraden ein Gläschen zu trinken. Kriegsveteranen schenkt man übrigens Nelken.****

---

* In der Nacht vom 8. auf den 9. Mai 1945 nahm der sowjetische Marschall Georgij Konstantinowitsch Schukow die bedingungslose Kapitulation von Hitler-Deutschland an. In Deutschland wird dieser Tag am 8. Mai begangen, in Russland war es jedoch durch die Zeitverschiebung schon nach Mitternacht, also der 9. Mai.

** So wird der Zweite Weltkrieg in Russland genannt.

*** Das Ewige Feuer am Grabmal des unbekannten Soldaten brennt im Alexander-Garten in Moskau, direkt am Kreml. Hier halten Soldaten Ehrenwache und Staatsgäste legen gemeinsam mit dem russischen Präsidenten Blumenkränze zu besonderen Anlässen nieder.

**** Trotz aller unfassbaren Gräueltaten wird dem früheren Diktator Stalin

Der Siegestag mit seiner enormen Symbolkraft gilt als einer der beliebtesten Feiertage im Land, zeigen Umfragen. So halten neun von zehn Russen den Siegestag für ein Volksfest, nicht nur für einen Ehrentag für die Veteranen.* Und sechs von zehn Russen bezeichnen den Sieg über Hitler-Deutschland im Zweiten Weltkrieg als wichtigsten Sieg in der Geschichte Russlands.** Mit den Paraden, die äußerst pompös inszeniert werden, soll nicht nur den Gefallenen gedacht werden, vielmehr lässt Russland damit auch seine Muskeln spielen: Die militärische Macht wird demonstriert.*** Und das nicht nur auf dem Roten Platz, sondern in fast jeder größeren Stadt.****

bis heute ein gewisser Respekt in Russland gezollt. Denn Stalin habe die Heimat im Großen Vaterländischen Krieg gerettet und maßgeblich dazu beigetragen, dass die Sowjetunion als Siegermacht aus dem Zweiten Weltkrieg hervorgegangen sei. So denken nicht nur Einzelne, sondern auch die Machthaber: Am Tag des Sieges 2010 wurden in Moskau sogar neu gedruckte Stalin-Plakate aufgehängt, um den 65. Jahrestag nach Kriegsende zu markieren!

* Zu diesem Ergebnis kam das Russische Meinungsforschungszentrum WZIOM im Vorfeld des 9. Mai 2010.

** Schätzungen zufolge starben in der Sowjetunion 27 Millionen Menschen zwischen 1941 und 1945. Fast jede Familie hat einen Trauerfall zu beklagen. Daher dient der Siegestag als eine Art Gedenktag an die Verstorbenen, trotz politischem Machtwechsel.

*** Die Siegesparade zum 65. Jahrestag am 9. Mai 2010 war die bislang größte: Mehr als 11.300 Soldaten marschierten über den Roten Platz, 127 Flugzeuge und Hubschrauber sowie 161 Panzer rollten vorbei. Die Parade dauerte gut eine Stunde. Erstmals nahmen auch Militäreinheiten der Alliierten Siegesmächte teil. Bei der Generalprobe 2010 mussten 30 Straßen im Zentrum gesperrt werden.

**** Zum 65. Jahrestag 2010 fanden in 72 russischen Städten solche Militärparaden statt, die einheitlich überall im ganzen Land – unabhängig von der jeweiligen Zeitzone – um 10 Uhr Moskauer Zeit begonnen haben.

Was können Sie besser machen?

Werfen Sie einen Blick in Ihren Terminkalender und streichen Sie am besten sofort folgende Zeiträume im Jahr, da zu diesen Zeiten ohnehin nichts läuft und das Land kollektiv Urlaub macht. Das gesamte öffentliche Leben liegt gewissermaßen brach. 1. bis 9. Mai: In diese Zeit fallen zwei Feiertage, der Tag des Frühlings und der Arbeit (1. Mai) und eben der Siegestag (9. Mai). Dieser Zeitraum wird durch Brückentage und Wochenenden miteinander verbunden. Das Gleiche gilt für die Spanne von Ende Dezember bis mindestens 7. Januar, auch hier werden Neujahr, einige von staatlicher Seite jedes Jahr aufs Neue festgelegte Brückentage und das russische Weihnachtsfest am 7. Januar miteinander verbunden. Fällt in Russland übrigens ein Feiertag auf das Wochenende, ist der darauf folgende Montag arbeitsfrei!

Verhandlungen können problemlos zwischen dem 1. September (Schulbeginn)* und 24. Dezember (Heilig Abend) stattfinden, um es der deutschen und der russischen Seite recht zu machen. Ab dem 10. Januar bis zum 30. April wird es, vor den Maifeiertagen, ebenfalls geschäftig. Danach sollten Sie noch vor dem Sommerurlaub, der vom 1. Juli bis 31. August dauert, so richtig durchstarten mit der Arbeit und Ihren Terminen.

---

* Am 1. September ist in Russland traditionell und landesweit Schulbeginn, das ist zugleich der »Tag des Wissens«. Erstklässler kommen mit großen Schleifen im Haar und eleganten Samtkleidern oder Anzügen in die Schule. Dabei werden der Lehrerin, die man noch gar nicht kennt, traditionell Blumen mitgebracht.

Herr Müller geht unter die Sommerfrischler

Die Datschenzeit hat begonnen:
Staukolonnen und Plumpsklos

Der tannengrüne Schiguli droht unter der sperrigen Last fast zusammenzubrechen: Der Kühlschrank auf dem Dach ist mit fingerdicken Seilen zu einem wackeligen Konstrukt festgezurrt. Dutzende von Joghurtbechern, aus denen Tomaten- und Gurkensetzlinge sprießen, beschlagnahmen den Kofferraum. Die Becher hatte Herr Müller schon seit Wochen auf Anjas Fensterbank in der Küche beobachtet.

»*Pojechali!*«*, begrüßt ihn Kostja. Anja bietet sich an, auf der Rückbank zu sitzen, doch Herr Müller lehnt höflich ab. Er klettert in das kleine Auto, in dem ihn bereits eine Blechgießkanne, ein *Samowar*, ein Klapptisch und allerlei Plastiktüten auf dem Rücksitz empfangen. Die Datschenzeit hat begonnen! Vergnügt steuert Kostja den Schiguli in Richtung Süden. Doch schon wenig später hängen die Sommerfrischler am Warschawskij Prospekt fest, einer mehrspurigen Ausfallstraße, die aus Moskau hinaus führt. »Wir scheinen nicht die Einzigen zu sein, die heute die Datschensaison einläuten«, sagt Kostja gelassen.

---

* »Los geht's!« Herr Müller kann sich vage erinnern, das Wort schon einmal gehört zu haben. War das nicht beim Wodkatrinken in Kostjas Wohnung? Richtig! Auch hier fällt die Aufforderung *pojechali*, bevor es losgeht und man das Glas an die Lippen setzt, um es in einem Zug zu leeren.

Herr Müller rutscht auf dem Rücksitz herum, um der Gießkanne zu entkommen, die sich in seine Rippen bohrt.

Nach einer gefühlten Ewigkeit zweigt Kostja auf eine Landstraße ab. Und bleibt sofort erneut in einer Blechkolonne hängen. Überall Fahrzeuge! Nicht nur vor ihnen, sondern auch nebenan, auf dem unbefestigten Seitenstreifen. Andere überholen auf der Gegenfahrbahn, bis sich dort ebenfalls eine Kolonne bildet. Wer ihnen entgegen kommt, muss über den Bürgersteig ausweichen. Die Autos stehen bald darauf kreuz und quer. Durch das geöffnete Wagenfenster ziehen Abgase hinein. Kostja und Anja lassen sich die gute Laune nicht verderben.

Irgendwann kommt das Auto schließlich auf einer grünen Wiese zum Stehen.

»Unsere Datscha!«, sagt Kostja mit leuchtenden Augen.

Anja macht sich sogleich ans Anfeuern des Samowars, während Kostja die Tüten ins Haus trägt. Herr Müller hat unterdessen erst mal ein ganz anderes Bedürfnis. Er lugt in das winzige Holzhaus, doch hier scheint keine Tür zur Toilette abzuzweigen. Kostja zeigt auf eine schmale Bretterbude, die sich am Ende des Gartens erhebt. Doch was ist das? Ein Loch in einem Bretterboden! Und hier soll unser Herr Müller nun seine Notdurft verrichten? Er schluckt kräftig.

Zwei Stunden später ist die Begegnung mit dem selbst gezimmerten Toilettenhäuschen vergessen und der Duft nach gegrilltem Schaschlyk erfüllt den Garten, der Samowar dampft, auf dem Tisch steht eine Schale mit *bubliki*, gebackenen Gebäckkringeln.

Plötzlich taucht ein älterer Herr in Jogginghose am Gartenzaun auf, mit Wodka und Plastikbechern bewappnet. Kostja umarmt ihn herzlich.

Die Datschensaison hat nun auch offiziell begonnen!

Was ist diesmal schiefgelaufen?

Herr Müller geht unter die *datschniki*. So werden die Sommerfrischler genannt, die spätestens am 1. Mai, einem offiziellen Feiertag, fluchtartig die russischen Großstädte verlassen, um auf ihr Stück Scholle zu strömen. Die meisten Moskauer haben ein eigenes Ferienhaus, im Speckgürtel der Metropole gibt es etwa zwei Millionen Datschen. Wer keine eigene besitzt, lädt sich kurzerhand bei Freunden ein.

Die Anfahrt dauert oft mehrere Stunden, sei es mit dem Auto oder mit dem Vorortzug, der *elektritschka*. Man erkennt die Datschniki auf den Bahnsteigen, mit karierten Plastiktaschen, Rücksäcken und Gießkannen bepackt strömen sie am Freitagmittag aus, um am Sonntagabend wieder zurückzukehren. Wer es sich leisten kann, bleibt den ganzen Sommer über dort, meist sind das die *babuschki* mit ihren Enkeln – bis die Schule im ganzen Land einheitlich am 1. September wieder beginnt. Die Eltern schauen hingegen nur am Wochenende vorbei, da sie natürlich arbeiten müssen.

Da man dem ländlichen Frieden nicht ganz traut, werden Kühlschränke, Campingmöbel und Geschirr über den Winter doch lieber in der Stadtwohnung gelagert – um spätestens im Frühjahr wieder aufs Land gekarrt zu werden.

Das traditionelle russische Ferienhäuschen nimmt eine ganz besondere Rolle ein: Hier entspannt man sich nicht nur vom hektischen Alltag in den Städten, sondern baut auch Obst und Gemüse an, um damit im Winter über die Runden zu kommen. Der eigene Garten sichert gewissermaßen das Auskommen. Da werden Gurken und Tomaten eingeweckt und im Winter auf der verglasten Loggia in der engen Stadtwohnung gelagert oder verkauft, um die knappe Haushaltskasse oder Rente aufzubessern. Und aus frischen Früchten wird *warenje** gekocht, eine flüssige Konfitüre. Man hilft sich selbst, indem man eigenes Gemüse erntet. Vor allem in Krisenzeiten hat sich das Urvertrauen in die eigene Kraft immer wieder bewährt, da man nicht mehr mit der Unterstützung durch den Staat rechnen konnte.

Die Datscha sagt auch einiges über ihren Besitzer aus: Während Kostja und Tanja ein bescheidenes Stück Land mit Plumpsklo besitzen, gibt es anderswo exklusive Villen, oft mit Reitanlage und Swimming Pool. Als Top-Lage gilt die Moskauer *Rubljowskij schosse*, genannt *Rubljowka*, eine Ausfallstraße und gleichzeitig Synonym für exklusive Villen, Häuser und Datschen.

Was können Sie besser machen?

Genießen Sie es einfach! Wenn Sie von Ihren russischen Bekannten auf die Datscha eingeladen werden, ist das ein echter Vertrauensbeweis! Machen Sie sich auf eine längere Anreise gefasst oder entsprechend am Sonntagabend auf kilometerlange Staukolonnen, die in die Stadt zurückführen. Zum Sommerfrischler-Dasein gehört auch *Schaschlyk*,

---

* Beim *warenje* werden ganze Früchte in Zucker eingedickt. Herrn Müller ist sie zu süß und klebrig.

kaukasische Grillspieße, die zuvor in Marinade eingelegt wurden. Diese brutzeln auf dem *mangal*, einem Grill, und runden das Datscha-Gefühl erst richtig ab.

Nun ja, was die hygienischen Zustände betrifft: Nicht jede Datscha hat ein Plumpsklo. Wer dem einfachen Leben in der Natur allerdings nichts abgewinnen kann, dem reicht vielleicht schon ein einziger Tag auf der Datscha und nicht gleich ein ganzes Wochenende. Elektrizität und fließendes Wasser sind nicht überall eine Selbstverständlichkeit, und der nächste Lebensmittelladen kann schon mal einen strammen Fußmarsch entfernt sein.

Lesen Sie Anton Tschechow (1860-1904), um sich auf die Datscha einzustimmen! Der bekannte russische Schriftsteller schildert das russische Landleben in »Der Kirschgarten« und schreibt: »Man werde dort nur zum Vergnügen leben, um frische Luft zu atmen...« Oder lassen Sie sich in den wohl beliebtesten russischen Volkssport einweisen – das Pilzesammeln.* Auf alle Fälle: Auf der Datscha verschwindet der Großstadtstress – garantiert!

---

* Noch ist es zu früh für Pilze, die Saison beginnt ab Juni, der Hauptmonat ist allerdings der September. Dann gibt es kein Halten mehr und die Russen strömen in Heerscharen in die Wälder, um nach Pilzen zu suchen. Wer nicht selbst im Unterholz stöbern möchte, kauft einfach an der Metrostation ein: Dort bieten Pilzsammler ihre Schätze an. Pilze werden gerne mit Kartoffeln und Smetana serviert.

Herr Müller geht ins Museum

Kultur für das Volk

Ein jagdgrünes Holzhaus mit weißen, verschnörkelten Fensterrahmen. Aha, das muss das Dostojewskij-Museum sein! Herr Müller hebt die Nase aus dem Reiseführer, prüft die Hausnummer und marschiert durch ein Holztor in den Vorgarten. Natascha folgt ihm. Im Flur stecken drei ältere Frauen die Köpfe zusammen, um beim Öffnen der Eingangstür erschrocken auseinander zu fahren.

»*Biljety?*«

Nataschas Frage nach den Eintrittskarten hat auch Herr Müller verstanden.

»Brauchen wir eine Führung?«, will seine Assistentin wissen. Herr Müller schüttelt den Kopf. Prompt drückt sie ihm einen Plastikhefter in die Hand, der neben der Kasse ausliegt. »Da drin steht alles zu den Exponaten, was Sie wissen müssen«, erklärt sie bestimmt.

Herr Müller grübelt. Was hatte der gute Herr Dostojewskij doch gleich noch mal geschrieben? »Krieg und Frieden«?* Das wäre ja auch zu peinlich, wenn er jetzt Natascha fragen

---

* Herr Müller, nein! »Krieg und Frieden« (*Wojna i mir*) stammt aus der Feder von Lew Tolstoj (1828-1910). Im Westen gilt Fjodor Dostojewskij (1821-1881) fast als ein Synonym für russische Literatur. Zu seinen bekanntesten Werken gehören die »Brüder Karamasow«, »Der Idiot«, »Schuld und Sühne« (in neueren Übersetzungen auch: »Verbrechen und Strafe«), »Die Dämonen«, »Der Jüngling« und andere.

müsste, wer dieser Dostojewskij überhaupt war, da sie ja so euphorisch gewesen war, in das kleine Museum zu gehen.

Herr Müller steuert zielstrebig auf die kleine Wohnstube zu, in der Dostojewskij einige Jahre zugebracht hatte. Doch allzu weit kommt er nicht. Ein schriller Aufschrei hält ihn davon ab, auch nur einen Zentimeter weiterzugehen.

»*Tapotschki!*«

Aha, das Wort hatte er auch schon gehört! Waren das nicht... ehe er zu Ende gedacht hat, zeigt die Alte auf eine Kiste mit Filzpantoffeln. Herr Müller seufzt. Nicht, dass ihm Anja immer hartnäckig Pantoffeln hinhielt, wenn er bei ihr und Kostja zu Besuch war – irgendwie schienen die Russen immer und überall ihre Hausschuhe anziehen zu müssen!

Ein schmales Bett mit aufgetürmtem Federbett, ein massiver Holztisch mit Stühlen und ein Sekretär, an dem Dostojewskij so manche geistige Ergüsse für seine »wunderbaren, großen Meisterwerke« gehabt habe. Natascha flüstert ihm jedes Detail, das Herr Müller ohnehin sieht, mit ehrfürchtiger Stimme ins Ohr. Er beginnt sich zu langweilen.

»Die wundervollsten Aufzeichnungen der Welt!«, flüstert ihm Natascha mit glänzenden Augen in Superlativ-Laune.

»Naja«, brummt Herr Müller mit tiefer Stimme.

Die älteste der drei Frauen war ihnen als Aufpasserin durch das kleine Holzhaus gefolgt. »*Tische!*«, entfährt es ihr spitz.

Herr Müller zuckt zusammen.

»Wir müssen leiser sein!«, klärt ihn Natascha auf.

Doch warum? Herr Müller schaut sich um. Sie waren doch die einzigen Besucher in dem kleinen Holzhaus...

Er zieht Natascha schließlich sanft in Richtung Ausgang. Genug Kultur für das nächste Jahr! Das war aber auch anstrengend, sich zu jedem Füllfederhalter eine ganze Episode anhören zu müssen. In diesem Augenblick treffen ihn die empörten Blicke der drei alten Damen. Diese beginnen auf Natascha einzureden, die rot anläuft und sichtlich verlegen ist. Was wollen denn die Museumsdamen jetzt schon wieder?

Was ist diesmal schiefgelaufen?

Museumsbesuche sind etwas ganz Besonderes. Oft entführen sie den Besucher in eine untergegangene Welt des russischen Adels, da sie auf alten Herrschaftssitzen untergebracht sind. Klassizistische Säulengebäude oder alte Zarenpaläste mit blühenden Gärten, die Kunstwerke beherbergen, sind der Stolz der Russen. Sehr häufig sind auch Wohnsitze, in denen Dichter, Schriftsteller oder Politiker eine Zeit ihres Lebens zugebracht haben, zu Gedenkmuseen umgebaut worden. Der Blick vom Schreibtisch des Künstlers auf dessen blühenden Garten erfüllt viele Betrachter mit Ehrfurcht und Melancholie. Man ist patriotisch und stolz auf seine kreativen Köpfe!

Das gilt vor allem für Museumswächterinnen, größtenteils alte Damen, die bis heute in den meisten Einrichtungen die Videoüberwachung ersetzen. Sie sorgen auch dafür, dass der Besucher den heiligen Hallen den nötigen Respekt entgegenbringt. Und ermahnen manchmal auch Erwachsene zur Ruhe, wie auch Herr Müller feststellen musste. Natascha zollt der Dostojewskij-Wohnstätte, von denen es gleich mehrere gibt (sei es in St. Petersburg oder Staraja Russa bei Welikij Nowgorod), hingegen großen Respekt und Ehrfurcht. Herr Müller weniger, der durch das kleine Museum geeilt ist: Die Hast wurde von den Museumswärterinnen als Missachtung eines der bedeutendsten russischen Schriftsteller interpretiert. Entsprechend wurde Natascha dafür gerügt.

Russische Museen sind in den vergangenen Jahren immer wieder in die Schlagzeilen geraten: Landesweit sollen offenbar 200.000 Exponate fehlen, berichteten Medien. Allein in der Eremitage in St. Petersburg*, *dem* Flaggschiff der russischen Museen, soll eine Mitarbeiterin 250 Ausstellungsstücke an ein Antiquariat verkauft haben. Was jedoch später von einer Kommission dementiert wurde.**

Landesweit werden knapp ein Prozent aller Ausstellungsstücke vermisst. Diese seien jedoch nicht gestohlen worden, sondern aufgrund der schlechten Lagerung zerfallen, zudem hätten Motten mangelhaft präparierte Tierkörper zerfressen. Die Inventarisierung mit Computern stocke zudem, in den meisten Museen sei der Bestand noch handschriftlich auf Kärtchen verzeichnet, auf denen allerdings auch oftmals die Tinte verblasst sei, so die Rechtfertigung von Museumsleitern.

* Die Eremitage gilt als eines der größten und bedeutendsten Museen der Welt, sie verteilt sich auf fünf Gebäude, von denen der Winterpalast der älteste ist. Er wurde bereits 1711 von Zar Peter dem Großen in Auftrag gegeben. 2,7 Millionen Exponate aus aller Welt machen die Eremitage zu einem Pflichtbesuch in der Stadt an der Newa. Einblicke gibt es unter www.hermitagemuseum.org

** Zu Sowjetzeiten waren Werke kritischer oder unliebsamer Künstler vielfach zerstört worden. Viele wurden auch ins Ausland verkauft. Manchmal hatten sich die Museumsmitarbeiter jedoch den Anweisungen zur Zerstörung oder zum Verkauf widersetzt und die Kunstwerke einfach entwendet. Diese versteckten Exponate tauchen jetzt wieder auf.

Hinzu kommt, dass sich vor allem in Provinzmuseen oft das Bild aufdrängt, dass diese viel zu vollgestopft sind mit Exponaten. Ein Großteil des Fundus kann überhaupt nicht ausgestellt werden. Die Statistik besagt, dass auf einen Quadratmeter Museumsfläche 400 Ausstellungsstücke kommen. Überhaupt gelten 80 Prozent aller Museumsgebäude als baufällig, eine Sanierung ist dringend erforderlich.

Die meisten Russen sind kulturell hochgebildet. Selbst längst verstorbenen Dichtern werden immer wieder Blumen vor die Denkmäler gelegt, um ihnen dadurch Respekt zu zollen. Auch wenn es zwischenzeitlich nachgelassen hat: Überall in der Metro sieht man Menschen mit dicken Romanen in der Hand. Und selbst einfache Arbeiter vermögen einige Verse oder Gedichte zu rezitieren – so stolz ist man auf die eigenen, nationalen Errungenschaften.

Zu Sowjetzeiten galt Kultur als Gemeingut: Theaterbesuche konnte sich jeder leisten. Auch wenn die Preise für das *Bolschoj Teatr* in Moskau, das Flaggschiff unter den Bühnenhäusern in Russland, kräftig angezogen haben – so ist es immer wieder schwer, Karten für gute Aufführungen zu bekommen, denn die Nachfrage ist groß. Und die Russen sind strenge Theaterzuschauer. Wer es wagt, ihre hochgelobten Klassiker, wie etwa Anton Tschechows Dramen, modern zu interpretieren, wird mit Missachtung bestraft. Gute Szenen werden unterdessen mit unablässigem Zwischenapplaus beklatscht. Wundern Sie sich im Theater auch nicht, wenn jemand laut mit dem Programmheft raschelt oder das Handy klingeln lässt – auch wenn es verboten ist. Beliebt sind Konservatorien, in denen klassische Musikstücke aufgeführt werden. Ebenso gehen viele Russen gerne in den Zirkus. Solche festen Häuser gibt es in fast jeder größeren Stadt. Am bekanntesten sind die beiden großen Moskauer Häuser, der Alte und der Neue Zirkus, die mit Akrobatik, Dompteuren und Clowns begeistern.

Zum Kulturprogramm mancher Russen gehörten bis vor Kurzem auch Kasinos, die allerdings landesweit geschlossen werden mussten. Die zentrale Straße Nowyj Arbat in Moskau war gepflastert von gleich mehreren Spieltempeln, in denen oft auch russische Schlagersänger aufgetreten sind. Heute werden solche Häuser umgebaut – zu Einkaufstempeln. Und stattdessen werden vier Sonderzonen im ganzen Land eingerichtet, die zu Glücksspielzentren ausgebaut werden sollen.

Was können Sie besser machen?

Halten Sie sich besser an die Anweisungen im Museum: In den meisten Häusern müssen Pantoffeln oder zumindest Plastikfüßlinge über die Schuhe gezogen werden, um den Parkettboden zu schonen. Auch sollten sie lautes Reden vermeiden und dem Haus Respekt zollen. Wenn Sie ins Theater gehen, dann niemals in Alltagskleidung oder Jeans. Denn die Russen lieben es, sich festlich anzuziehen. Und nehmen Sie am besten einige Rosen für die Schauspieler mit, die sie ihnen während der Standing Ovations überreichen können. Russen sind sehr stolz auf ihre kulturellen Errungenschaften und brüsten sich oftmals damit – zu Recht! Kaum eine andere Nation hat so viele bedeutende Schriftsteller von Weltliteratur hervorgebracht. Wenn Sie sich einen kleinen Überblick verschaffen und das eine oder andere Werk selbst lesen, dürften Sie sicher auch bei ihren russischen Geschäftspartnern und dem entsprechenden Smalltalk Punkte sammeln.

Herr Müller fährt Zug

Pantoffeln und Tee auf Rädern

Nur noch fünf Wartende stehen vor ihnen, doch auf einmal schiebt die Frau hinter dem Glasschalter ihr winziges Fensterchen zu und verschwindet. Natascha verdreht die Augen. »Ich bin schuld, ich habe es nicht gesehen«, jammert sie.

Herr Müller blickt sie nur verwirrt an.

Natascha zeigt auf ein Schild an der Scheibe. »*Technitscheskij pereryw* – Technische Pause!«

Aha, denkt sich Herr Müller. Sicher wird bald eine Pausenvertretung kommen.

Doch nichts tut sich.

Natascha zieht ihn sanft zu einem anderen Schalter in der lärmenden Bahnhofshalle, in der Koffer und blau-rot-karierte Marktsäcke hin und her geschoben werden. Nach einer gefühlten Ewigkeit sind die beiden schließlich an der Reihe.

»Nischnij Nowgorod«, ruft Herr Müller in das winzige Glasfensterchen hinein.

Die Gegensprechanlage knackst. »Gorkij?«, fragt ihn die Schalterbeamtin.

Sofort mischt sich Natascha ein, sichtlich entsetzt, dass sich ihr recht sprachunkundiger Chef selbst eine Fahrkarte kaufen will. »*Da* – Ja!«

Auf einmal macht sie ein langes Gesicht. »Kein *kupe* mehr! Nur noch *platzkart*!* Was sollen wir tun?«

Herr Müller schaut verdutzt. Eine Platzkarte? Klingt doch prima! »Ja, eine Platzkarte wäre doch gut«, sagt er wie aus der Pistole geschossen.

Natascha sieht ihn mit einem Stirnrunzeln an.

Die uniformierte Frau hinter der Glasscheibe mustert Herrn Müllers Pass kritisch. Dann raunzt sie etwas, dass in seinen Ohren nicht sonderlich freundlich klingt.

Natascha klinkt sich ein. »Sie kann ihren Namen nicht in Lateinschrift lesen«, erklärt die Assistentin.

Herr Müller ist erstaunt. Dann schiebt die Beamtin endlich seine Fahrkarte hinüber.

Natascha blickt auf die Uhr. »Wir sollten langsam zum Bahnsteig«, erklärt sie.

Der Weg zum Waggon kommt Herrn Müller ziemlich lang vor. Er beginnt zu zählen. Bei zwanzig hält er inne… Hat er etwas falsch verstanden und soll die Strecke nach Nischnij Nowgorod etwa zu Fuß laufen?

Natascha vergleicht die Nummer auf der Fahrkarte mit der Waggonnummer. Aha, da ist es.

Herr Müller will sich schon verabschieden, doch Natascha besteht darauf, sich auf seinen Koffer zu setzen.

»Eine Minute draufsetzen, bevor jemand verreist, fürs Glück«, erklärt sie ihm den russischen Brauch knapp.

Herzlich verabschiedet er sich schließlich von seiner Assistentin, die ihn diesmal nicht begleiten kann, da sie am Samstag zu einer Hochzeitsfeier eingeladen ist. Aber sein

---

* Eigentlich *plazkartnyj wagon*.

Gesprächspartner vor Ort hatte ihm eine Dolmetscherin zugesichert, das würde schon irgendwie klappen. Herr Müller hievt seinen Koffer mit einem Satz in den Zug und steigt die Treppenstufen nach oben.

»*Wasch biljet!*« Ein schriller Ton durchbohrt sein Trommelfell. Eine Zugbegleiterin in blauer Uniform und roter Mütze blickt ihm streng ins Gesicht.

Natascha schreitet sofort ein. »Das Ticket und den Pass, sonst dürfen Sie nicht in den Zug!«

Zufrieden lässt die Mitarbeiterin Herrn Müller passieren, der sich nun samt Gepäck durch den Zug schiebt. Wo sind denn nur die Türen zwischen den einzelnen Schlafkojen? Jeweils zwei dünne Pritschen, die recht ungemütlich wirken, hängen in Vierer-Gruppen übereinander. Und gegenüber, am Gang entlang, sind noch einmal zwei übereinander angebracht. Hoppla, auch keine Vorhänge?!

Sicher ist das nicht sein Abteil, sondern ein Versehen. Herr Müller steht verloren herum, als sich der Zug langsam in Bewegung setzt. Endlich kommt die Schaffnerin, prüft sein Ticket und zeigt auf eine Pritsche. Wie soll er in diesem Großraumwaggon, in dem sicher fünf Dutzend Menschen schlafen, überhaupt ein Auge zubekommen? Und wohin mit dem Koffer?

Ein Mitreisender mit goldenen Schneidezähnen, der gerade akrobatisch seine Jeans gegen eine Jogginghose wechselt, erklärt ihm etwas auf Russisch.

»*Sdjes!*«

»Hier?« Ok. Sitzdeckel auf und rein damit. Gut, das passt gerade noch. Herr Müller lässt sich auf die untere Pritsche fallen, die zu einem Tisch mit zwei Sitzen hochgeklappt ist.

Nach einer Weile breitet sein Reisenachbar Wurst, Speck und Brot auf dem Tisch aus. Schon wieder Fleisch! Herr Müller packt pikiert sein Käse-Sandwich aus, das ihm Natascha noch vor der Abfahrt besorgt hatte.

Die Goldzähne seines Gegenübers blitzen, dieser fasst Herrn Müller am Arm und macht eine einladende Bewegung. Kann ihn der Goldzahn nicht einfach in Ruhe seinen Reiseführer lesen lassen?

Keine Chance. Sein Gegenüber packt schließlich noch zwei Bierflaschen aus, die er an der Unterseite des Tisches öffnet. Wie praktisch, ein integrierter Flaschenöffner! Nun gut, das Bier würde er wenigstens trinken und sich dann schlafen legen. Und hoffentlich bald in Nischnij Nowgorod ankommen. Und nie wieder wird er über die Eisenbahn in Deutschland schimpfen. Da kann man sich wenigstens mit dem Buch in der Ecke zurückziehen und wird von niemandem mit Würsten und Bier genötigt...

Die Waggontür wird mit einem Schwung aufgerissen, fast erschlägt sie unseren Herrn Müller.

Oje, das wird eine lange Nacht werden!

Was ist diesmal schiefgelaufen?

Herr Müller fährt Zug. Welch ein Schock! Denn statt in einem modernen Hochgeschwindigkeitszug ist er in einem russischen D-Zug gelandet, in dem er auch noch dritte Klasse reisen muss, *platzkart*. Natascha hätte ihm besser erklären müssen, dass er die Nacht im Großraumwaggon verbringen wird! 54 Reisende finden hier Platz: vier spartanische Liegen, je zwei übereinander wie bei einem normalen Abteil, und gegenüber zwei Liegen in Längs-richtung auf dem Gang – und alles ohne Türen! Ein Paradies für Taschendiebe, aber auch für Menschen, die gerne auf Tuchfühlung mit Unbekannten gehen! Richtig Spaß macht die Fahrt auch noch, wenn man wie Herr Müller in der Nähe der gläsernen Schwingtür liegen muss, die nicht selten mit voller Wucht aufgetreten wird. Die Gangplätze bereiten zudem auf eine Lizenz als Akrobat vor: Denn Menschen über 1,75 Meter verlangen die Pritschen ganz schöne Beweglichkeit ab. Es geht allerdings auch beque-mer: Abteile für vier Personen heißen *kupe* (Coupe), in manchen Zügen gibt es auch sehr komfortable Schlafwa-genabteile der Klasse *ljuks* (von »de Luxe«), die für zwei Personen gedacht sind.

Schon die Ticketbeschaffung erweist sich als nervenauf-reibend. Die Schlange vor dem Schalter ist verdächtig kurz. Nur fünf Reisende vor ihnen? Die Überraschung folgt nach einer Weile, als sich die Schalterbeamtin ohne Ansage in die sogenannte Pause verabschiedet. Solche Pausen gibt es an jedem Schalter – und das gleich mehrmals täglich. So wird schon der Fahrkartenkauf zu einer kleinen Geduldsprobe.

Beim Kauf muss immer ein Dokument vorgelegt wer-den. Entsprechend werden Namen und Passnummer auf dem Ticket eingetragen. Und das dauert. Dass die Beamtin Herrn Müllers Namen in Lateinschrift nicht lesen konnte, kann durchaus vorkommen.

Herr Müller trifft seinen Verhandlungspartner morgen früh zwar in Nischnij Nowgorod (»Untere Neustadt«). Doch er kauft kein Ticket nach Nischnij Nowgorod, son-dern nach Gorkij. Das ist der alte Städtename aus Sowjettagen, den die russischen Eisenbahnen bis heute nicht umgestellt haben. Hätte unser Herr Müller einen Blick auf die Abfahrtstafel in der Schalterhalle geworfen, hätte er den Ort überhaupt nicht gefunden. Gut also, dass er die Fahrkarte nicht alleine gekauft hat.

Beim Zugfahren in Russland ist es eher unüblich, dass man sich zurückzieht und wie in deutschen Zügen höflich anschweigt. In russischen Zügen wird geplauscht, geredet und philosophiert, hier werden auch schon mal Freundschaften geschlossen – oft empfinden westliche Reisende dies als zudringlich. Während der Zug tagelang an monotonen Birkenwäldern vorbei rattert, werden Kartenspiele, Kreuzworträtsel und die für Zugreisen unvermeidlichen asiatischen Instant-Suppen in Plastikboxen ausgepackt. Heißes Wasser liefert ein Samowar im Gang. Vor allem in geschlossenen Abteilen, in denen nur vier Reisende sitzen, kommt man meist sehr schnell ins Gespräch, teilt den mitgebrachten Proviant und lernt sich vielleicht beim Bier näher kennen. Doch Vorsicht: Wodka trinken ist offiziell verboten, und selbst beim Bier kann es passieren, dass Sie die *prowodniza*, die Zugbegleiterin, rügt.

Überhaupt ist die Zugbegleiterin (meist Frauen!), in offizieller Uniform mit Schirmmütze, ein Thema für sich. Auch hier begegnet der Reisende nicht selten ruppigen Matronen, bei deren abweisendem Verhalten man sich sofort schuldig fühlt – dafür, dass die Zugbegleiterin ihre ungeliebte Tätigkeit nun antreten muss und man ihr auch noch zur Last fällt. Doch auch hier gilt, wie bei allen Beamten: Ein Kompliment und ein nettes Gespräch wirken oft Wunder. Und aus der mürrisch-grimmig dreinblickenden, uniformierten Schaffnerin wird auf einmal eine sympathische Frau.

Übrigens hat jeder Waggon seine eigene Zugbegleiterin, die Bettwäsche austeilt, bei der man sich Tee und Kekse besorgen kann und die die Toiletten abschließt. Was nachts ziemlich ärgerlich sein kann, wenn der Zug durch eine sogenannte *sanitarnaja zona* fährt, die »sanitäre Zone«. Diese Zonen wurden um größere Städte herum eingerichtet, damit die menschlichen Ausscheidungen nicht einfach so auf dem Gleisbett landen. Oft werden deshalb die Toiletten bei der Abfahrt in Moskau erst nach zwei Stunden geöffnet!

In Russland ist es üblich, in bequemer Kleidung und mitgebrachten Pantoffeln oder Plastikbadelatschen zu reisen. Frauen ziehen sich auf der Toilette legere Kleidung an. Oder im Abteil, währenddessen warten die Männer auf dem Gang. Nach Geschlechtern getrennte Abteile sucht man übrigens vergebens.

Wenn russische Fernzüge in einen Bahnhof einfahren, gleicht dies oft einem Basar, vor allem in der Provinz: Am Bahnsteig stehen Mütterchen, die gekochte Kartoffeln, Hähnchenschlegel, selbst eingelegte Salzgurken oder Bier verkaufen. Damit deckt man sich bis zur nächsten Station ein. So bleibt alles schön frisch. Eine praktische Alternative zum Buffetwaggon, dem Speisewagen mit kleinen Gerichten.

Die Modernisierung der Züge macht auch vor Russland nicht halt. So werden auch hochmoderne und in Deutschland produzierte Sapsan-Züge des Hersteller Siemens auf der Trasse St. Petersburg-Moskau-Nischnij Nowgorod eingesetzt.* Die »Wanderfalken«, so die deutsche Übersetzung für Sapsan, brausen mit Hochgeschwindigkeit entlang, was zum Ausfall vieler Vorortzüge und preislich günstigerer Fernzüge geführt hat. Der Groll sitzt tief bei den betroffenen Anwohnern, die bereits mehrfach Steine und Eisbrocken auf den Hochgeschwindigkeitszug geworfen haben.

Was können Sie besser machen?

Um Frust in der Warteschlange zu vermeiden: Lesen Sie am besten *vor* dem Anstellen an einen Fahrkarten- oder Informationsschalter, wann Pausenzeiten sind. Informieren Sie sich besser online über die Fahrpläne, auf den Webseiten der Russischen Eisenbahn (www.rzd.ru) oder auf den Seiten der Deutschen Bahn (www.bahn.de). Tickets können in Moskau online bestellt werden, müssen dennoch im Bahnhof abgeholt werden. Besser noch: In der Hauptstadt gibt es Serviceschalter mit bevorzugter Behandlung, für die ein Aufschlag gezahlt wird. Ebenso kann man sich Tickets per Kurier liefern lassen.

Stellen Sie sich darauf ein, dass Sie mit Ihren Mitreisenden ins Gespräch kommen. In Zügen werden Bekanntschaften geknüpft, wenn Ihr Russisch ausreicht, erfahren Sie hier interessante Lebensgeschichten. Vor allem, wenn die Fahrt bis nach Sibirien noch weitere drei Tage dau-

---

* Das sind die drei größten Städte im europäischen Teil Russlands. Hätte Herr Müller diesen Zug genommen, der erst seit Sommer 2010 fährt, hätte er nur knapp vier Stunden Fahrzeit von Moskau nach Nischnij Nowgorod einplanen müssen.

ert. Empfinden Sie dies als zudringlich, können Sie Ihre Mitreisenden am besten im Voraus darauf aufmerksam machen.

Mit den warmen Sonnenstrahlen beginnt auch in Russland die Reisezeit. Dann geht es auf den Schienen hoch her, und sogar recht alte Züge kommen wieder zum Einsatz, um das hohe Passagieraufkommen zu bewältigen. Da hätte Herr Müller wirklich rechtzeitig reservieren und sich um seine Karte kümmern müssen, nicht erst kurz vor Abfahrt.

Nehmen Sie sich am besten feuchte Waschlappen mit. Damit geht die Katzenwäsche auf der ziemlich engen Toilette am schnellsten. Wer sich zu lange einschließt, wird von den Mitreisenden kritisch beobachtet – denn jeder will drankommen. Abhilfe gegen die Schließung vor Bahnhöfen schafft ein Drei- oder Vierkantschlüssel im Reisegepäck, mit dem man die Tür notfalls selbst öffnen kann.

Vergessen Sie nicht, dass sich alle Bahnhofsuhren im ganzen Land nach der Moskauer Zeit richten. Dies gilt allerdings nur für Fernbahnhöfe, der Regionalverkehr richtet sich freilich nach der jeweiligen Ortszeit. Also ob Sie nun in Irkutsk oder am Endbahnhof der Transsibirischen Eisenbahn in Wladiwostok stehen – auch hier wirkt die Moskauer Zentralmacht. Der Vorteil: Wenn Sie mit der Bahn von Moskau an den Pazifik fahren, müssen Sie Ihre Armbanduhr nicht umstellen, da sich auch alle Fahrpläne nach der Moskauer Zeit* richten.

* Also MEZ (Mitteleuropäische Zeit) plus zwei Stunden!

Mythos Transsib

Die längste Eisenbahntrasse der Welt zieht sich über 9.288 Kilometer. Start ist im Jaroslawler Bahnhof in Moskau, von dort aus fährt der Zug Nr. 2 »Rossija« in knapp sieben Tagen bis an den Pazifik, nach Wladiwostok. Die Transsib hat eine Durchschnittsgeschwindigkeit von 58 km/h. Wer nicht selbst fährt, kann die schönsten Streckenabschnitte bei Google Russland in Echtzeit miterleben!

Herr Müller übt das Springen

Bürokratischer Hürdenlauf als Königsdisziplin

Natascha und Herr Kusnezow schrecken auseinander, als Herr Müller den Raum betritt. Sein Blick wandert fragend von seiner Assistentin zu seinem Stellvertreter. Da ist doch etwas im Busch? Hat dieser Kusnezow ihr nicht neulich erst eine Rose mitgebracht?*

»Was gibt es?«, fragt Herr Müller ziemlich direkt.

Natascha druckst ein wenig herum, während Herr Kusnezow wie immer keine Mine verzieht.

»Wir haben einen Testbericht der ersten Probebohrungen auf dem Gasfeld erhalten«, sagt die Assistentin.

Paul Müller wittert es förmlich. Direkt ist Natascha nie, sie kommt immer erst über Umwege zum Kern der Sache. »Und?«, bohrt Paul Müller nach.

»Alles in Ordnung mit den Bohrparametern, es gibt keine Probleme«, so Natascha. Herr Kusnezow steht immer noch mit versteinerter Mine neben ihr.

Paul Müllers Alarmglocken schrillen. »Kein Problem!« Das hatte er das letzte Mal auch gehört, als ein potenziell wichtiger Zulieferer einfach kurzfristig abgesprungen und ein Großauftrag geplatzt war!

---

* Nein, Herr Müller. Das war zum Internationalen Frauentag gewesen, an dem alle weiblichen Kolleginnen Blumen von Herrn Kusnezow bekommen hatten!

Herr Kusnezow scheint sich aus der selbst auferlegten Rolle einer Salzsäule zu lösen und ergreift das Wort. »Nun ja, wir müssen einen gewissen Verwaltungsaufschlag für die Fortsetzung im Feld *Mir* einkalkulieren, dadurch könnten sich unsere Kosten erhöhen.«

Herr Müller stutzt. Das Projekt war drei Mal durchkalkuliert und von der Zentrale in Karlsruhe genehmigt worden. Spielraum für bestimmte Zuschläge, welcher Art auch immer, gibt es da nicht. Auf einmal dämmert es ihm. »Zuschlag? Verwaltung?«, fragt er seinen Stellvertreter blass.

Dieser nickt. Er kenne allerdings ein Beratungsunternehmen, das man zwischenschalten könne und das sich kümmern würde.

Herr Müller nickt, er hat verstanden, was ihm sein Stellvertreter durch die Blume sagen will. Doch wie soll er das der Zentrale in Karlsruhe erklären?

Was ist diesmal schiefgelaufen?

Der schwedische Möbelkonzern Ikea, einer der größten ausländischen Investoren in Russland, hat ihr den Kampf angesagt: der Korruption! Bei Gas- und Stromlieferungen an elf Standorten in Russland sei man um umgerechnet 140 Millionen Euro betrogen worden, sagte Unternehmensgründer Ingvar Kamprad in einem Radiogespräch. Mit dem Ergebnis, dass Ikea mit Schadensersatzklagen drohte und sich eigene Stromgeneratoren anschaffte.

Auch die Anti-Korruptionsorganisation Transparency International stellt Russland keine guten Noten aus. Beim Korruptionswahrnehmungsindex teilt sich das Land Rang

146 (von 180 Ländern) mit Mitstreitern wie Kamerun, Ecuador, Kenia, Sierra Leone, Ost-Timor, Simbambwe und der Ukraine.* Die Empfehlung: Russland brauche eine starke parlamentarische Kontrolle, ein effizienteres Justizsystem, unabhängige Prüfungsinstanzen und Antikorruptionsbehörden. Zudem müsse die Strafverfolgung gestärkt werden, aber auch die Transparenz bei der Vergabe öffentlicher Mittel.

Oft wird Korruption von Ausländern anders wahrgenommen. So kann ein Deutscher eine Zahlung als Bestechungsgeld empfinden, der Russe sie hingegen als »Verwaltungsgebühr« ansehen. Natürlich ohne Quittung und bitteschön in bar. Denn Beamte sind in der Regel unterbezahlt und sichern sich dadurch ihren Nebenverdienst. Manchmal kann es allerdings passieren, dass ihnen das Reiten des Amtsschimmels einfach nur Spaß macht.

Staatspräsident Dmitrij Medwedjew hat angekündigt, gegen die Korruption vorzugehen. Diese sei zu einem Problem des gesamten Systems geworden, entsprechend müsse eine systematische Lösung her. Zudem sollen die Gerichte gesäubert werden. Korrupte Politiker, Beamte und Polizisten seien hinderlich beim wirtschaftlichen Wachstum des Landes, daher müsse man diese »mit allen Mitteln« bekämpfen.** Inwiefern der Präsident mit seinen Antikor-

---

* Der Index misst die wahrgenommene Korruption im öffentlichen Sektor, also bei Beamten und Politikern. Russland hat dabei den Wert 2,2 auf einer Skala von 0 (als sehr korrupt wahrgenommen) bis 10 Punkten (als wenig korrupt wahrgenommen) erzielt. Transparency International führt schwache oder fehlende Regierungsinstitutionen als Gründe an, wenn die Korruption außer Kontrolle gerät und die Plünderung von öffentlichen Ressourcen Unsicherheit und Rechtlosigkeit stärkt.

** Das nationale Komitee zur Korruptionsbekämpfung in Russland schätzt, dass jährlich 240 bis 300 Milliarden US-Dollar in die Taschen von korrupten Beamten fließen.

ruptionskampagnen wirklich eingreifen wird, bleibt abzu-
warten.* In der Vergangenheit wurden bereits kleinere Fälle
aufgedeckt, allerdings vermutlich eher, um diese öffentlich
vorzuführen.

Was können Sie besser machen?

Verfallen Sie bitte nicht dem Irrglauben, dass man in Russland mit *wsjatki*, so der Name für Bestechungsgelder, alles
lösen könne. Vielmehr wäre es nicht nur plump, sondern
auch töricht, ihrem Verhandlungspartner oder einem Beamten einen mit Banknoten gefüllten Briefumschlag herüber-
zuschieben. Zudem kann es vorkommen, dass ihre Handlung mit einer versteckten Kamera gefilmt wird. In gewissen
Bereichen, wie der Verzollung von Gütern, gibt es spezielle
»Beratungsunternehmen«, die sich auf die Entzollung spezialisiert haben. Hilfreich sind einheimische Rechts- und
Steuerexperten, die sich auskennen.

Ein Beamter wird ebenso gegen die Annahme protes-
tieren. Denn je weniger der ganze Bestechungsvorgang an
einen ebensolchen erinnert, desto besser. Am besten also eher
in Form eines »Verwaltungsaufschlags«. Für den westlichen
Ausländer ist es manchmal schwierig zu unterscheiden, wo
die Grenze zwischen Korruption und Seilschaften verläuft,

---

* Bislang zeigte der Kampf gegen die Korruption wenig Wirkung.
Frischen Wind gibt es seit Frühjahr 2010: Mehr als 50 ausländische
Firmen haben auf deutsche Initiative hin eine »Corporate Ethics Initia-
tive« unterzeichnet, mit diesem Vorhaben sollen ethisch einwandfreie
Geschäfte gefördert und Bestechungen in den eigenen Reihen strikt
unterbunden werden.

in denen man sich gegenseitige Gefälligkeiten erweist.*
Bestechung gilt in Russland ebenso als Verbrechen!

Im praktischen Geschäftsalltag dürften Sie vermutlich eher mit einem anderen Problem tagtäglich in Berührung kommen: der Bürokratie, die mit einem verknöcherten Beamtenapparat einhergeht. Beides ist mit dem Zerfall der mächtigen Sowjetunion, als das Riesenland zentral von Moskau aus regiert wurde, nicht einfach verschwunden.** Im modernen Russland gibt es weiterhin eine Unmenge von Vorschriften, die fast unmöglich eingehalten werden können.

* Siehe auch Kapitel »Herr Müller knüpft Seilschaften«.

** Erst in den vergangenen Jahren ist die Dezentralisierung ein wenig vorangeschritten, mit Einführung sogenannter Föderationssubjekte und sieben großen Regionen, in die Russland eingeteilt ist.

Herrn Müller geht unter die Kaltduscher

Schneit es in Moskau etwa auch im Juni?

Die Sonnenstrahlen kitzeln Herrn Müller aus dem Bett. Endlich Sommer! Fröhlich pfeifend* schwingt sich unser Protagonist aus dem Bett, den Klassiker »Moskauer Nächte«** auf den Lippen. Oh Schreck! *Bibber!* Was ist das? Eiskaltes Wasser rinnt ihm über den leichten Bauchansatz und an den Beinen entlang in den Abfluss seiner Badewanne. Herr Müller dreht im Halbschlaf am roten und am blauen Duschknopf, doch das Wasser bleibt frostig!

Auch im Waschbecken scheint die gefühlte Wassertemperatur eher dem Kälteempfinden sibirischer Väterchen angepasst zu sein, die durch das Hinabsteigen in dunkle Eislöcher Methusalems Lebenserwartung nacheifern. Mit Schauern erinnert sich Paul Müller an das Eisbaden im

---

* Gut, dass unser Herr Müller ein ganzer Kerl ist. Der russische Aberglaube besagt nämlich, dass pfeifende Mädchen den Tod ins Haus locken! Eine andere Variante prophezeit unterdessen, dass der Pfeifende Geld verlieren wird!

** Den Klassiker »Moskauer Nächte« hat Herr Müller schon oft in der Karlsruher Fußgängerzone gehört. Fast scheint es, als würde das Lied fest zum Standardrepertoire aller Straßenmusiker gehören. Was Herr Müller nicht weiß: Im Russischen heißt das Lied *Podmoskownyje wetschera*, wörtlich »Nächte der Moskauer Region«. Denn mit *Podmoskowje* wird das Umland der Hauptstadt bezeichnet (*pod* = unter, *Moskwa* = Moskau). Natürlich klingt die deutsche Übersetzung »Moskauer Nächte« durchaus eleganter. Um ein Volkslied handelt es sich dabei allerdings nicht, denn die Melodie war erst 1955 komponiert wurden, unter dem Namen »Leningrader Nächte«. Auftraggeber war das sowjetische Kulturministerium.

Winter, als die *Morschi* bei strengstem Frost ins kühle Nass hinabgestiegen sind.* Heute hätten die Männer, die nur Badehosen im Schnee anhatten, sicher gejuchzt in seiner frostigen Wanne. »Naja, kalt duschen soll ja gesund sein«, erklärt Herr Müller seinem unrasierten Spiegelbild. Von ein wenig kaltem Wasser wird er sich den sonnigen Tag nicht verderben lassen!

Ach, wie ist der Frühsommer doch schön, wenn die Natur zwischen den grauen Wohnblöcken plötzlich explodiert. Schwungvoll betritt Herr Müller den Lift und hätte fast den beiden mürrisch dreinblickenden, älteren Damen ein »*Dobroje utro*« als Morgengruß entgegen geträllert. Aber diesmal will er nicht schon wieder als Ausländer auffallen.** Mit grimmiger Mine schiebt er sich wortlos in den engen Lift.

Im Innenhof begrüßt ihn die Sonne erneut. Der Geschäftsmann reibt sich die Augen. Was ist denn das? Es hat geschneit! Über Nacht hat sich der Parkplatz vor seinem Wohnblock in ein weißes Schneefeld verwandelt. Die Bürgersteige sind mit Puderzucker überzogen, die Autodächer mit dicken Flocken bedeckt. Nur die Schneemänner fehlen noch! Ansonsten ist alles plötzlich weiß!

Es kribbelt. Hatschi! Herr Müller kramt nach einem Taschentuch und schnäuzt sich laut. Sollte er sich etwa schon erkältet haben bei dem unerwarteten Wintereinbruch? Die kalte Dusche war schon mal ein böses Omen

---

* Siehe Kapitel »Herr Müller mischt sich unter die Walrösser«.

** In Russland ist es unüblich, jemanden im Lift zu grüßen.

gewesen. Er würde Natascha im Büro sofort bitten, ihm einen Tee zu kochen.

Und noch einmal. Hatschüüüü... Seine Nase kribbelt, seine Augen tränen, im Hals kratzt es, er ringt nach Luft.* Durch die dicken, gräulich-weißen Wattewolken hindurch bahnt sich Herr Müller – diesmal eher tastend als wirklich sehend - den Weg zum schwarzen Wolga, der ihn wie jeden Morgen ins Büro bringen wird. Vielleicht ist es nur eine Fata Morgana?

Was ist diesmal schiefgelaufen?

Um es gleich vorwegzunehmen und das Klischee vom ganzjährig pelzmützentragenden Russen in der Tierfellwurzel zu ersticken: Natürlich schneit es selbst in Moskau im Juni nicht, obwohl die russische Metropole um einiges nördlicher als Herr Müllers Heimatstadt Karlsruhe liegt.** Der Geschäftsmann ist auch nicht in ein Schneetreiben hinein geraten, sondern vielmehr Zeuge einer ungeliebten Plage geworden, die viele Moskauer alljährlich im Juni zur Verzweiflung treibt – vor allem Kontaktlinsenträger.

Der »Sommerschnee« verfängt sich in Kleidung und Haaren, kitzelt in der Nase, brennt zuweilen in den Augen. Und er schmuggelt sich sogar durch geschlossene Fenster

---

* Wie gut, dass das Herr Müller das alleine und auf der Straße tut. Denn in Russland gilt es als unhöflich, wenn man sich die Nase in Anwesenheit Anderer schnaubt oder niest. Auch wenn man sich dabei abwendet.

** Moskau liegt auf demselben Breitengrad wie Kopenhagen (55,4 Grad nördliche Breite), während der 49. Breitengrad Nord durch Karlsruhe verläuft.

hinein, um sich in den hauptstädtischen Wohnungen zu verbreiten und seine letzte Ruhe in den Staubsaugern zu finden. Schuld an den weißen »Wolken« sind, vermutlich zum Leidwesen vieler Feministinnen, leider die Frauen. Konkreter: die weibliche Gattung der Populus balsamifera. Denn diese ist die Übeltäterin für die grauweißen Watte-bäusche, die die Stadt großflächig in weiße »Schneefelder« verwandeln. Wenn Ihr Lateinunterricht schon eine Weile her ist: Es handelt sich dabei um die gemeine Balsampap-pel, die die Moskowiter fest im Griff hält. Doch eben nur die weibliche Gattung der Populus balsamifera produziert den sommerlichen »Schnee«.*

Dass unser Herr Müller allergisch auf die Pappelpollen reagiert, ist kaum möglich. Auch wenn er sich die Nase schnaubt und zu hüsteln beginnt. Denn die gut sichtba-ren Wattebäusche, die durch die Straßen schweben, sind der Samen der Pappel. Und so groß, dass sie eigentlich gar nicht direkt in die Nase gelangen können. Doch ein Unheil kommt ja bekanntlich selten allein, und so deckt sich die Zeit der Moskauer Pappelflaum-Attacken mit dem Flug der ersten Gräserpollen. Diese schwirren durch die Lüfte und werden mit den Wattewolken der Pappel einfach mittransportiert. Die Pappel selbst blüht hingegen schon einige Wochen früher. Also kann sich Herr Müller Nata-schas Tee getrost aus dem Kopf schlagen, der ihm zwar am frühen Morgen gut tun würde, vor allem mit ihrem liebe-

---

* Die russische Pop-Gruppe Iwanuschki International widmete dem Pappelflaum vor einigen Jahren sogar einen sehr populären Disco-Song: *Topolinnyj puch*, so das entsprechende russische Wort dafür – und auch der Titel.

vollen Lächeln serviert – doch vielmehr dürfte Herr Müller eben auf jene Gräserpollen allergisch reagieren.

Doch nicht nur unser badischer Held mag den weiblichen Pappelflaum nicht. Auch die Moskauer Feuerwehr ist alljährlich im Juni in höchster Alarmbereitschaft: Denn der sehr leicht entzündliche Flaum, den der Nachwuchs schon mal mit Streichhölzern zum Lodern bringt, soll pro Woche für bis zu 30 Autobrände sorgen.*

Die Wirbelstürme der weiblichen Pappeln sind übrigens erst seit den 1950er Jahren ein typisches Moskauer Phänomen. Damals ließ Stalin die Baumart massenhaft anpflanzen. Ihren Höhepunkt erlebte die sowjetisch-planmäßige Pappelpflanzkultur dann unter seinem Nachfolger Nikita Chruschtschow, in dessen Amtszeit viele Wohnblocks am kahl gerodeten Stadtrand entstanden sind. Die schnellwüchsigen Pappeln begrünten die Hauptstadt recht rasch, daher fiel die Wahl auf sie. Zudem filtern sie Schadstoffe besser als manch anderer Stadtbaum, sind wenig anfällig für Krankheiten und brauchen keine übertriebene Pflege.

Zu Sowjetzeiten soll die Plage weniger ausgeprägt gewesen sein. Denn die Stadtverwaltung ließ die weiblichen Balsampappeln rechtzeitig beschneiden. Das tut sie immer noch und erklärt alljährlich pünktlich zum Saisonauftakt der leidigen Watteschlacht, dass man »Maßnahmen ergriffen habe«. Die Bäume werden dabei ungefähr auf sechs Meter Höhe »gestutzt«, danach soll für die kommenden

---

* Das behauptete zumindest 2005 die Moskauer Zeitung »Pokrowka 38«, die Straßennamen und Hausnummer des Polizei-Hauptsitzes in Moskau trägt und über entsprechende Themen aus dem Bereich Kriminal und Co. berichtet.

vier, fünf Jahre Ruhe sein. Aber da dieser »Kurzhaarschnitt« der Pappeln die Stadt nicht gerade wenig Geld kostet, wird auch hier zunehmend gespart.

Abholzen als Alternative? Kommt überhaupt nicht infrage! Nicht nur, dass die Pappel schmuck ist und für gute Luft im Moskauer Großstadtsmog sorgt, vielmehr gibt es mehr als 400.000 Bäume dieser Gattung. Das sind mehr als Herrn Müllers Heimatstadt Karlsruhe Einwohner hat!* Die Pappelbäume machen 7,5 Prozent aller Anpflanzungen in Moskau aus, so die offiziellen Zahlen.

Die Stadtverwaltung geht allerdings noch einen Schritt weiter und hat vor wenigen Jahren eine Art »Anti-Pappel-wolken-Programm« verabschiedet. Dieses sieht vor, dass alte Pappeln Schritt für Schritt gegen junge ersetzt werden. Beim Nachwuchs macht man nicht etwa den gleichen Fehler – sondern wählt die Populus x berolinensis, die Berliner Pappel, aber auch die Pyramidenpappel, die sich unter dem Namen Populus nigra »Italica«** in den botanischen Fachbüchern aufstöbern lässt. Ob die Wolken dadurch weniger geworden sind? Das entzieht sich zumindest der Kenntnis der Autorin. Aber: Noch längst ist Moskau keine pappelwolkenfreie Zone, das dauert schlichtweg.

Dass unser Herr Müller seinen empfindlichen Tag hat und sich in der Dusche unterkühlt haben könnte, wollen wir ihm jetzt mal nicht unterstellen. Die wird bei ihm aber voraussichtlich auch die nächsten drei Wochen kalt bleiben, was

---

* Karlsruhe hat derzeit 280.000 Einwohner.

** »Die Pyramidenpappel ist stets männlich und kann sich daher nicht geschlechtlich vermehren«, heißt es bei Wikipedia. Wer hätte das nicht gedacht nach dem Flaum-Fiasko, dass die weiblichen Pappeln der russischen Metropole beschert haben?!

er ja noch nicht wissen kann. Aber das erklärt ihm Natascha gleich sicher noch im Büro. Und so tragisch ist das eigentlich auch nicht, da sich Herr Müllers Zeit in Moskau ohnehin dem Ende zuneigt und er bald abreisen wird.

Doch woher weiß die Assistentin, was der Grund für die Kaltwasserattacke in Herrn Müllers Wohnung ist? Das »Phänomen« ist landesweit und kehrt jedes Jahr wieder: Im Frühjahr und Sommer wird in ganz Russland das heiße Wasser abgeschaltet. Dann beginnt man, die recht maroden Wasserrohre instand zu setzen.* Und so bleibt das Wasser, trotz riesiger Energieressourcen im Land, einfach kalt. Doch keine Sorge, die Kaltwasser-Periode findet nicht in allen Wohnvierteln gleichzeitig statt.

Das mag jene glücklich machen, die nicht kalt duschen wollen: Denn dadurch hat sich das Phänomen der »Duschkränzchen« durchgesetzt. Man lädt sich einfach zu Freunden und Bekannten zum Duschen ein. Oder empfängt die russische Schwiegermutter zur Dusch-Session in der eigenen Wohnung. Das mag gesellig sein, bis man sich in der schwülen Großstadthitze allerdings wieder durch Bus und Metro nach Hause gekämpft hat, dürfte der Duscheffekt komplett zunichtegemacht worden sein.

Was können Sie besser machen?

Wenn Moskau im Pappelflaum zu ersticken droht, hilft nur eins: Wer kann, verlässt die Stadt. So lautet ein in

---

* Die Leitungen werden durch das Hinzugeben von grüner Farbe in den primären Wasserkreislauf überprüft, wenn dieser allerdings beim Verbraucher auftaucht, ist mit der Dichte etwas nicht in Ordnung.

den Medien oft zitierter Tipp russischer Mediziner. Also am besten Urlaub auf der Datscha machen, dort ist die Luft ohnehin gesünder als in der stickigen sommerlichen Hauptstadt. Wer sich das nicht leisten kann, sollte Fenster und Türen geschlossen halten. Und ganz Empfindliche sollten sich mit einer Großpackung Papiertaschentüchern, Nasen- und Augentropfen wappnen. Und ehrlich, ein paar Tage auf der Datscha würden unserem gestressten Herrn Müller auch nicht schaden. Dort gibt es zwar meist auch nur kaltes Wasser, aber das hat unser Held ja nun auch in den nächsten drei Wochen in seiner Moskauer Wohnung. Als Trost kann sich Herr Müller immer noch vor Augen halten, dass es für ihn bald wieder nach Karlsruhe zurückgeht, wo es ganzjährig warmes Wasser gibt.

Wer Geld hat, kauft sich einen Durchlauferhitzer, mit dem das Wasser erwärmt wird – und macht sich so unabhängig von der Warmwasser-Ausstellphase, die von oben diktiert wird und zum russischen Sommer genauso wie der Schnee zu Sibirien gehört. Die meisten modernen Wohnungen, die an Ausländer vermietet werden, sind allerdings bereits mit Durchlauferhitzer oder Boiler ausgerüstet. Wer ohne lebt, erwärmt sich sein morgendliches Waschwasser am besten im Kochtopf oder Teekocher. Doch Vorsicht: Ärzte beklagen immer wieder, dass in dieser Periode die meisten Verbrühungen und Verbrennungen auf der Tagesordnung stehen! Und das wäre das Letzte, was Herr Müller kurz vor Ende seines Moskau-Aufenthalts gebrauchen könnte!

Herr Müller hebt ab

Abschied von Moskau

Mischa trägt den wuchtigen Koffer die Stufen hinab, um ihn vor Herrn Müllers Wohnungsblock im Auto zu verstauen. Natascha tippelt bereits leicht nervös neben dem Wolga auf und ab. »Wir sind spät dran«, sagt sie. Herr Müller wird ganz warm ums Herz. Wie oft hat er diesen Satz in den vergangenen fast zwei Jahren gehört? Natascha ist immer so fürsorglich! Ohne ihre Ermahnungen hätte er schon so manchen Termin verpasst. Und wieder trägt die Assistentin ihre rote Lederjacke und den knappen Minirock. Doch an die Länge hat sich Paul Müller längst gewöhnt. Für den Bruchteil einer Sekunde denkt er daran, wie er mit den Rocklängen in Karlsruhe wieder zurechtkommen würde. An Frauen, deren Lippen zumindest tagsüber nicht so unglaublich sinnlich-rot glänzen wie jene ihrer Geschlechtsgenossinnen in Moskau. Er seufzt.

Mischa steuert den Wolga in Richtung Flughafen Scheremetjewo aus der Stadt heraus: Hier schlängelt er sich um einen Jeep, dort um einen Schiguli. Herr Müller schmunzelt. Auch den täglichen Straßenslalom wird er bald vermissen. Doch da! Hat ihm der Herr auf der Ikone, die an der Autokonsole klebt, nicht eben zugezwinkert? Wusste er es doch! Schutzpatron Nikolaus hatte es gut mit ihm gemeint! Doch das zeigte er ihm erst jetzt, kurz vor dem Abflug? Immerhin – gerade noch rechtzeitig!

Schließlich bringt Mischa den Wolga vor dem Flughafengebäude zum Stehen. Natascha spielt nervös an ihrem Schal, der Fahrer schaut bedrückt auf Herrn Müller. Dann umarmt er ihn plötzlich und wischt sich verstohlen eine Träne aus dem Auge. »Ich werde Ihren ängstlichen Blick auf dem Beifahrersitz vermissen«, sagt Mischa. »So weit hat noch niemand die Augen aufgerissen!«

Natascha übersetzt. Ihr Blick wirkt traurig, doch sie schmunzelt unweigerlich. War sie bei der ersten Begegnung in Scheremetjewo noch kühl, so fehlt jetzt vermutlich nicht mehr viel, bis ihr die Tränen über die Wangen laufen würden. Herr Müller starrt verlegen auf den Boden.

Auf einmal tauchen Kostja und Anja hinter ihm auf. Lachend übergibt ihm das Paar einen üppigen Strauß roter Rosen. »Paul, das ist für alle künftigen Frauentage, damit Du nie wieder vergisst, Deine Mitarbeiterinnen im Büro zu beschenken«, sagt Kostja. Und zwinkert dabei Natascha verschwörerisch zu, deren Gesichtsfarbe gerade einen leichten Rotstich annimmt. Paul Müller ist zuerst verlegen und beginnt dann loszuprusten. »Oje, ich weiß«, sagt er lachend. »Ich habe vermutlich so viel falsch gemacht, dass man daraus ein ganzes Buch verfassen könnte, nicht wahr?«

Die Russen nicken leicht und lachen. Dann umarmt der Karlsruher Kostja, Anja, Mischa und Natascha noch einmal herzlich.

Natascha wird nun immer nervöser und drängt zum Aufbruch. In diesem Augenblick beginnt es heftig zu regnen.

»Moskau weint, weil Du gehst«, sagt Kostja.

Alle nicken erneut. Natascha schiebt Herrn Müller in Richtung Abfertigung.

Kaum hat der Geschäftsmann im Flieger Platz genommen, zückt er sein Handy. »Natascha, ich habe mich gerade gesetzt. Und ich melde mich sofort nach der Landung in Frankfurt, versprochen«, teilt er seiner Assistentin mit. Paul Müller ist diesmal wirklich heilfroh, dass er jemanden anrufen kann, sobald er wieder festen Boden unter den Füßen haben wird – ob der Flieger dann noch rollen wird oder nicht.

Und während er so nachdenkt, verschwindet Moskau langsam unter der Wolkendecke.

Epilog

Drei Fragen an Paul Müller, ehemaliger Repräsentanzleiter eines deutschen Gaskonzerns in Moskau. Erschienen ist das Interview im Wirtschaftsressort einer badischen Regionalzeitung:

Zeitung | *Herr Müller, Sie waren fast zwei Jahre in Moskau und sind nun wieder nach Karlsruhe zurückgekehrt. Wie geht es Ihnen eigentlich?*

Paul Müller | Ich habe Russland mit einem lachenden und einem weinenden Auge verlassen. Auch wenn ich nun fast zwei Jahre dort war, kann ich mir nicht anmaßen zu behaupten, das Land zu kennen. Ebenso werden mir die Menschen manchmal ein Rätsel bleiben... sie sind großherzig und unglaublich gastfreundlich, andererseits doch irgendwie unberechenbar, sehr emotional! Auf alle Fälle hat sich mein Russlandbild sehr verschoben! Es gibt dort nicht nur Mafia, Oligarchen und Prostitution – davon habe ich eigentlich gar nichts mitbekommen. Ebenso sind nicht alle Russen arm und nur einige wenige steinreich, es kristallisiert sich zunehmend eine Mittelschicht heraus, vor allem in den Städten. Am Anfang dachte ich immer, dass alle Russen eine Pelzmütze aufhätten und mit der Wodkaflasche ins Bett gehen würden. Das stimmt nicht! Denn auch nicht alle Deutschen essen Weißwürste, tragen Lederhosen und schunkeln ständig mit einer Maß Bier im Wirtshaus...!

Z | *Was hat Ihnen denn am besten gefallen?*
PM | Die Menschen! Die waren einfach sehr großherzig und haben sich so rührend um mich gekümmert, das war einfach unglaublich! Meine Freunde Kostja und Anja hätten ihr letztes Hemd geopfert, ich war fast Teil ihrer Familie. Und meine Assistentin Natascha war immer so charmant und hat sich so viel Mühe gegeben, mir ihr Land zu erklären.

Z | *Und womit hatten Sie ein Problem?*
PM | Mit der Kälte! Also die Russen haben wirklich ein Problem mit ihrem eigenen Temperaturempfinden. Stellen Sie sich vor, die springen bei minus 20 Grad Celsius und klirrender Kälte in ein Eisloch! Und andererseits setzen sich die Menschen mit einem albernen Filzhut oder einer Wollmütze bei 100 Grad Celsius in die Banja, die russische Sauna. Das hat mich völlig aus der Fassung gebracht. Verkehrte Welt!

Z | *Herr Müller, wir bedanken uns bei Ihnen für das Interview und wünschen Ihnen eine gute Eingewöhnungsphase in Karlsruhe!*

Über die Geschichte, Gesellschaft und Kultur Indiens... und über Eunuchen, IT-Boom, Kühe und Yoga.

Andrea Glaubacker
**INDIEN...
VON BUDDHA BIS BOLLYWOOD**

ISBN 978-3-934918-29-0

INDIEN... VON BUDDHA BIS BOLLYWOOD. Indien - für die einen ein Land der Sehnsüchte, für die anderen ein Schreckensszenario. Ein Gegensatz, der bezeichnend ist für eine Gesellschaft, die mehr denn je im Spannungsfeld zwischen Tradition und Moderne gefangen scheint.

Doch der behäbige indische Elefant ist in Bewegung geraten und setzt wie ein Tiger zum Sprung an, während Jahrtausende alte Strukturen und Traditionen immer noch lebendig und tief in den Menschen verankert sind. Kein anderes Land scheint so komplex, so vielschichtig und auch so widersprüchlich wie Indien.

Dieser Kulturführer, ergänzt mit spannenden Interviews und unterhaltsamen Erlebnissen, macht Indien ein Stück begreifbarer, entblättert es und öffnet dem Leser einen faszinierenden Subkontinent.

Interviews u.a. mit Anti-Terrorexperte Colonel Mahendra Pratap Choudhary, Frauenrechtlerin Urvashi Butalia und dem Direktor des Sivananda Yoga Ashram in Neyyar Dam.

Empfohlen von der Deutsch-Indischen Handelskammer.

CONBOOK VERLAG
www.conbook-verlag.de

»Sumo ist Volkssport, Sushi ein Volksessen und Dauerlächeln ein Volkscharakter.« Eine humoristische Gesellschaftsstudie.

Hans-Georg Kaethner
SUMO SUSHI DAUERLÄCHELN
EIN GAIJIN IN JAPAN

ISBN 978-3-934918-25-2

SUMO SUSHI DAUERLÄCHELN ist ein ungewöhnlicher Leitfaden zum Verständnis der eigentlich unverständlichen Volksseele des Japaners. Emsiger Chronist dieser wundersamen Gesellschaft ist ein Gaijin (Ausländer, Fremder), der seit rund vier Jahrzehnten versucht, das Mysterium Nippon zu ergründen.

Und dies hat Spuren hinterlassen - Spuren der Faszination für eine Gesellschaft, in der Massentiefschlaf im überfüllten Nahverkehrszug genauso selbstverständlich ist wie ein feucht-fröhliches Friedhofsgelage unter Kirschblüten zur Unterhaltung der hochverehrten Ahnen.

Immer auf Augenhöhe, mit viel Humor und einer Fülle unbekannter Details erzählt Kaethner von einzigartigen und wundersamen Erlebnissen wie sie nur in Japan denkbar sind. Ein untentbehrlicher Wegweiser für jeden Gaijin, der Japan wirklich erleben und erleiden möchte.

»Noch nie habe ich einen ›Reiseroman‹ oder einen Roman über eine andere Kultur deart verschlungen.«
(Nadine Leonhardt, webcritics)

CONBOOK VERLAG
www.conbook-verlag.de

Alles was Reisende über Genuss, Kultur und Lebensart wissen müssen. Mit Tipps zu Gastronomie, Umgangsformen und Sprache.

Heidi Jovanovic
GRIECHENLAND ERLEBEN - MEHR ALS SÄULEN UND SONNE

ISBN 978-3-934918-34-4

GRIECHENLAND ERLEBEN - MEHR ALS SÄULEN UND SONNE. Reste der Antike, Dauersonnenschein und Strände ziehen Touristen aus aller Welt alljährlich nach Griechenland. Nirgendwo lässt sich besser den Ursprüngen europäischer Kultur nachspüren und Sonne tanken. Aber Griechenland hat noch weit mehr zu bieten.

Ungeahnte Genüsse für Leib und Seele, die Vielfalt und Nuancen einer bezaubernden Landschaft, eine einzigartige Gegenwartskultur und eine bewunderswerte Wesens- und Lebensart werden in diesem Genuss- und Kulturführer beschrieben.

Ergänzt mit praktischen Tipps und Anregungen, umfangreichen Hilfen und Informationen wird der Leser hinter die ersten touristischen Eindrücke geführt und kann vielleicht erst dadurch eine Reise erleben, die einen wirklich bleibenden Eindruck hinterlassen wird.

Mit vielen Tipps der Autorin, zahlreichen Bildern und Illustrationen.

»[...] Der Autorin Heidi Jovanovic ist mit ›Griechenland erleben‹ ein Griechenlandbuch geglückt, an dem auch der erfahrene Griechenlandreisende seine Freude haben wird.«
(Buchtipp des Deutsch-Griechischen Vereins Mühlheim e.V.)

»Dieses Taschenbuch mit seinen umfangreichen Hilfen und Informationen sollte bei jeder Griechenlandreise griffbereit sein.«
(Deutsches Kontakt- und Informationszentrum Athen)

CONBOOK VERLAG
www.conbook-verlag.de

Charmant-ironische Episoden über und quer durch die neuseeländische Gesellschaft.

Allen Falls
**DER GERUPFTE KIWI - NEUSEELAND.
FAST WIE IM RICHTIGEN PARADIES**

ISBN 978-3-934918-49-8

DER GERUPFTE KIWI - NEUSEELAND. FAST WIE IM RICHTIGEN PARADIES. Aotearoa, wie der maoriphile Weltreisende Neuseeland fachmännisch gerne nennt, ist ein unbestritten schönes Land, das auf den ersten Blick tatsächlich wirklich einzigartig aussieht. Doch hält das Flair des kleinen Musterlandes am anderen Ende der Welt auch einer spontanen Nagelprobe stand? Was fördert wohl ein verschämter Blick unter den neuseeländischen Rasenteppich zutage?

Der lemmingartigen Begeisterung für das Land der Kiwis leicht überdrüssig, wagt Allen Falls einen kritischen, ironischen und sehr unterhaltsamen Blick auf Land und Leute, fördert dunkle Geheimnisse zutage und führt den Lesern eine Gesellschaft vor Augen, die viele unserer mühsam erarbeiteten wertdeutschen Errungenschaften so ganz und gar nicht nachvollziehen kann.

»Der gerupfte Kiwi« versteht sich als Episodenerzählung mit in sich weitgehend abgeschlossenen Kapiteln, die absichtlich immer wieder Fragen offen lassen und in locker er Folge diverse Auffälligkeiten des neuseeländischen Lebens beschreiben.

Soviel sei an dieser Stelle schon verraten: Genaugenommen ist auf dieser Doppelinsel alles eine einzige große Auffälligkeit.

CONBOOK VERLAG
www.conbook-verlag.de

Eine spannende und humorvolle Reise durch den Wahnsinn und die vielen Freuden der uns so fremden chinesischen Kultur.

Sonja Piontek
CHINA, DIE TÜRKISE COUCH & ICH
KURIOSES AUS DEM REICH DER MITTE

ISBN 978-3-934918-41-2

CHINA, DIE TÜRKISE COUCH & ICH. Chen Luyaos Großmutter weiß noch immer nicht, dass ihre türkise Couch so gar nicht zum Rest der Einrichtung passt und Sonja erfährt erst nach 17 Monaten, dass man ihr den mühsam erkämpften Führerschein gesperrt hat und fährt somit anderthalb Jahre illegal durch die Volksrepublik.

Entgegen aller Erfahrungen aus den deutschen China-Restaurants bekommt der Gast in Peking erst einmal grundsätzlich keinen Reis serviert. Aber zumindest Miss Karin hat mal wieder unglaubliches Glück gehabt: sie darf in eine andere Stadt fliegen. Nur schade, dass sie das eigentlich gar nicht möchte...

Begleiten Sie Sonja Piontek auf ihrer faszinierenden und unterhaltsamen Reise durch den chinesischen Alltag und gewinnen Sie Einblicke in die alltäglichen Widrigkeiten und die vielen Freuden einer Westlerin mit einem Land und einer Kultur, die uns fremder nicht sein könnte!

»Überraschende Geschichten weiß Frau Piontek zu erzählen! [...] Überall macht sie für den Leser verblüffende kleine Beobachtungen, die zusammen das Mosaik eines Chinabildes ergeben, das ebenso ungewohnt wie erhellend ist.«
(Dr. Volker Stanzel, 2004-2007 deutscher Botschafter in China)

CONBOOK VERLAG
www.conbook-verlag.de

»Endlich konnte ich auf eigene Faust das ›Mutterland des Pennertums‹ kennenlernen... Amerika!«
Ein literarischer Roadmovie über die US-Gesellschaft.

Gregor Schweitzer
HAUTNAH USA - VOM WAHNSINN EINER TRAUMGESELLSCHAFT

ISBN 978-3-934918-30-6

HAUTNAH USA. Um aus der Stereotypie des Alltags auszubrechen, begibt sich Gregor Schweitzer auf die Fersen von John Steinbeck und fährt mit seinem Hund Bronco 20.000 Meilen quer durch die USA und mitten ins Herz der amerikanischen Gesellschaft.

In 63 Episoden beschreibt er schonungslos genau das, was ihm auf diesem Road Trip begegnet ist und taucht dabei tief in die Eigenheiten und Abgründe der amerikanischen Gesellschaft ein. Mit pathologischer Präzision, Wortgewandtheit und einer guten Portion Humor zitiert er menschliche Schicksale und schickt den Leser mit dem Kopf durch die heile Fassade des American Dream.

Ein einmaliger Bericht - und zugleich eine erschreckende, spannende und nicht minder humorvolle Charakterstudie über die vermeintliche Traumgesellschaft der USA.

Im Internet: www.hautnah-usa.conbook.de

»Dieses Buch öffnet den Blick für das Wesentliche, für die Dinge, die ein Land ausmachen, für die Menschen, die dort leben.«
(Media Mania)

»Hautnah USA sollte bei allen Idealisten als amüsante, ambitionierte, spannende und teilweise erschreckende Vorlektüre auf dem Pflichtprogramm stehen.«
(Corinna Hein, Buchwurm.info)

CONBOOK VERLAG
www.conbook-verlag.de

DIE FETTNÄPFCHENFÜHRER

Bisher erschienen:

USA – Mitscheln und Spielverbote

ISBN 978-3-934918-44-3

SCHWEDEN

ISBN 978-3-934918-43-6

SÜDAFRIKA

ISBN 978-3-934918-42-9

ITALIEN

ISBN 978-3-934918-47-4

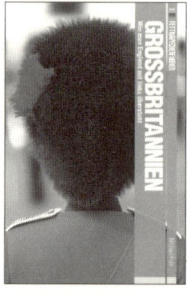

GROSSBRITANNIEN

ISBN 978-3-934918-46-7

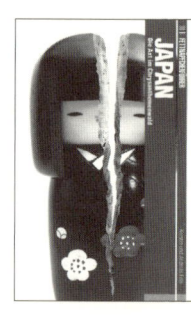

JAPAN

ISBN 978-3-934918-45-0

CHINA

ISBN 978-3-934918-54-2

RUSSLAND

ISBN 978-3-934918-48-1

NEUSEELAND

ISBN 978-3-934918-58-0

CONBOOK VERLAG
www.conbook-verlag.de

Eine Buchreihe, die sich auf vergnügliche Art dem
Minenfeld der interkulturellen Eigenheiten widmet.